KB069043

장동순 지식사회학 시리즈 1

다원인식론

장둥쑨 지식사회학 시리즈 1

다원인식론

장 둥 쑨 저
이 용 욱 역

學古房

일러두기

1. 이 책은 중화민국 세계서국世界書局에서 나온 『價値哲學』(1934)과 『認識論』(1934)을 수록하였다.
2. 이 책의 독서 의의 증진에 도움이 되는 저자의 세 편의 중요한 관련 문장을 부록 1, 2, 3으로 붙였으며 부록 4, 5는 특별 부록으로 실었다.
3. 한국어판에서 역자가 독자들의 이해를 돕기 위해 각주를 달았다.
4. 단행본은 『 』에 넣고 논문은 「 」에 넣었으며 중국어 인명을 〈중국어한글맞춤법표기안〉에 의거해 표기하였다.

인식론은 저자가 강조하고 있는 것처럼 철학에 있어서 우선 순위에 놓이
는 중요한 분과 학문일 뿐 아니라 지식을 다루는 문화학 전반에 있어서
역시 요긴한 지침이 될 수 있다고 할 수 있으며 언론학에 있어서도 불가결
한 기초 학문 영역 중의 하나이다. 저자의 다원인식론은 서양의 인식론
전통을 뛰어 넘어 독창적 체계를 구축하였다는 데 그 의미를 둘 수 있는데,
이성론, 경험론, 실재론, 신실재론, 비판적 실재론, 실용론, 논리학 등 철학
분야로부터 뿐 아니라 언어학, 물리학, 생물학, 사회학, 심리학 등 제 학문
영역의 성과를 알차게 흡수하여 자신 만의 독자적인 체계로 세워낸 것이기
때문이다. 이는 중국 땅에서 전무후무한 작업이었다고 할 수 있으며 현재
중국에서도 내국인이 자체적으로 저술한 인식론적 탐구의 고전으로서 그
지위를 차츰 얻어가고 있다. 제1장 지식의 유래론에서는 지식의 내원을
해석한 전통적 방법인 이성주의(Rationalism), 경험주의(Empiricism), 신비
주의(Mysticism) 등을 소개하고 있다. 제2장 지식의 성질론에서는 지식이
포함되는 세 단계인 묘사 혹은 서술(Description), 설명(Explanation), 해석
(Interpretation)의 유기적 연계성을 거론하고 공리(generally acknowledg-
ed truth), 범주(Categories), 기준(Postulates)을 가지고 사실과 지식, 설명
과 지식, 해설과 지식의 관계를 논의한다. 제3장 지식의 적부론에서는 지식
과 외부 사물과의 관계를 논한 학설을 알기 쉽도록 독자들께 설명하며 앞서

인식론의 전통을 구성해 온 인식의 이원론(Epistemological dualism), 인식의 일원론(Epistemological monism), 인식의 비판론(Epistemological criticism), 인식의 진화론(Epistemological evolutionism)을 차례대로 비평한다. 제4장 지식의 표준론에서는 진리 여부를 가늠하는 상응설(The correspondence theory of truth), 부합설(The coherence theory of truth), 효용설(The utility theory of truth)을 소개하며 이 세 학설의 통합을 장둥쑨은 주장한다. 제5장 인식의 다원론은 저자의 독창적 이론으로서 그의 인식의 다원론(Epistemological pluralism)을 많은 지면을 할애해 전적으로 다룬다. 아는 자(Knower)와 아는 것(Known)의 관계는 동양적 사유 방식에 있어서는 '심心'과 '물物'의 관계와 구도인 것과도 같다. 이 장에서는 지식의 요소가 되는 (a) 논리적 불가결(Logical indispensability)−기준(Postulate)[1]−과 함의(Implication), (b) 인식적 불가결(Cognitive indispensability)−선험적 격식(Transcendental forms); 즉 공시(Space and Time)와 주객 관계(Subject-Object relation), (c) 부여되는 것(The Given)−감각 자료(Sensum)와 자연적 조리(Natural order),[2]− (d) 조성물(Construction)[3]− 등을 포괄적 구조주의(Pan-structuralism)적 시야로 묶어내고 있다. 이로 인해 다원인식론(Epistemological pluralism)은 내계(Internal World)와 외계(External World)의 각 부분 간의 상관적 사유(Correlative Thinking)를 강조하며, '지식 작용의 다중적 요인(Multiple Factors of Knowlodge)'을 다룬다. 인식의

1_ 논리적 불가결(Logical indispensability)에 있어서의 기준(Postulate)에 대해 저자가 『다원인식론』의 부록 1을 통해 그것을 '방법적 불가결(The Methodological a priori)'에 속하는 것으로 범위를 확장한 점도 참조할 필요가 있다.

2_ 저자가 '자연적 조리(Natural order)', '외재적 조리(External order)'를 '자연적 한계점(Natural limits)' 혹은 '외재적 한계점(External limits)'으로 훗날 수정하였으며, '잠재 구조(Sub-Structure)'라는 용어도 사용하였다. 저자에게서 '외재적 한계점(External limits)'은 원자성(Atomicity), 연속성(Continuity), 창변성(Creativity)을 가리킨다.

3_ 연상(Association), 예견(Prediction), 관습적 해석(Traditional interpretation), 경험적 개념(Empirical concepts) 및 그 실증(Verification) 등이다.

다원론이 무엇인가를 다시 결론 부분에서 친절하고 간명하게 설명해 줌으로써 우리가 그의 인식론적 관점을 쉽게 이해하도록 돕고 있다. 저자는 가치론의 소개에 있어서도 중국에서 선구적 학인이었다. 이 책은 말끔하고 깨끗한 문체와 억양을 통해서 우리가 격동기에 놓였던 시대의 근대 가치학 전개와 성과가 어떠하였는가를 우리로 하여금 돌아볼 수 있게 해 주며 지난 국가 상처의 아픔을 성찰해 보게 한 뒤 향후 이를 극복하기 위해 필요한 가치론적 지식이 무엇인가에 대해서도 은연 중에 시사점을 던져 준다. 제1장 신직각론파의 무어(G.E.Moore)에서는 무어가 일컬은 관계적 특성(Relational property)을 가지고 가치론 발생의 출발점을 간략히 되돌아 본다. 제2장 알렉산더(S.Alexander)가 제3성을 논하다에서는 공시(Space-Time)를 만물의 궁극적 요소로 삼아 창발적 진화론을 가치론에 도입했던 그의 이론으로부터 가치론의 새로운 전개 양상을 탐험할 수 있게 만든다. 제3장 오스트리아학파(상)에서는 유럽 가치론의 선구자였던 독일의 브렌타노(Franz Brentano)가 제창한 대상의 의도적인 내존(Intentional inexistence of an object)설을 시작으로 삼아 그가 가치학에 끼쳤던 커다란 영향을 중점적으로 설명한다. 제4장 오스트리아학파(하)에서는 브렌타노의 두 제자였던 마이농(Alexius von Meinong)과 에렌펠스(Christian von Ehrenfels) 사이의 가치론에 있어서의 차이점을 규명해 보는데, 정감(Affection)에 중점을 둔 마이농과 의욕(Volition)에 중점을 둔 에렌펠스의 가치론을 알기 쉽게 대비시켜 설명해 주는 한편, 마이농과 에렌펠스의 가치론을 윤리학과도 연계지어 그 특징을 각각 살펴본다. 제5장 어반(W.M. Urban)의 조화론적 가치론에서는 미국 학자 어반이 정감과 의욕을 한데 녹여내면서 마이농과 에렌펠스의 가치론을 조화시킨 방법을 이해할 수 있게 안내해 주며 그의 가치 한계의 법칙(Law of threshold value), 가치 보완의 법칙(Law of complementary value), 가치 축소의 법칙(Law of diminishing value)을 가지고 근대 가치론의 발전 추세가 무엇이었는가를 일깨워 준다. 인식론과 가치론은 저자의 학술 이력에 있어서 후기 주력 분야였던 중국적 지식사회학의 건립을 위한 첫걸음이었다고 할 수 있고 그 지식학 건립에 적지 않게 영향을 끼친 선행적 작업이었다. 따라서 이 책의 독서는 저자의 학술적 업적을 우리가 이해하기 위한 우선적이고 필수적인 순서에 놓이는 것이라고 할 수 있다. 장둥쑨 선생의 대표적인 저작 중에서 역자가 이번 한국어판 출간 작업에 임하면서 심의와 확인을 거쳐 총 5권을 선정하여 번역하였다. 각기 『가치철학』, 『인식론』, 『지식과 문화』, 『사상과 사회』, 『이성과 민주』이며, 〈장둥쑨 지식사회학 시리즈〉의 제1권~제4권으로 담긴다. 한국어 초벌 번역을 모두 마친 후 저자의 손자이신 장허츠張鶴慈[4]- 선생에게 출판 허가를 요청하였으며 "이 책들의 한국어판 출간을 모두 가족을 대표해서 흔쾌히 허락합니다. 번역에 정성을 다하여 주시고 한국어판이 최대한 잘 출간될 수 있었으면 좋겠습니다. 책 내용 중에서 역자 혹은 독자께서 인정해주시는 부분에 대해 사의를 표하는 바입니다"는 답신을 받았다. 앞서 역자는 칭화대학교 저널리즘과 커뮤니케이션학원의 인훙尹鴻[5]- 상무 부원장께 장둥쑨 저작의 한국어판 출판 계획을 보고 드려 출간 허락을 받아내야 했는데 왜냐하면 장둥쑨이 정치적인 사유로 인해 중국 대륙에서 공민권이 박탈된

4_ 1943~. 베이징北京사범대학 수학. 현재 호주 멜버른에서 자영업을 하고 있다. 부친 장쭝빙張宗炳(1914~1988)은 1934년 옌징燕京대학 생물학과를 졸업하고 동대학원을 거쳐 미국 코넬대학에서 생물학 박사학위를 받았다. 전쟁 기간 청두成都 옌징대학, 전쟁이 끝난 뒤 베이징 사범대학 생물학과 교수를 지냈다. 첫째 숙부 장쭝쑤이張宗燧(1915~1969)는 칭화清華대학 물리학과를 1934년에 졸업하였으며 동대학원을 거쳐 영국 케임브리지대학에서 물리학 박사학위를 받았다. 충칭重慶 중앙中央대학 물리학과 교수를 지냈다. 둘째 숙부 장쭝잉張宗穎(1917?~1966)은 칭화대학 화학과에 입학 후 쿤밍昆明 서남연합西南聯合대학에서 사회학과를 1940년에 졸업하였으며 일본 와세다早稻田대학 화학 박사. 이밖에 과학 연구자인 고모 장쭝예張宗燁(1935~)가 있다.

5_ 1961~. 중국의 프로이트 연구자, 문예심리학자, 정신분석학자, 문화연구자. 문학박사(1989). 칭화대학 인문학부 교수(1999~2002), 칭화대학 언론학부 교수, 부원장(2002~), 철학과 교수(미학·겸직).

학자이기 때문이다. 장둥쑨의 대표 저작은 그의 이러한 역사적 사유 등으로 인해 중국 대륙에서 시판이 오랫동안 되지 못하다가 지난 2010년에 와서는 몇몇 주요 저작의 출판이 삭제 없이 되었다. 인훙 교수님께서 번역 취지에 공감하겠다는 말씀과 함께 "장둥쑨은 성정이 지극한 학자이자 지성인, 교육가였다. 량치차오梁啓超[6]의 분신과도 같은 제자 학자였다. 뤄룽지 등과 마찬가지로 오랫동안 사각지대에 있던 면도 있다. 그의 마지막 저서이자 작은 책자인 『민주주의와 사회주의』[7]는 전쟁 결과가 나온 후의 저작

6_ 1873~1929. 청말, 중화민국의 전 언론인, 사상가, 교육가, 문학가, 역사학자, 종교학자. 베이징에서 발행되던 격월간 ≪만국공보萬國公報≫(1895년 8월~1895년 12월), 베이징에서 발행되던 격월간 ≪중외기문中外紀聞≫(1895년 12월~1896년 1월), 상하이에서 발행되던 순간 ≪시무보時務報≫(1896년 8월~1898년 8월) 주편을 지냈다. 1898년 9월 변법자강 운동 실패 후 일본에 망명하여 요코하마에서 발행되던 순간 ≪청의보淸議報≫(1898년 12월~1901년 12월), 요코하마에서 발행되던 반월간 ≪신민총보新民叢報≫(1902년 2월~1907년 8월), 도쿄와 상하이에서 발행되던 월간 ≪신소설新小說≫(1902년 10월~1906년 1월), 상하이에서 발행되던 월간 ≪정론政論≫(1907년 10월~1908년 8월), 상하이에서 발행되던 월간 겸 순간 ≪국풍보國風報≫(1910년 1월~1911년 7월) 총편집 또는 주간主幹을 담당하면서 애국, 학술, 계몽, 정론 활동에 힘썼다. 장둥쑨(1905~1911년 일본 도쿄제국대학과 사립철학관에서 유학)과는 1907년에 첫 면식이 있었다. 중화민국에 1912년 10월에 귀국한 뒤는 톈진에서 발행되던 월간 ≪용언庸言≫(1912년 12월~1914년 6월), 상하이에서 발행되던 월간 ≪대중화大中華≫(1915년 1월~1916년 12월), 베이징에서 발행되던 반월간 ≪개조改造≫(1920년 9월~1922년 9월) 총편집을 지냈다. 정계 은퇴 후에는 베이징 칭화대학 국학원 교수(1925년~1928년)를 지냈다.

7_ 1948년 7월 상하이 관찰사觀察社 초판 발행, 1948년 8월 제2판, 9월 제3판, 11월 제4판, 1949년 1월 제5판, 6월 제6판이 나왔다. 저자가 1948년 4월 15일에 쓴 것으로 기재된 서문에서는 "이 저작은 내가 가장 만족하지 않는 종류의 책이다. 다행히 이 해까지의 나이가 노쇠할 무렵(당시 63세)에 이르러 더 이상은 책을 쓰지 않기로 이미 결정하였다⋯⋯나는 신해혁명 발발 1년 전부터 즉 직접적으로 간접적으로 많은 적든 모든 갖가지 정치에 있어서의 대사大事와 관계가 있었다. 비록 직접적으로 정치를 하지는 않았지만 도리어 또한 멀리 피해 있지도 않았다. 나는 이러한 경과에 대해 한 권의 회고록을 내고자 하며 즉 자서전에 속하는 것이고 『나와 정치我與政治』라고 이름하기로 하였다. 그러나 현재는 아직 쓰지 않았으며, 즉 쓴다고 해도 아직 발표할 때가 되지 않았다. 왜냐하면 나는 장래에 하나의 적당한 시기가 오기를 원하기 때문이며, 즉 그때가 되면 현실 정치에 있어서의 모든 관계에서 은퇴할 것이다. 이 책에 있어서의 이러한 문제들을 더 이상 토론하지 않을 것이다. 그때 즉 이 글을 발표할

ix

이다. 그 이전의 저작이 더욱 중요하고 저자의 학술 이력에 있어서 훨씬 대표성을 지닌다"는 말씀을 들었다. 역자는 그 후 벨기에 겐트대학교 동아시아문화학과에서 가르치는 리만李滿[8] 선생에게 연락 도움을 요청하였으며 리만 선생이 바쁜 학문과 교육의 여정 속에서도 예전에 작은 교분이 있던 장허츠 선생과의 연락을 직접 담당해 주었고 장둥쑨 저작들의 한국어판 출간에 대해 지지와 고무의 메시지를 여러 차례 전해 주었다. 이에 이 지면을 빌어 이 분들께 감사의 뜻을 전하지 않을 수 없다. 한국어판이 곧 나올 장둥쑨의 저작들의 번역을 마친 결과 역자는 몇몇 부분에 대해 비평과 해설을 더하면 위의 몇 권의 저작들이 중국 사회와 문화를 이해하는 의미 있는 저작으로서 손색이 없다는 결론을 내렸으며, 중국 근대 문화사에 대한 인식에도 공백을 메워주는 역할을 해 줄 수 있다고 생각되었다. 그의 언급을 한번 살펴보도록 하자.

> "마르크스파가 도덕의 절대성을 부정한 것은 바로 그 학설 계통 속의 하나의 큰 약점이다. 반드시 알아야 할 것은 도덕 관념을 그것으로 하여금 경제적 사회 상태의 반영과 같이 생산 관계에 따라 변하는 것으로 삼은 것, 이는 바로 도덕의 절대성을 부정한 것이라는 점이다. 그러나 우리는 즉 도덕에는 확실히 시대에 따라 변화하는 부분이 있지만, 도리어 또한 변화하지 않는 근본 원칙이 있다고 여긴다. 나는 『도덕철학』이라는 한 권의 책 속에서, 이에 대해 일찍이 상세한 천명이 있었다. 따라서, 나는 도덕 문제에 대해 완전히 칸트(I.Kant)[9]에 탄복한다. 세인들은 그의 공헌이 단지 지식론에 있다고 알지만, 사실 그의 천고에 마멸되지 않는 공적은 바로 도덕론에 있다. 그는 도덕은 자체로 하나의 법도를 세워 스스로를 구속하는 것인 동시에, 또한

때에 이르러 활동을 끝내는 하나의 기념으로 삼을 것이다!'고 밝히고 있다. 전쟁 결과로 인해 예측된 새로운 세상의 도래에 임하여 정치인으로서의 역할을 민주동맹에서 해 보기 위해 저술한 마지막 저서였다고 할 수 있다. 자서전 『나와 정치』는 집필되지 못하였다.

8_ 1974~. 칭화대학 언론학부에서 문학박사, 벨기에 겐트대학 학자.

9_ 1724~1804. 독일의 관념론 철학자, 비판 철학자. 대표 저작은 『순수이성 비판』, 『실천이성 비판』, 『판단력 비판』이다. 인식론, 윤리학, 미학과 목적론 분야에서 선구적 업적을 쌓았다.

무릇 이성이 있는 사람들로 하여금 모두 그것을 실행할 수 있도록 한다고 주장하였다. 바꿔 말해, 즉 도덕은 스스로 불편하도록 하기 위해 마련된 것이다. 만약 모든 일에 있어서 스스로 편리만을 구한다면, 즉 도덕이 있을 필요가 없다. 이러한 종류의 자율주의自律主義는 결코 유심론이 아니라, 바로 사회속의 구성원의 필수인 것이며, 이러하지 않다면 사람과 사람 사이에는 즉화해와 일치의 방도가 없다. 이러한 종류의 도덕 원리는 사회 경제환경이 어떻게 변화하든지에 관계없이 자체로 변화가 있을 수 없는 것이다"[10]

이어서 다른 부분도 한번 주목해 보자:

"······알 수 있다시피, 그들은 경제 방면 이외에 전통 문화가 또한 지배력을 지닌다는 점을 동시에 승인하였다. 마르스크가 역시 말하길, "모든 죽은 세대의 전통이 악몽처럼 삶의 머리 위를 짓누르고 있다(The tradition of all dead generations weighs like a nightmare on the brain of the living)" (『루이스 보나파르트의 브뤼메르 18일(The Eighteenth Brumaire of Louis Bonaparte)』참조)고 하였다"[11]

장둥쑨의 다른 언급도 한번 주의 깊게 살펴보도록 하자:

"그래서, 앞으로 우리의 문제는 결코 무슨 전반서화全般西化가 아니고, 또한 결코 무슨 중학위체中學爲體, 서학위용西學爲用도 아니다······따라서, 나는 서방 문화를 흡수하던 기왕의 태도에 대해 퍽 몇몇 유감을 느낀다. 바로 배합되는 방면으로부터 착안하지 않고, 전적으로 충돌되는 방면으로부터 착안하였다. 왜냐하면 두 가지의 문화를 절대로 상호 충돌하는 것으로 보았기 때문이다. 그래서, 차츰 고유 문화에 대해 진보의 장애로 믿었고, 응당 내버려야 했다. 그리하여 한때 유행을 끌던 학자들이 모두 고유 문화를 저주하고 비방하는 것으로 득의양양할 수 있었다. 사실 이는 하나의 큰 착오이다······중국 현대의 일반적인 독서인들이 서방 문화에 대해 또한 이러하다. 예컨대 공가점孔家

10_ 장둥쑨 저, 「자유와 민주」, 『이성과 민주』, 2010년 9월, 창사長沙: 악록서사, 제264쪽.

11_ 장둥쑨 저, 「서양의 도통(상): 예수교 사상과 사회주의」, 『사상과 사회』, 충칭重慶: 상무인 서관, 1946년 3월 초판, 제155쪽.

_店 타도를 높이 외친 우_吳 모[12]-는 외래 문화에 대해 즉 아는 것이 하나도 없다. 후스_{胡適} 선생은 당시 그것을 위해 남의 의견에 붙좇았고, 오늘날에 와서는 또한 다소의 뉘우침이 있어야 할 것이다. 오늘날의 분란은 문화 소통과 접촉의 작업을 담당했던 이러한 사람들이 실로 책임을 지지 않을 수 없다……무릇 문화의 소통은 응당 그 비교적 서로 유사하거나 서로 근접한 구석으로부터 착수되어야, 비로소 쉽게 그 참됨을 얻어낼 수 있다. 바꿔 말해, 즉 쉽게 오해를 일으키지 않는다. 바로 중국은 이러하지 않고, 결국 전적으로 서로 먼 구석으로부터 손을 대었다. 바꿔 말해, 즉 전적으로 서로 충돌되는 구석으로부터 종사하였다. 그래서, 서방 문화가 일단 들어오면서, 고유 문화가 바로 엉망진창이 되는 상태로 변화하였다. 왜 다른 민족이 서양 문화를 영접해 들여오면 중국과 같이 이렇게 서로 용납되기가 어렵지 않은 것일까? 알 수 있다시피, 이는 완전히 영접해 들여올 때 몇몇 가지를 장악하지 못한 데서 비롯된 것이다. 즉 자유라는 한 가지로 말하면, 앞으로 중국은 제도에 있어서 서방과 같은 그러한 규정이 없어서는 안 된다는 점은 자체로 말할 필요가 없다. 그러나 이는 도리어 그 전통적인 중국의 '자득_{自得}'[13]- 개념과

12_ 1872~1949?. 우위_{吳虞}. 일본 호세이_{法政}대학에 유학 후 중화민국 각 대학에서 가르쳤다. 신문화운동에서 활약하였다.

13_ "즉 자득은 개체가 도리에 부합한 뒤의 만족의 자각이고, 이러한 자각은 순전히 일종의 '받아서 유용히 하는 것_{受用}이다. 그러나 서방에서는 즉 개인이 '받아서 유용히 하는 것'에서 멎는 것이 아니라, 바로 집합체 자신의 발전의 필수 조건이다. 개인의 도덕 증진을 위한 용도일 뿐 아니라, 바로 게다가 총체를 위해 위로 향하는 자격이다. 바꿔 말해, 즉 개인이 자유에 관해 매우 중요할 뿐 아니라, 바로 게다가 사회의 불가결한 조건이다. 사회에 만약 자유가 없으면, 즉 진보가 있을 수 없으며, 진보가 자유로 인해 다그쳐져 나오는 것이다" 장둥쑨 저, 「자유와 민주」, 『이성과 민주』, 창사: 악록서사, 2010년 9월, 제200쪽; "나는 중국은 예로부터 즉 서방과 같은 그러한 자유 관념이 없었으며, 그것과 서로 유사한 것이 있었다면 단지 이른바 '자득_{自得}'에 다름 아니었다고 감히 말한다. 맹자_{孟子}는 "군자가 깊이 탐구하는 것을 도로 삼은 것은 그 스스로 터득하고자 하였기 때문이다. 스스로 터득하면 편안한 처지에 놓이고, 편안한 처지에 놓이면 즉 쌓이는 것이 깊어지며, 쌓이는 것이 깊어지면 즉 그것을 취해서 그 근원을 좌우할 수 있으므로, 고로 군자는 그 스스로 터득하고자 하였다_{君子深造之以道, 欲其自得之也. 自得之, 則居之安, 居之安, 則資之深, 資之深, 則取之左右逢其原, 故君子欲其自得之也}"(『맹자_{孟子}·이루하_{離婁下}』)고 말하였다. 또한 "들어가면 스스로 터득하지 않은 것이 없었다_{無入而不自得}"(『예기_{禮記}·중용_{中庸}』)고 말하였고, 또한 "만물을 고요히 바라보면서 모두 스스로 터득할 수 있었다_{萬物靜觀皆自得}"(정호_{程顥}, 「추일우성_{秋日偶成}」)고 말하였다" 장둥쑨 저, 「자유와 민주」, 『이성과 민주』, 창사: 악록서사,

결코 서로 충돌되지 않는다. 게다가 충돌되지 않을 뿐 아니라, 바로 사실은 양자가 서로 보완된다. 왜냐하면 서방에 또한 본래 이른바 '정신적 자유 (spiritual freedom)'라는 것이 있기 때문이다. 서방에서 역시 정신에 있어서 자유가 없는 사람이 바로 제도에 있어서 또한 자유를 배합하고 향유할 수 없는 것이 꼭 아닌 것이 아니지 않은가?"[14]

방향을 좀 바꿔 그의 책이 중국의 개혁개방 실시 결정과 그 이후 중국의 정치인들에게 끼쳤던 문화적 영향도 한번 돌아보도록 하자:

"이러한 종류의 문명의 특색은 또한 그 자신에게 항상 진보가 있을 수 있다는 데 있으며, 즉 자신이 자신을 수정할 수가 있다. 서방학자는 그것을 '동적인 문명(Moving civilization)'이라고 부르고, 또한 그것을 '진취적 문명(Progressive civilization)'이라고 부른다. 그리하여 '진보(progress)' 혹은 '사회적 진보(Social progress)'가 바로 구미에서는 하나의 독립적 학문이 되었다. 어떤 민족들은 그 문화 수준이 꼭 높지 않은 것이 아님에도 불구하고, 도리어 왜 진보가 없는가? 를 연구하려는 것이다. 따라서 그들은 스스로 매우 긍지를 가지며, '진보'라는 이러한 관념은 단지 서양문화에 있어서 비로소 있는 것이라고 여긴다. 배젓(W.Bagehot)[15]의 말이 더욱이 선명한데: 그는 세계상에는 종족이 아주 많지만, "진보할 수 있던 민족은 아주 적다(So few nations have progressed)"(『물리학과 정치학(Physics and Politics)』(1872) 참조)고 말한다. 바로 따라서 우리 중국의 문화가 정적인 문명으로 지적된다. 그렇다면 우리의 문명이 정지된 것이든 아니든지 간에, 우리에게는 앞으로 반드시 진보가 있어야 한다는 점에는 즉 의심의 여지가 없다. 그래서, 하나의 민족에게 왜 진보가 있을 수 있는가를 도리어 크게 연구하지 않을 수 없다. 본래 하나의 문화가 그 지체와 고정으로 흐르지 않고, 늘 활력을 지니면서, 늘 자신이 발동력을 가지고 자신의 병폐를 수정할 수 있다면, 이는 도리어 하나의 가장 어려운 일이다"[16]

2010년 9월, 제174쪽.

14_ 장둥쑨 저, 「자유와 민주」, 『이성과 민주』, 창사: 악록서사, 2010년 9월, 제184~185쪽.

15_ 1826~1877. 영국의 비평가, 사회학자. 영국 UCL에서 경제학, 윤리학을 전공하였다. 1860년부터 사망 전까지 런던의 주간지 《이코노미스트(The Economist)》의 편집인, 발행인을 지냈다.

그렇다면, 장둥쑨은 지난 1940년대 중반에 한중韓中 두 국가가 분단 상태에서 제2차 세계대전 승리를 맞이할 즈음에 민족의 진보를 어떠하게 해석하였던 것일까?

　"'진보'라는 하나의 명사는 본래 영어 progress의 번역어이다. 그러나 이와 서로 연관되는 것에 도리어 또한 두 단어가 있는데: 하나는 '변화(change)'이고, 다른 하나는 '진화(evolution)'이다. 진화는 자연에서 나오는 것이며, 안에 인위적인 힘이 있는 것이 아니다. 변화는 즉 하나의 넓은 의미의 명사인데, 이를테면 케이스(C.M.Case)[17]-는 "진보는 변화일 뿐 아니라, 심지어는 주민 역량의 질서 정연한 전개를 수반하는 변화이며, 진화의 사례 속에 있지만, 더욱 좋은 것을 위한 변화를 의미한다(Progress means not mere change nor even change incidental to the orderly unfolding of resident forces is in the case of evolution, but change for the better)"(『사회적 과정과 인류의 진보(Social Process and Human Progress)』(1931), p.5))고 하였다. 이른바 진보는 바로 변화하면서 현재 상황보다 더욱 좋은 상태를 향해 나아가는 것이다. 여기서는 바로 두 개의 의미가 함유되는데: 첫 번째는 좋은 것(즉 선善이다)을 향하는 추세인 것이고, 두 번째는 이러한 변화가 사람의 역량으로 인해 이뤄질 수 있는 것이다. 첫 번째로부터 말하면, 바로 '좋다好'는 것을 가늠의 척도로 삼는 것이다. 무릇 변화가 나타나면, 바로 이러한 척도를 가지고 한번 가늠해 볼 수 있다. 만약 좋은 것이라면, 즉 바로 진보인 것이다. 만약 꼭 좋은 것이 아니라면, 즉 비록 변화가 있더라도 여전히 진보가 아니다. 두 번째로부터 말하면, 이러한 좋은 변화에 만일 자연스럽게 이를 수 있다면, 즉 응당 그것을 진화라고 이름해야 한다. 만일 그것이 좋기 때문에, 그것이 좀 일찍 변화해 이루어지길 바란다면, 즉 반드시 몇몇 인위적인 작업을 가해야 한다. 무릇 인위적인 작업은 가할 수 있는 것이며, 즉 바로 사람의 역량을 가지고 좌우할 수 있는 것이다. 이러한 두 개의 뜻을 하나로 합치면, 바로 '진보'의 진실된 의미가 나타난다. 그리하여 바로 '진보'라는 이러한 개념은 반드시 다음의 세 개의 개념과 모두 한데 엮여야 비로소 의의가 있다는 점을 알 수 있는데: 즉 (1) '변화(Change)'이고, (2) '좋다(Good)'이며, (3) '수요(Need)'이다(즉 우리가

16_ 장둥쑨 저, 「서론」, 『이성과 민주』, 상하이: 상무인서관, 1946년 5월 초판, 제1쪽.

17_ 1874~1946. 미국의 사회학자, 사회심리학자. LA 서던 캘리포니아대학 교수를 지냈다.

능히 그것으로 하여금 이렇게 되도록 할 수 있는 것이다)"[18]

이 책 이후로 한국어판이 나오게 될 장둥쑨의『지식과 문화』(1939년~1941
년 저술, 1946년 1월 상무인서관 초판 발행),『사상과 사회』(1942년~1943년
저술, 1946년 3월 상무인서관 초판 발행),『이성과 민주』(1944년~1946년 저
술, 1946년 5월 상무인서관 초판 발행)는 모두 '중국 사회문화학(Chinese
Studies of Society and Culture)'의 범위 내에 있다고 할 수 있으며, '중국
지식사회학(Chinese Sociology of Knowledge)'의 범위 내에 있다고도 말
할 수 있다. 이 책들에는 격동기를 살았던 장둥쑨의 영혼이 잘 담겨져 있을
뿐 아니라, 당시 중국에서 매우 큰 영향을 끼치기도 하였으며, 이 방면에서
생전에 남겼던 학술적 결실을 가장 잘 대표하는 것이라고 할 수 있다. 저자
가 모두 중국 국가사회당[19]에 소속하여 있을 때 집필하고 출간된 저작들이
며 전쟁 기간이었던 점으로 인해 출간이 늦어지다가 1946년 5월에『이성과
민주』가 마지막으로 중화민국에서 독자들과 만났다. 장둥쑨 선생에 대해서

18_ 장둥쑨 저,「문명과 진보」,『이성과 민주』, 상하이: 상무인서관, 1946년 5월 초판, 제
8~9쪽.

19_ 1931년 9·18사변 이후 장둥쑨, 장자썬張嘉森, 뤄룽지羅隆基에 의해 베이핑北平에서 같은 해
10월에 발기되었으며 기관지로 ≪재생再生≫을 발행. 중화민국의 재건과 자유적 사회주의
혹은 사회적 자유주의를 표방하며 애국, 민주, 입헌, 사회 개혁, 교육 확대, 문화 발양 등의
구호를 내걸었다. 이밖에 후스칭胡石青, 판광단潘光旦, 량스추梁實秋, 머우쭝싼牟宗三 등이 당
원으로 활동하였다. 장자썬과 장둥쑨의 학문적 취향의 차이는 출발이 두 사람 모두 생의
철학(Philosophy of Life) 혹은 반주지주의(anti-intellectualism)와 관련이 되고 둘 다 각기
드리슈(H.Driesch)와 프로이트를 통해 무의식(the Unconscious) 연구에 큰 관심을 보인
바 있지만 후기에 들면서 전자가 주지주의(intellectualism)에 치중한 반면 후자는 무의식의
연구 혹은 물物의 연구에 좀 더 주의를 기울여 그에 마찬가지의 비중을 두었다는 데 있다고
할 수 있다. 미국에서 1932년부터 1945년까지 내리 4선의 대통령을 지냈던 프랭클린 루즈벨
트(Franklin D.Roosevelt, 1882~1945)가 당시 뉴딜정책을 통해 대공황을 이겨내려고 한 것
을 '사회주의'라고 여겼던 점에서는 두 사람이 공통적이었다고 할 수 있다. 장둥쑨 저,「장자
썬 서문」,『사상과 사회』, 충칭: 상무인서관, 1946년 3월 초판, 제1~6쪽 참조; 장둥쑨 저,
「문명과 진보」,『이성과 민주』, 창사: 악록서사, 2010년 9월, 제11쪽~65쪽 참조.

타이완臺灣에서도 관심이 높아 『도덕철학』이 1972년, 세 '지식사회학' 시리즈가 1974년에 타이베이臺北 여산廬山출판사에서 영인본으로 출간되어 나오기도 하였다. 저자는 1946년 8월 중국 민주사회당 창당에 참여한 뒤 1946년 11월에는 민주사회당을 탈당하였으며 이 정당의 구성원들이 대부분 타이완으로 떠났기 때문이다. 중국 공산당(공산혁명과 신민주주의)과 중국 국민당(국민혁명과 삼민주의)에 있어서의 과거 일원적이고 대립적이었던 역사 해석 태도와 구별되게 보다 균형적인 시각을 갖고 중국 근대문화의 역정歷程을 이해하는 데 있어서 장둥쑨의 저작이 우리에게 커다란 도움을 줄 수 있다고 판단한다. 역자가 협의를 마치는 대로 한 권 한 권씩 독자들께 소개해 드릴 예정이며, 정치와 시사에 사안이 미치는 부분이 없지 않지만, 우리가 당시 한국과 중국이라는 두 국가의 각각의 국내 이데올로기 대치 정황을 충분히 이해하고 성찰하는 데 도움을 줄 수 있다고 생각되어, 한국어판에서 역시 따로 편집을 가하지 않을 방침이다.

"만약 우리가 이론이 너무 발달했기 때문에 도리어 의심의 추세에 놓인다면, 즉 오로지 이러한 이성을 한 걸음 더 개간하고, 한 걸음 더 확충해서, 그것으로 하여금 보다 더 큰 하나의 종합이 있도록 하여야 한다. 이 종합의 결과 위에서, 우리가 또한 마음을 편안히 하며 사명을 세울 수 있다. 서방의 심리학가가 또한 이를 발견하였으며, 아래 글에서 인용하는 바와 같다:

> "이성에 관한 이러한 의심스럽고 파괴적인 행위로 야기됐던 혼란을 위한 유일한 치료는 이성을 한 걸음 더 개간하여 그것으로 하여금 윤리적 자신을 위한 봉사에 있어서 행위의 최고의 중재자가 되도록 하는 것이다(The only cure for the disturbance caused by this skeptical and destructive action of reason is to bring reason still further into play and make it the supreme arbiter of conduct in the service of the ethical self)"(탠슬리(A.G.Tansley),[20] 『새로운

20_ 1871~1955. 영국의 심리학자. UCL, 케임브리지대학에서 생태학, 생물학을 가르쳤으며 새로운 심리학으로 전향하였다. 1923년 오스트리아 빈대학에서 1년 간 프로이트에게서

심리학과 인간의 삶과의 관계(The New Psychology And Its Relation To Life)』
(1920), p.197))""[21]-

  "이성을 가지고 지도하는 것이 신경병을 꼭 치유할 수 없는 것이 아니다.
영국의 정신병리학자 브라운(W.Brown)[22]-은 말하였다: "마음의 이러한 이성
화 절차로 인해 환자는 그 진실된 본성을 발견하는 깊은 시야를 얻어낼 수
있는데, 이것이 심리 분석의 과정에 있어서 치료의 가장 중요한 요소 중 하나
이다. 나는 '자기-깨달음'이라는 용어를 제시했다(This process of intellectu-
alization of the mind, whereby the patient gains an ever-deeping insight into
its true nature, is one of the most important factors of cure in the course
of mental analysis, for which I have suggested the term "auto-gnosis")"(『암
시와 심리 분석(Suggestion and Mental Analysis)』(1922), p.39))"[23]-

  우리는 장둥쑨의 텍스트를 통하여 그가 우리와 함께 걸어 온 근대의
역정을 차분히 되돌아 볼 시간을 얻을 수 있을 뿐 아니라, 이러한 계기가
은연 중에 우리를 정신적으로 제고시켜 줄 수 있을지도 모를 일이다. 자
본주의와 공산주의, 사회주의와 자유주의라는 이데올로기의 틈바구니 속
에서 하나의 국가의 구성원끼리 등져야 했던 우리 자신의 과거에 대한
근엄한 성찰도 이뤄낼 수 있을 것이다. 장둥쑨 선생이 때로는 차분하고
지성적이며 치밀하게 때로는 혼신을 다하여 격정적으로 저술한 과거의
저작들이 한국의 독자 분들과 이렇게 가깝고 친근하게 만날 수 있게 된
것은 매우 기쁜 일이라고 하지 않을 수 없다.

역자

    사사하기도 하였다. 옥스퍼드대학 교수를 지냈다.

21_ 장둥쑨 저, 「회고와 전망」, 『사상과 사회』, 충칭: 상무인서관, 1946년 3월 초판, 제197~
    198쪽.

22_ 1881~1952. 영국의 심리학자, 정신병리학자. 킹스 칼리지 런던에서 1918년 의학박사 학위
    를 취득하였다. 옥스퍼드대학 실험심리학연구소에서 재직하였다.

23_ 장둥쑨 저, 「회고와 전망」, 『사상과 사회』, 충칭: 상무인서관, 1946년 3월 초판, 제196쪽.

저자서문
(가치철학_1934)

인류 사상의 실타래는 끊임없이 이어져왔다. 이는 철학사에 있어서 특히 또렷해 보인다. 고대 사람들은 사상이 막 발달할 때에 날마다 자연계 속에서 생활하며 눈으로 이 방대한 우주를 볼 수 있었는데, 위로는 해와 달과 별이 있었고 아래로는 새와 짐승과 산과 강이 있었으며, 한동안 거센 바람과 비가 불고 내리다가도, 한동안 또한 바람이 잦아들고 물결이 고요해졌으며, 이 세상과 세계란 것은 변화가 무궁한 것이 진실로 기이하고 오묘하기 이를 데 없는 것이었다. 그리하여, 그들의 마음 속에서는 하나의 의문이 생겨났는데, 즉 이 우주는 대체 어디서 비롯되는 것인가? 이 우주 사이의 많은 것들은 무엇이 조성하는 것인가? 이 우주 사이의 모든 것을 조성하는 원료에는 대체 몇 종류가 있는가? 이었다. 이러한 문제에 대답하기 위해 그리하여 바로 고대의 본체론의 논쟁이 생겨났다. 누군가[1]는 우주 사이의 최초의 본체가 물水이라고 하면서, 물로 인해서 일체의 양식과 일체의 사물이 이루어진 것이라고 하였다. 누군가[2]는 우주 사이의 본체가 불火이라고 하면서, "모든 사물은 불에서 비롯되었고, 불로 다시 돌아간다"고 하였다. 누군가[3]는 우주 사이의 본체가 물, 불, 흙土, 기氣라는 네 가지라고 여기면

1_ B.C 624?~B.C 546?. 탈레스(Thales). 고대 희랍 철학자.
2_ B.C 535?~B.C 475?. 헤라클레이토스(Heraclitus). 고대 희랍 철학자.
3_ B.C 490?~B.C 430?. 엠페도클레스(Empedocles). 고대 희랍 철학자.

서, 이 네 가지의 분산과 혼합으로 인해 바로 우주 사이의 삼라만상이 생겨나는 것이라고 하였다. 누군가는 본체가 '하나ᅳ'라고 여겼고 누군가는 본체가 도리어 '여럿ᵚ'이라고 여겼다. 각기 모두 그것을 견지한 까닭이 있었고 말이 이치에 맞는 듯하여 논쟁이 또한 유쾌하지 아니하였다. 그들은 비록 모두 매우 듣기 좋은 말을 하였지만, 결국 이 본체의 문제를 원만히 해결할 수 없었다. 그 까닭으로 인해, 뒷날에 누군가는 바로 우리들의 지식에 대해 의혹을 일으켰고, 그리하여 그 밖의 일종의 의문을 제기하였는데, 바로 우리가 이렇게 우주에 대해 흥취가 발생하여, 우리가 우주의 본체를 탐구하고 토론하였는데, 결과는 무엇이냐는 것이었다. 우리는 모두 원만한 해답을 얻어낼 수 없었다. 그렇다면, 우리는 이러한 종류의 탐구와 토론의 성공을 얻어낼 희망이 있는 것일까? 우리의 지식은 믿을 만한 것일까? 우리의 지식은 우주의 본체와 우주의 참된 역량을 탐구하고 토론하고 있는 것일까? 그리하여, 우주의 문제를 해결하기 전에는 우리가 우선 지식의 문제를 해결하여야 했는데, 왜냐하면 우주의 참된 탐구와 토론은 기댈 만한 지식이 있어야 하는 것이고, 만약 지식이 믿을 만하지 못하다면, 우주의 참된 탐구와 토론 역시 무용한 것이 되기 때문이었다. 그리하여 이로부터 모두가 지식론에 대해 흥취가 발생하였으며, 무릇 지식의 문제에 관해 이를테면, 지식이란 무엇인가? 지식의 내원은 어디에 있는가? 지식과 객체의 관계는 어떠한 것인가? 지식에 믿을 만한 성분은 얼마나 되는가? 믿을 만하지 않은 성분은 얼마나 되는가? 어떻게 해야 확실한 지식을 얻어낼 수 있는가? 등등이 모두 철학가가 연구하는 대상이 되었다. 하지만, 지식이 믿을 만한가 여부를 묻기 위해서는 바로 지식의 '타당성(Geltung)'이 대체 있는가 없는가를 연구하지 않을 수 없다. 그리하여 모두가 이러한 타당성의 문제에 대해 의혹을 일으켰으며, 그리하여 또한 일종의 문제가 발생하여 나왔는데, 바로 타당성 여부가 가치에 있어서의 관념에 속하는 것이라면, 가치가 대체 무엇이냐는 것이었다. 이러한 종류의 의문이 생겨난 뒤, 가치의 문제에 대해 극히 밀접한 갖가지 감정들이 생겨났으며, 그리하여 가치론이 역시 철학가가 연구하는 대상이 되었다. 무릇 가치의 문제에 관한 것은 이를테면, 가치는 어디에서 비롯되는 것인가? 가치는 실재적인 것인가? 무엇을 진眞이라고 하는가? 무엇을 미美라고 하는가? 무엇을 선善이라고 하는가? 세계와 인생에는 과연 가치가 있는 것인가? 어떻게 해야 가치가 있는 인생이 될 수 있는가? 등등이 바로 철학가가 토론하는 중심이 되었다. 고대 희랍 철학가는 소크라테스(Socrates),[4] 플라톤(Plato),[5] 아리스토텔레스(Aristotle)[6]-에 와서, 가치론의 문제에 대해 이미 모두 상당한 관심을 가졌다. 이러한 종류의 현상은 고대의 철학사 속에서 찾아볼 수 있을 뿐 아니라, 즉 근대의 철학사 속에서도 그것의 흔적을 찾아낼 수 있다. 근대 철학이 시작될 때는 바로 유럽 대륙의 이성주의가 본체론에 대한 연구에 온 힘을 기울였다. 데카르트(Descartes)[7]-의 신에 대한 확립, 과 그의 이원론의 웅변, 스피노자(Spinoza)[8]-의 범신론, 및 라이프니츠(Leibniz)[9]-의 단자론이 모두 본체론에 있어서 역대로 이어져 온 좋은 문장들이다. 그들 뒤로는 인식론(즉 지식론)이 바로 그것에 이어 발흥하였다. 로크, 버클리, 흄(Hume)[10]-의 경험주의가 그 발단이 되었고, 칸트의 비판주의가 그것을 집대성하였으며, 그들이 모두 인식론의 역사에 있어서 몇몇 페이지의 귀한 역사적 기재를 남겨주었다. 최근에 와서는 가치론이 또한 마치 인식론의 지위를 대체하려고 하는 듯하다. 현대 철학 연구의 취향은 대체로 가치론 연구에 집중되어 있고, 특히 가치론을 가지고 윤리학을 흡수한다.

4_ B.C 469?~B.C 399. 고대 희랍의 철학자.

5_ B.C 427?~B.C 347. 고대 희랍의 철학자.

6_ B.C 384~B.C 322. 고대 희랍의 철학자.

7_ 1596~1650. 프랑스의 형이상학자, 종교학자.

8_ 1632~1677. 네덜란드의 이성주의 철학자, 윤리학자, 자연론적 결정론자.

9_ 1646~1716. 독일의 이성주의 철학자, 물리학자, 심리학자, 종교학자.

10_ 1711~1776. 영국의 인상주의 철학자, 감각론적 경험론자.

이 책은 원래 내가 옌징燕京대학[11]-에서 강의한 자료였다. 가오밍카이高名

11_ Yenching University. 청나라 말엽에 현 베이징 둥청東城구 둥스구燈市口에 세워졌던 화베이협화여자대학華北協和女子大學(North China Union College for Women, 1864년 설립), 현 베이징 퉁저우通州구에 세워졌던 화베이협화대학華北協和大學(North China Harmony University, 1867년 설립)(이상 회중교 공리회 외), 현 베이징 둥청구 숭문문景文門에 세워졌던 후이원대학匯文大學(Huiwen University, 1889년 설립)(감리교 외)이 교과 분규를 거쳐 1916년~1920년 교회 협의회(Council of Churches)를 통해 옌징대학燕京大學이라는 교명 아래 하나의 교회 대학으로 순차적으로 통합하고 1919년 미국의 선교사(장로교) 존 레이턴 스튜어트(John Leighton Stuart, 1876~1962)가 초대 교장에 부임하였다. 1926년에는 베이징 하이뎬海淀구의 칭화대학이 있는 곳 옆으로 옌징대학 캠퍼스를 새로 지은 후에는 각기 캠퍼스가 떨어져 있던 옌징대학이 한 곳으로 이전하였다. 1920년대까지는 민국 대학 중 B급 학교에 속하였다가 1930년대에 A급 학교가 되었다. 미국 하버드대학과 하버드-옌칭 연구소(Harvard-Yenching Institute)를 공동 설립한 뒤 ≪옌징학보燕京學報≫가 베이핑北平 판사처辦事處 편집(1932년~1941년, 1946년~1949년)으로 14년 발행되었다. 옌징대학은 교훈校訓이 "진리로 자유를 얻어 봉사하라因眞理, 得自由, 以服務(Freedom Through Truth For Service)"였으며 1942년~1945년 태평양 전쟁 기간에는 쓰촨四川성 청두成都로 국민정부에 의해 대학 본부를 이전하여 옌징대학 전시 임시 학교를 운영하였다. 다른 교회 대학 및 사립 대학들과 마찬가지로 1949년 이후는 마르크스-레닌주의와 신민주주의가 전방위적으로 실시가 되면서 대학 재산 전반에 대한 몰수가 진행되었으며 임시 공립 체제를 거쳐 폐교 절차에 들어가 1952년 상반기에 교사校史를 마쳤다. 1950년 7월부터 중국 문예계에서는 '항미원조운동抗美援朝運動'이 펼쳐졌으며 1951년 9월~1952년 10월 대륙 전역에 '삼반운동三反運動', '지식분자 사상개조운동知識分子思想改造運動'이 광범위하게 전개되었다. 교회 대학이 민국 시기에 20곳 가량이 있었으며 모두 폐교한 뒤는 1952년 후반기까지 중국 대륙 내 존속이 허가된 각 국립 학교나 신규 설립 학교, 기구로 잔류 교원들이 사상 개조를 받고 전입되었다. 전 대학 교지도 다른 학교의 신규 부지로 쓰인다. 푸런대학, 링난대학 등 대학은 민국 정권을 따라 전 교원과 교회 단체가 타이완과 홍콩에서 같은 대학을 다시 세워 대학 교훈과 교가校歌, 대학 심볼 마크 등 전통을 이어 받고 있다. 옌징대학 외로 민국 시기 중국 대륙 내에는 즈장대학之江大學(Hangchow University, 1845년 설립)(항저우), 치루대학齊魯大學(Cheeloo University, 1864년 설립)(지난), 화중대학華中大學(Huachung University, 1871년 설립)(우한), 성웨한대학聖約翰大學(Saint John's University, 1879년 설립)(상하이), 진링대학金陵大學(University of Nanking, 1888년 설립)(난징), 링난대학嶺南大學(Lingnan University, 1888년 설립)(광저우), 전단대학震旦大學(Aurora University, 1903년 설립)(상하이), 후장대학滬江大學(University of Shanghai, 1906년 설립)(상하이), 화난여자학원華南女子學院(Hwa Nan women's College, 1908년 설립)(푸저우), 화시협화대학華西協和大學(West China Union University, 1910년 설립)(청두), 푸젠협화대학福建

凱[12]- 군이 강의를 필기한 것이다. 나는 그에게 매우 고마운데, 왜냐하면 나는 강의를 할 때, 결코 이처럼 조리 있게 말하지는 않기 때문이다. 이러한 조리화는 그가 나를 대신해 해 준 것이다. 그 가운데 장과 절을 나눈 것이 또한 그가 편제한 것이다. 그래서 이 책은 안에 담긴 내용의 의미를 제외하면, 그 서술 방법과 억양 등에 있어서는 두 사람이 함께 집필한 것이라고 할 수 있다.

근래 유럽과 미국의 철학계는 가치론에 퍽 크게 주의를 기울이는 추세이다. 출판되는 책이 또한 적은 수가 아니다. 내가 본 것으로 아래 몇 가지가 있는데, 대략 즉 강의할 때의 참고서이며, 독자분들 역시 하나씩 참고할 수 있다.

> 1. 오스본(H.Osborne), 『가치철학의 기본원리(Foundations of the Philosophy of Value)』, 1933

協和大學(Fukien Christian University, 1915년 설립)(푸저우), 진구대학津沽大學(Jingu University, 1921년 설립)(톈진), 진링여자학원金陵女子學院(Jinling Women's College, 1923년 설립)(난징), 푸런대학輔仁大學(Fu Jen Catholic University, 1925년 설립)(베이징) 등 교회 대학이 있었다. 옌징대학의 존 레이턴 스튜어트는 장둥쑨 교수를 1930년 9월 옌징대학 철학과 내국인 책임교수 급으로 초청하였으며 장둥쑨은 뒷날 철학과 주임을 두 차례 이상 지내는 한편 대학의 대표적 지식인이자 상징적 위치에 놓이는 학자이기도 하였으나 대학 교무에는 매우 주도적으로 참여한 편은 아니었다. 장둥쑨은 원래 칭화대학淸華大學에 마음이 많이 쏠려 있었다. 대부분 시기를 국내 정치 분란과 일제 침략 등으로 민국이 위기에 놓여 있을 때 교수를 지냈다. 장둥쑨은 언론言論과 철학, 사상思想과 문화 분야의 권위자로서 중일전쟁 기간을 제외하고 1932년 후반부터 1940년대 후반까지 옆에 자리한 칭화대학을 오가면서 문학원(College of Arts)의 교수를 지내기도 했으며 대학 내에서 문화文化, 철학哲學 비평지 《문철월간文哲月刊》 편집인도 중일전쟁으로 잡지가 폐간되기 전인 1935~1937년 말으면서 후학을 양성하는 책임을 짊어졌는데 량치차오의 직계 후배 학자로서의 역할이었다.

12_ 1911~1965. 언어학자, 어법학자. 옌징대학 철학과 및 동대학 대학원을 졸업하고 프랑스 파리대학에서 중국학 연구자이자 도가道家 전문가이기도 했던 앙리 마스페로(Henri Maspero, 1882~1945)의 지도로 한어漢語 개사介詞를 가치론적 관점으로 연구하여 1940년 박사학위를 받고 옌징대학에 돌아가 국문과 교수, 학과 주임을 지냈다.

2. 이언(H.O.Eaion), 『오스트리아의 가치철학(The Austrian Philosophy of Value)』, 1930
3. 클라크(M.E.Clarke), 『가치의 논리적 연구(A Study in the Logic of Value)』, 1929
4. 레어드(J.Laird), 『가치의 관념(The Idea of Value)』, 1929
5. 페리(R.B.Perry), 『가치의 일반이론(General Theory of Value)』, 1926
6. 어반(W.M.Urban), 『평가: 그 성질과 법칙(Valuation: Its Nature and Laws)』, 1909
7. 하르트만(N.Hartmann), 『윤리학 제3권(Ethics 3vols)』, 1932
8. 피카드(M.Picard), 『가치, 직접성과 기여성, 그리고 그것들의 상호 관계 (Values, Immediate and Contributory, and their Interrelation)』, 1920
9. 알렉산더(S.Alexander), 『미와 이밖의 가치 형식(Beauty and Other Forms of Value)』, 1933
10. 로스(W.D.Ross), 『정당과 선(The Right and the Good)』, 1930

중화민국 22년(1933년) 11월 16일
장둥쑨이 베이핑北平 서교西郊의
달원達園에서 서문을 쓰다

저자서문
(인식론_1934)

이 책의 앞의 네 장은 처음 배우는 이들을 위해 설계한 것이다. 뒤의 장에 지면을 남겨줘야 하기 때문에 특별히 간략하다. 그것을 보면서 명확히 알 수 있으면 그만이다. 인식론의 문제와 학설, 학파가 어떠한가 역시 이러한 서술이면 또한 일목요연해진다. 이 네 장은 제자 왕광샹王光祥 군이 개머츠펠더(W.S.Gammertsfelder)와 에반스(D.L.Evans)가 지은 『철학의 기본원리(Fundamentals of Philosophy)』를 참조하여 써낸 것이다. 이 책은 사실 한 권의 아주 좋은 철학개론서이다. 하지만 도리어 내가 적지 않게 첨삭을 가하였다. 제5장에 이르러는 바로 나 자신의 주장이다. 나의 이러한 주장은 마음속에서 아주 여러 해 축비되어 있던 것이다. 현재 생각할수록 얼마만큼 자신이 있다. 그래서 그것을 발표하여 국내외의 명철한 학자들에게 질정을 구하는 것이다. 그 내용은 졸작 「조리, 범주와 기준條理、範疇與設準」(《철학평론哲學評論》(1931년))과 대체로 큰 차이는 없다. 하지만 또한 얼마만큼의 변화가 있다. 그 중에서 '범주'라는 하나의 단어는 서로 다른 뜻이 매우 많아서, 오해가 생겨나기 쉽다. 그래서 여기에서는 사용을 가급적 피하였다. 함의라는 것에 관하여도 그것을 논리학으로 귀결하는 것이 타당하다고 생각한다. 요컨대, 이렇게 되면 예전의 글에 비해 내용이 더욱 온당해지고 이해하기도 쉽다. 호킹(W.E.Hocking)[1]-은 말하기를, 절충론자는 늘 커다란 기백이 없다고 하였다. 나는 스스

로 한 명의 절충론자라는 점을 승인하며, 절충이 성공하였는가 아니면
실패하였는가는 감히 독자들에게 비평을 청하여 본다.

중화민국 23년(1934년) 4월

베이핑北平 달원達園의 온갖 꽃들이 만발할 때

저자가 서문을 쓰다

1_ 1873~1966. 미국의 철학자. 관념론자, 경험론자. 로이스(J.Royce)의 제자로 예일대학 교수,
하버드대학 교수를 지냈다.

목차

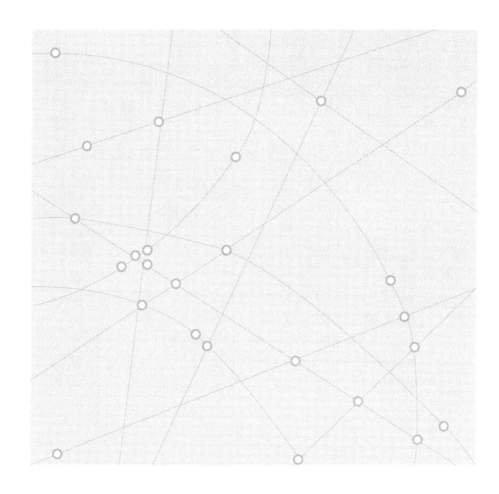

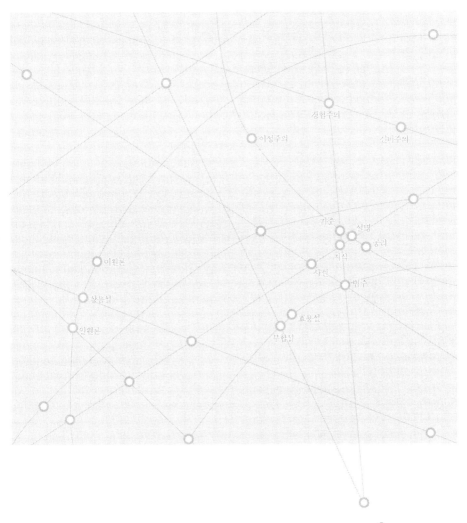

제 **1** 부
가치철학_1934

제 **1** 장
신직각론파의 무어

무어(G.E.Moore)[1]의 『윤리 원리(Principia Ethica)』(1903)를 가치를 가지고 도덕을 이야기한 하나의 대표적 저술로 볼 수 있다. 본 장은 편리를 위한 까닭에서 우선 그의 이론을 아래와 같이 서술하여 본다.

무어는 현대의 유명한 신실재론자이며, 그에게는 앞서 소개한 책 외에, 『철학적 연구(Philosophical Studies)』(1922)라는 책이 있다. 그는 윤리학에 대해 처음으로 일종의 문제를 제기하였는데, 바로 윤리학의 제재(Subject matter)는 대체 무엇인가? 라는 것이었다. 윤리학의 제재라는 이러한 문제에 대해 매우 많은 사람들은 모두 고대 희랍인과 마찬가지로 그것이 '선善'을 연구하는 학문이라고 믿었다. 그 역시 이러한 설에 동의하면서, 도덕학의 작업은 바로 무엇이 '선'인가를 명백하게 아는 데 있다고 여겼다. 그러나 그의 '선'에 대한 해석은 도리어 고대와 같지 않다. 고대 희랍인은 늘 '선'을 사람들이 욕구하고 희구하는 것과 같은 것으로 보았다. 그래서 희랍인의 '선'은 결국 '궁극(End)'과 '목적(Purpose)'의 의미를 함유하며, 이에는 바로 목적론적 색채(Teleological sense)가 담긴다. 무어는 도리어 목

1_ 1873~1958. 영국의 분석철학자, 직각론적 윤리학자, 실재론자, 미학자, 인식론 연구자. 케임브리지대학 교수를 지냈다.

적론자가 아니다. 왜냐하면 그는 선이 하나의 심리 상태라고 승인하지 않기 때문이다. 그러나 그는 동시에 자신이 자연주의자임을 부인한다. 그 이유는 아래와 같다. 바로 왜냐하면 자연주의적 쾌락론(Hedonism)은 쾌락을 즉 '선'과 같은 것으로 보는데, 무어는 이것이 옳지 않고 선은 쾌락이라는 하나의 종류 속에 병합시킬 수 없다고 여기기 때문이다. 쾌락이 꼭 '선'인 것이 아니고, '선'이 꼭 쾌락인 것도 아니라는 점을 알아야 한다는 것이다. 그는 이를 자연주의적 오류(Naturalistic fallacy)라고 이름하였다. 이러한 말로 그가 자연주의적 태도에 반대한다는 점을 잘 알 수 있다. 그는 한편으로 목적론적 윤리관에 반대하고, 다른 한편으로 자연주의적 윤리관에 반대하며, 모두 그가 심리 상태를 가지고 '선'을 해석하기를 원치 않기 때문이라고 말할 수 있다.

무어 자신의 의견에 비추면, 그는 '선'이 단순하고 특자적인 서술어(Simple, unique predicate)라고 여긴다. 여기서 이른바 '선善'은 즉 영어로 Goodness의 의역인데, 사실 중국어 번역을 응당 '좋다好'로 해야 보다 타당하다. 왜냐하면 중국의 글자 속에서 '선'은 아주 많은 도덕에 있어서의 특수한 의미를 함유하고 있어, 영어의 Goodness라는 단어와 약간 오차가 있기 때문이며, '좋다'라는 단어로 바꾸면 즉 이러한 혼동이 줄어든다. 무어는 '좋다'(즉, '선')가 단순하고 특자적인 서술어라고 하였는데, 이러한 말에는 두 가지 요점이 포함된다. 첫째, '좋다'는 일종의 서술어이고, 즉 하나의 사물 혹은 하나의 사람에 대한 서술어이며, 결코 일종의 구체적인 사물이 아니므로, 무어는 '좋다'가 사실상은 Good이고, Goodness가 아니라고 여긴다. 둘째, 이러한 종류의 서술어는 독립적으로 자존하는 것으로서, 절대 어떠한 다른 것으로 병합시킬 수 없는데, 자연주의는 '좋다'를 쾌락 속에 병합시키고, 목적론은 '좋다'를 목적 속에 병합시키므로, 이러한 것이 모두 옳지 않다는 것이다. 사실 '좋다'는 단순하고 특자적인 것이며, '좋다'는 바로 '좋다'이고, 어떠한 다른 것이 아니므로, 우리는 '좋다'가 쾌락이라고 말할 수 없고, '좋다'가 욕구하는 것 혹은 다른 어떠한 것이라고 말할 수 없다는 것이다. 이러한 까닭으로 인해, 무어는 '좋다'를 정의하기 힘든(Indefinable) 것이라고도 하였는데, 왜냐하면 정의를 하면, 바로 그것을 어떠한 다른 것 위로 병합시키는 것이 되기 때문이다. 단순하고 특자적인 것일 뿐 아니라, 정의를 하기 힘들다면, 당연히 분석되지 않는(Unanalysed) 것이다. 그는 빛깔이 누렇다는 것을 가지고 비유하였다. 빛깔이 '누렇다'는 것은 일종의 서술어이고, 우리는 단지 그 빛깔이 '누렇다'고 말할 수 있을 뿐, 달리 어떠한 해석을 할 수 있는 것이 아니며, 더욱이 그 빛깔이 왜 누런가가 분석되는 것이 아니다. '좋다'가 역시 이러해서, 우리는 단지 '좋다'를 '좋다'라고 말할 수 있을 뿐, 달리 다른 설명을 구할 수는 없다는 것이다. 그의 이러한 종류의 견해가 바로 그가 후대에 의해 신직각론파(Neo-intuitionalism)로 불리게 된 까닭이다.

그의 이러한 '좋다'에 대한 변론은 표면적으로 볼 때, 별다른 결과가 없는 듯하지만, 그것을 자세히 추궁해 보면, 그의 결론, 그의 의도가 바로 가치 문제를 해석하려고 한 데 있었다는 점을 알 수 있는데, 이것이 바로 현대 가치론의 추세이다. 이른바 '좋다'라는 것은 원래 바로 가치이다. 가치라는 것은 그의 말로 하면, 합병되지 않는(Irreducible) 것이다. 또한 가치는 결코 자연이 아닌데, 자연계 속에는 단지 사실이 있을 뿐, 가치는 없으며, 단지 '특질(Suchness)'이 있을 뿐, '평가(Valuation)'는 없기 때문이다.

우리는 이른바 가치라는 것에는 사실 주관적 성분이 함유된다는 점을 알 수 있는데, 왜냐하면 평가 속에서는 기필코 하나의 주관적 감상자가 외적 사물의 가치에 대해 예측과 짐작을 하기 때문이다. 그러나 평가라는 이것이 결코 꼭 주관적인 것은 아니다. 가치론 속에서는 주관주의를 주장하는 이가 있고, 객관주의를 주장하는 이가 있다. 그 주관주의와 객관주의를 주장하는 것이 구별되는 구석은 바로 그가 가치 자체와 평가의 관계를 어떻게 설정하는가에 달려 있다. 우선 주관적인 평가가 있은 뒤, 이 평가의 결과를 객관 사물 위로 가져가 그것이 가치가 있다고 믿는 것을 주장하는 것은 주관주의적 가치론이다. 객관 사물 속에 본래 이미 가치가 있은 뒤, 비로소 평가의 근거가 있는 것이라고 주장하는 것은 객관주의적 가치론이다. 무어는 바로 후자의 일파 속에 귀결된다. 그는 한편으로 자연이 곧 가치라는 설을 부인하지만, 다른 한편으로는 도리어 가치라는 것이 사실상 특자적으로 존재하는 것이라고 주장한다. 그가 기왕 가치(즉 '좋다')가 일종의 서술어라고 믿은 뒤, 다시 나아가 일체의 객관적 사물에 모두 이러한 종류의 서술어가 있을 수 있다고 믿은 바에야, 이렇게 되면, 그는 자연계의 영역 외로, 다시 하나의 가치의 영역을 더한 것이며, 이 가치의 영역이 마침 바로 자연의 영역 위로 씌워진다. 이를테면 〈그림 1-1〉 속에서 보이듯이, 가로 영역의 실선은 자연의 영역을 표시하고, 세로 영역의 점선은 가치의 영역을 표시하며, 즉 가치의 영역이 사실상 자연의 영역 위로 씌워진다는 점을 알 수 있다. 이렇게 볼 때, 무어는 바로 그 가치론에 있어서의 실재론을 건립한 것이다.

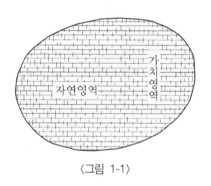

〈그림 1-1〉

무어는 한편으로 자연주의적 윤리학에 반대하고, 다른 한편으로 형이상학적 윤리학에 반대한다. 자연주의적 윤리학은 종종 자연적 심리 현상, 이를테면 쾌감과 불쾌감을 가지고 '좋다' 여부를 해석하고, 형이상학적 윤리학은 종종 '좋다' 여부가 의지(Will)와 관계가 발생하여, 한데 그것을 섞어 '좋다'를 일종의 이상적인 추구의 만족으로 믿는다. 그는 가령 '좋다'가 심리학에 있어서의 쾌감(Pleasure)과 같은 것이라면, 우리는 그것이 쾌감을 만족시킨다고 하면 그만일 뿐, 다시 그것을 '좋다'라고 말할 필요가 없다고 여긴다. 그래서 '좋다'는 사실상 쾌감을 떠나 독립적으로 자존하는 어떠한 것을 말한다. 형이상학파가 '좋다'를 자아실현(Self-realization)으로 주장하는 것은 더욱 맞지 않는다고 여긴다. 자아실현을 설사 '좋다' 여부를 해석하는 데 가져다 쓸 수 있다고 해도, 그것이 결국 '좋다' 자체는 아니라는 것이다. 자아실현이 설사 '좋다'에 도달하는 수단이라고 해도, 수단은 결국 그 수단이지, 결코 '좋다' 자체는 아니라는 것이다. 무어의 학설 속에서는 '내재적인 선(Intrinsic good)' 혹은 '그것 자체에 있어서 좋다(Good in itself)'가 무릇 '수단으로서 좋다(Good as means)'와 사실상 서로 완전히 다른 것이라는 점을 알아야 한다. 전자는 '좋다'가 즉 그것 자체에 있다는 것을 말하고, 후자는 그것이 바로 일종의 수단이기 때문에, 어떠한 목적에 도달할 수 있으므로, 그것이 바로 '좋다'고 말하는 것이다. '그것 자체에 있어서 좋다'는 목적이 바로 '좋다'인 것이고, 즉 말하자면 그것 자체에 있어서 좋기 위해 좋은 것이다. '수단으로서 좋다'는 그 목적이 '좋다'의 밖에 있고, '좋다'는 이러한 종류의 목적에 도달하기 위한 수단에 다름 아니다. 예컨대, 어느 상인에게 있어서 그는 그 기업의 발전을 욕구하면, 신용을 지키지 않을 수 없지만, 여기서 이른바 신용을 지키는 것은 그에게 있어서는 부를 축적하기 위한 일종의 수단에 다름 아니다. 이러한 종류의 '좋다'는 단지 '수단으로서 좋다'이고, '그것 자체에 있어서 좋다'가 아니다. 이러한 까닭으로 인해, 무어는 윤리학을 두 종류로 나누었는데, 하나는 '그것 자체에 있어서 좋다'를 연구하는 것이고, 다른 하나는 '수단으로서 좋다'를 연구하는 것이다. 그는 전자를 순수한 윤리학(Pure ethics)이라고 이름하였고, 후자를 응용적 윤리학(Practical ethics)이라고 이름하였다. 전자는 '무엇인가(What)'의 문제를 연구하고, 후자는 '어떻게(How)'의 문제를 연구한다. 비록 이러하지만, 무어가 힘을 쏟아 해석하고자 한 것은 바로 '그것 자체에 있어서 좋다'이고, '수단으로서 좋다'에는 비교적 덜 주의를 기울였는데, 왜냐하면 기왕 일종의 수단인 바에야, 그 자체로서는 본래 '좋다' 여부를 가릴 표준이 없어 우리의 연구가 어려움을 느낄 수밖에 없기 때문이다. 무어가 연구한 것은 순수한 윤리학이고, 즉 '좋다'라는 하나의 관념에 대해 정확한 탐구와 분석을 하고자 한 것인데, 그는 완전히 논리학을 연구의 출발점으로 삼았다. 이는 근대의 영국 학자들이 즐겨 사용하는 방법이다. 그래서 그는 이른바 '그것 자체에 있어서 좋다'가 결코 심리에 있어서의 쾌감이 아니고, 의지적 자아실현 역시 아니라고 주장하였다.

  '좋다'는 즉 일종의 단순하고 특자적인 서술어이므로, 그것 역시 붉고, 누렇고, 네모지고, 둥근 것과 마찬가지로 일종의 성질(Quality)인 것이며, 이 성질이 즉 또한 엄연히 외계로부터 존재한다. 신실재론자는 외계에 존재하는 것에 두 종류가 있다고 주장하는데, 하나는 실존자(Existent)이고, 하나는 허존자(Substistent)이며, 실존자는 바로 일반인이 구체적이라고 간주하는 것이고, 허존자는 바로 사물의 추상적 성질이다. 예컨대, 하얀 빛깔이 책의 일종의 성질이라면, 하얀 빛깔은 결코 책을 떠나 존재할 수 없는데, 왜냐하면 책은 비록 아주 많은 성질의 하나의 집합체이지만, 도리어 구체적으로 자존하는 것이기 때문이다. 하얀 빛깔에 이르러는 반드시 하나의 사물에 기대어야 존재할 수 있다. 하지만 하얀 빛깔은 비록 허존자이지만, 결국 그것이 외계의 사물로서는 손색이 없다. 신실재론자의 의견에 비추면, 허존자와 실존자는 모두 '존재(Being)'이고, 어떠한 의미에서 모두 '실재(Reality)'인 셈일 수 있다. 무어의 이론은 신실재론에 속하는 것이다. 그는 '좋다'라는 것을 일종의 성질로 여기며, 이러한 종류의 성질이 물론 또한 실재적인 것이다.

  무어는 '좋다'가 즉 단순하게 자존하는 일종의 성질이므로, 그것은 정의를 하기 힘든 것이라고 여긴다. 그러나 정의라는 이러한 명사에는 토론의 여지가 있다. 정의를 한다는 이러한 문제에는 지금까지 두 종류의 견해가 있어 왔는데, 하나는 외포를 가지고 정의하는 것이고, 다른 하나는 내함을 가지고 정의하는 것이다. 예컨대, 빛깔이 누렇다는 것에 대해 우리가 정의를 내리며, 빛깔이 누렇다는 것은 일종의 색깔인 것이라고 말할 수 있다. 통속적인 논리학이 바로 이러한 방법을 가지고 정의를 하며, 이러한 종류의 정의는 완전히 외포적 관계에 근거한다. 무어가 "정의를 하기 힘들다"고 말한 것은 당연히 바로 그것이 외포적 관계만을 가지고는 그 성질을 평가할 수 없다는 점을 말한 것이다. 말하자면, '성질'이라는 이것은 단지 우리가 직각(Intuition) 속에서만 그것을 인식할 수 있을 뿐, 그것을 다른 어떠한 것으로는 설명할 수 있는 것이 아니라는 것이다. 무어의 설에는 그 독자적인 구석이 있지만, 그 곤란한 면이 역시 있는데, 왜냐하면 아주 많은 것들이 사실 이렇게 모두 간단히 설명될 수 있는 것은 아니기 때문이다.

무어의 학설은 내가 보기에, 이른바 '관계적 특성(Relational property)'이라는 것을 근거로 삼은 것이다. 무엇을 관계적 특성이라고 할까? 신실재론자는 우리의 인식 속의 일체의 성질이 모두 객관에 속한다고 주장한다. 예컨대, 우리가 책상을 볼 때, 우리는 빛깔이 누렇다는 것이 발각되지만, 이때, 빛깔이 누렇다는 것은 우리의 지각 위에 있는 것이지, 우리의 주관적 인식에 의거해서 생겨나는 것이 아니라는 것이다. 그래서 빛깔이 누렇다는 것은 객관 세계 속에 존재하는 것이 아닐 수 없지만, 이러한 특성(Property)은 기필코 주관과 객관의 관계 속에서 비로소 나타나는 것이다. 마치 파란 리트머스 종이를 산성 액체 속에 가라앉히면 빨간 빛깔로 변화하는 것과 같다. 이 빨간 빛깔이 바로 이른바 관계적 특성이다. 관계가 한데 이루어진 뒤에 비로소 그것이 나타날 수 있다. 관계가 끊기면, 이러한 특성은 바로 없어진다. 주관과 객관이 서로 만나면, 그 나타나는 것이 마침 바로 파란 리트머스 종이와 산성 액체가 서로 만난 결과와 같다. 바꿔 말하면, 이러한 종류의 특성은 주관 방면에서 보면, 마치 주관에 속하는 것 같지만, 사실은 단지 주관과 객관이 서로 만난 일종의 자연적 결과에 다름 아니다. 그래서 그것이 자연적 세계 속에 존재한다고 말하는 것 역시 안 되는 것이 아니다. 형상론(즉, 관념론)자는 늘 외계 사물이 바로 감각기관 위에 새겨지는 형상이며, 그것이 객관 사물의 진면목인 것은 아니라고 여긴다. 실재론자는 감각기관의 구조가 어떠하면, 비록 외계 사물에 대한 인상에 영향을 주기 충분하지만, 모든 각양각색의 차이가 결국은 주관과 객관의 양자가 서로 만난 것을 가지고 해석할 수 있다고 여긴다. 마치 만화경과 마찬가지로, 단지 조금만 회전시켜도, 곧 하나의 변화가 생겨난다. 그러나 그 변화되는 모습은 도리어 결국은 유한한 것이고, 결국은 그것이 회전된 것으로부터 그것이 이러한 까닭을 구할 수 있다. 예컨대, 하나의 동전을 물속에 가라앉힌 뒤, 빛의 반사가 물에 경과되면, 우리는 그것의 위치를 좀 잘못 보는데, 어쩌면 동그란 것이 퍼져 보이고, 혹은 타원형으로 보이는 것 등이다. 그러나 이러한 차이는 결국 매개체가 다르고, 우리의 감각기관 구조가 그러한 것과는 같지 않은 것을 가지고 해석할 수 있다. 따라서 우리는 동그란 것이 퍼져 보일 때, 차츰 그 까닭이 주관에 있다고 여기지만, 이것이 결코 주관이 아니라는 점을 알지 못한다. 하지만 이러한 종류의 이상한 상태는 기필코 주관과 객관이 서로 접촉될 때, 비로소 출현하는 것이다. 그래서 우리는 이러한 성질을 '관계적 특성'이라고 부를 수 있는데, 왜냐하면 비록 주관적 성분이 있지만, 결국 객관과의 관계를 떠날 수 없고, 객관의 영향을 받으므로, 결코 임의적인 것일 수는 없기 때문이다. 내가 보기에, 무어가 '좋다'(즉, '선')를 자존하는 것이라고 일컬은 것은 아마도 즉 이러한 뜻에 근거한 것이다. 그러나 이는 결코 '좋다'가 객관적이라고 말하는 것이 아니라, 바로 단지 주관과 객관의 관계 속에서 비로소 그것이 나타날 수 있다고 말하는 것임을 알아야 한다. 그리하여, 이른바 독립적이고 자존적인 서술어는 즉 일종의 '관계적 특성'인 것에 다름 아니다. 무어는 '관계적 특성'을 가지고 유심론에서 말하는 내재적 관계설에 반박하기도 하였는데, 물론 그것에는 영민한 구석이 있지만, 몇몇 구석에서는 도리어 곤란한 점이 없지 않다. 이는 본장의 요지가 아니므로, 재론치 않는다.

무어의 가장 큰 공헌은 바로 '선'을 자연주의와 이상주의 속에서 꺼내온 것이다. 이러한 이른바 '선'이 자연 사물의 하나가 아닐 뿐 아니라, 사람들이 희구하는 희망인 것도 아니라고 여겼다. 바로 제3계에 속하는 것이며, 즉 이른바 가치라는 것이다. 가치는 자연계인 것이 아닐 뿐 아니라, 이상계인 것도 아니다. 그러나 이러한 제3계는 도리어 또한 실재적이다. 그래서 그는 자연주의자가 아니지만, 도리어 실재론자이다. 왜냐하면 그는 '쾌감'을 가지고 '선'을 설명하지 않지만, '의지'를 가지고 '선'을 해석하지도 않기 때문이다. 하지만 나는 그의 이러한 설이 단지 가치론의 발단으로 일컬을 수 있을 뿐이라고 여긴다. 과연 '선'이 바로 단지 '관계적 특성'에 다름 아닌 것인가에 대해 그의 학설은 사실 알렉산더의 설보다 분명하게 다가오는 것은 아니다. 따라서 나는 다음 장에서 이어서 알렉산더의 학설을 서술한다.

제 2 장

알렉산더가 제3성을 논하다

알렉산더(S. Alexander)[1] 역시 실재론자이다. 그의 학설의 계통은 매우 넓고 크고, 현대 철학계 내에서 화이트헤드(A. N. Whitehead) 외에는 대체로 누구도 그에게 필적할 수 없다. 그의 가치론에 대한 주장은 그의 전체 철학 계통 속의 일부분에 불과하므로, 그의 가치론을 잘 알기 위해서는 먼저 그의 철학 계통을 알지 못하면 안 된다. 그의 명저 『공시와 신성(Space Time and Deity)』(1920)이 연구의 자료가 될 수 있다.

대다수 철학가는 모두 공간이 일종의 격식(Form)이고, 시간 역시 일종의 격식이라고 여긴다. 칸트의 뜻에 비추면, 게다가 이러한 격식은 주관적인 것이다. 이는 바로 양자가 모두 우리 인식 작용이 본래 지니는 격식을 통해 외계에 투사되는 것에 다름 아니라고 말하는 것이다. 결코 외계 안에 진실로 그러한 것이 사물로 있는 것이 아니다. 어떤 철학가는 공간과 시간의 존재가 결코 우리 인식에 의존하지 않으며, 바꿔 말해서, 그것들이 외계에 독립되게 존재한다고 여긴다. 하지만 이러한 철학가는 여전히 공간과 시간이 외계 사물의 '구조(Structure)'인 것이라고 여긴다. 알렉산더에 와서 이는

1_ 1859~1938. 호주 출신의 영국 철학자, 창발적 진화론 연구자, 심리학자. 영국 케임브리지대학 특별연구원, 옥스퍼드대학 교수, 맨체스터대학 교수를 지냈다.

또한 완전히 다른 것이 되었다. 그의 철학 계통은 바로 공간과 시간을 출발점으로 삼는 것이지만, 그는 도리어 공간과 시간으로부터 바로 물질이 생겨나는 것이라고 여긴다. 여기서는 바로 공간과 시간이 주요한 것이 되는 것이다.

공간과 시간은 알렉산더의 학설 속에서 우주의 가장 근본적인 본체일 뿐 아니라, 바로 또한 만물의 궁극적 요소(The ultimate stuff of substances)이기도 하다. 이러한 궁극적 요소들로부터 무수한 것들이 만들어져 나오고, 변화되어 나올 수 있다. 알렉산더가 일컫은 시공은 결코 시간과 공간을 말하는 것이 아니라, 바로 양자가 하나라고 믿는 것이다. 시간과 공간은 떨어질 수 없는 것이고, 둘이면서도 하나인 것이다. 그래서 알렉산더는 결코 공간과 시간(Space and Time)을 말한 적이 없으며, 그가 사용한 술어는 공시(Space-Time)인데, 바로 이는 공간과 시간을 한데 합쳐서 말한 것이다.

공시가 기왕 궁극적 요소 혹은 재료인 바에야, 그것은 당연히 가장 단순한 것이 되고, 이 궁극적 요소로부터 만들어지고 변화되어 나오는 것이 즉 복잡한 것이므로, 따라서 알렉산더는 그것을 복합물(Complexities)로 이름하였다. 매 차례 변화되어 나오는 복합물에는 모두 발견되는 그 새로운 성질이 있다. 매 하나의 새로운 성질이 발견되는 것은 바로 우주에 있어서 몇몇 새로운 것들이 더해지는 것이다. 매 하나의 새로운 것들에 또한 바로 하나의 새로운 층위가 더해지는 것이다. 그래서 그가 일컫은 진화는 바로 층위화 혹은 층화層化이며, 그가 일컫은 새로운 성질은 바로 일종의 돌변突變이다. 층위화 혹은 층화의 뜻은 바로 한 층 한 층씩 변화되어 나오는 것에는 기필코 몇몇 가지가 더해지는 것이라는 점을 말한다. 예컨대, 맨 아래층의 모든 궁극적 요소가 되는 것 위로, 물질성을 함유한 한 층의 복합물로 변화가 이루어지고, 물질성을 함유한 복합물 위로 다시 한 층의 유기물로 변화가 이루어지며, 유기물은 단지 물질성을 함유한 복합물

속에서 변화가 이루어질 수 있을 뿐, 공시 속에서 직접적으로 변화가 이루어질 수 없다. 유기물 위로 또한 한 층의 심령의 복합물로 변화가 이루어지고, 심령의 복합물 위로 다시 '신성神性'이 있다. 그는 이러한 종류의 층위화 혹은 층화의 현상을 그림을 그려 해석하였는데, 탑과 같은 모형이 된다. 〈그림 2-1〉을 보도록 하자:

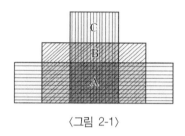

〈그림 2-1〉

〈그림 2-1〉에서 우리는 각 층 간의 관계를 발견할 수 있다. A층은 B와 C를 함유할 수 없지만, B층은 기필코 A를 아래로 함유하며, C층도 기필코 A와 B를 아래로 함유한다. 이러한 까닭으로 인해, 물질성의 복합물은 기필코 공시의 층으로부터 변화가 이루어질 뿐 아니라, 기필코 공시의 성질을 함유한다. 유기물은 기필코 물질의 층으로부터 변화가 이루어지고, 게다가 기필코 공시 및 물질성의 성질을 함유하며, 기타 나머지도 이에 비추어 유추할 수 있다. 이것이 바로 층위화 혹은 층화의 의미이다.

돌변은 어떻게 되는 것일까? '돌변'이라는 것은 영어로 The emergent인데, 돌연 하나의 새로운 것으로 변화되어 나온다는 의미이다. 층화의 학설 속에서 돌변이라는 것은 매우 중요한 지위를 점한다. 알렉산더 외에, 모건 (C.Lloyd Morgan)[2]의 주장에서 더욱 또렷하다. 바로 한 층 한 층의 변화 속에서는 매 한 층에 모두 매 한 층의 특수한 성질의 발생이 있다는 것을

2_ 1852~1936. 영국의 진화심리학자, 동물학자. 창발적 진화론의 선구자. 브리스틀대학 교수를 지냈다.

말하며, 이러한 종류의 성질은 그것이 변화되어 나온 그 한 층 속에서는 찾아낼 수 없는 것이어서, 이러한 종류의 성질이 바꿔 말해, 즉 신기하다는 말이다. 기왕 신기하다면, 기왕 앞선 한 층 속에서는 없던 것이라면, 그것은 대체 어디서 비롯되는 것일까? 이들 두 사람이 우리들에게 답해주는 것은, 그것이 돌연 비롯된다는 것이며, 따라서 돌변이라고 이름한다. 예컨대, 공시라는 그 한 층 속에서 모든 성질은 당연히 바로 공시인 것이지만, 물질이라는 이 한 층 속에서는 공시라는 성질 외에, 그밖에 물질이라는 특수한 성질을 지니고, 이러한 성질들은 공시에는 없는 것인데, 이를테면 철학가가 일컫는 제1성(Primary quality)과 제2성(Secondary quality) 등이 이러한 것이다. 그것들은 물질이라는 한 층 속에서도 또한 두 세 개의 작은 층으로 다시 나뉜다. 다른 층 속에서도 역시 마찬가지로 몇 개의 작은 층으로 나뉜다. 유기물의 층 속에서는 앞선 두 층의 성질 외에, 그밖에 그 특수한 성질이 있는데, 이를테면 유기체적 조직과 같은 것이다. 이 한 층 속에서도 다시 작은 세 층으로 나뉘며, 가장 높은 하나의 작은 층이 바로 생명이 함유된 유기물이다. 심령 층 속에서 그것의 특수한 성질은 바로 정신적 활동이 포함되는 것이며, 이른바 '마음(Mind)'이 그가 보기에는 역시 일종의 성질에 다름 아니다. 이러한 한 층 속에서 역시 다시 세 개의 작은 층으로 나뉘며, 가장 높은 하나의 작은 층에 바로 '가치'의 성질이 함유된다. 인류는 바로 이 하나의 층 속에 있고, 더욱 높은 하나의 층은 신성으로 일컫지만, 우리는 신성이 어떠한 모습인가를 알 수 없고, 우리는 단지 영혼보다 높은 한 층이 꼭 존재한다는 점만을 알 수 있다. 어떠한 한 층의 것이든지 낮은 층의 것의 성질에 대해서는 충분히 알 수 있지만, 그것보다 높은 한 층의 것의 성질에 대해서는 알 수 없다. 신성 위에 더욱 높은 한 층이 있는가에 이르러는 도리어 우리 인류가 알 수 있는 것이 아니다. 이 각 층 가운데, 공시가 단순한 궁극의 요소인 것을 제외하면, 그 나머지는 전부가 복합물이다. 복합물 역시 공시에 새로운 특수한 성질이 더해지는 것에 다름 아니다.

공시는 재료의 재료라고 말할 수 있다.

위에서 말했듯이, 위층의 것에서는 그 특수한 성질이 있는 것 외에, 이전의 각 아래층의 성질이 함유되는데, 이렇게 보면, 우리는 어떠한 층 속에서도 최소한 모두 공시의 성질이 함유되고, 공시의 성질이 모든 것에 관철되는 것이라는 점을 상상해 낼 수 있다. 이러한 것을 알렉산더는 '범주(Categories)'란 것으로 불렀다. '범주'는 사실상 궁극의 요소가 공동화 된 형태이다. '범주'라는 하나의 명사는 칸트에게서 자주 사용되었다. 그러나 칸트의 '범주'와 그의 '범주'는 의미가 크게 다르다. 칸트의 '범주'는 사유에 있어서의 격식이지만, 그의 범주는 즉 공시가 공동화 된 특질이다. '범주'는 각 층에 관통된다. 층은 수평적인 것이지만, '범주'는 도리어 수직적인 것이다. 알렉산더의 '범주'는 그 자체가 특질로서의 양(Quantity as such)인 것이지만, 도리어 그 자체가 특질로서의 질(Quality as such)은 아니다.

왜냐하면 그의 견해에 따르면, 공시는 바로 이른바 '활동(Motion)'인 것에 다름 아니기 때문이다. 하지만 보통 일컫는 활동이 아니라, 바로 순수한 활동(Pure motion)이다. 그리하여 그는 공시와 '순수한 활동'이 같은 것이라고 믿으며, 단지 명사에 있어서 다를 뿐이다. 보통 우리는 활동에는 모두 '운동'이 있다고 여기지만, 여기서 활동이라고 일컫는 것은 도리어 단지 활동일 뿐 먼저 꼭 '운동'이 있다고 할 필요가 없다. 기왕 먼저 꼭 운동이 있다고 할 필요가 없는 바에야, 즉 이른바 활동이라는 것은 '전개된다'는 의미와 다를 바 없다. 이른바 우주는 다른 것이 없이 무한하게 전개되는 하나의 활동인 것에 다름 아니다. 그리하여 '공시'가 '활동'이라고 말하는 것은 또한 바로 '활동'이 전개된다는 것을 나타내는 것에 다름 아니다. 그리고 공시가 모두 이렇게 전개되는 것으로 인해 복합물을 나타내기 시작하는 것이다.

이러한 까닭으로 인해, 그가 보기에, 일체의 성질은 모두 '활동'이 전개된 뒤에 비로소 나타나기 시작하는 것이므로, 특수한 것이며, 세계상에는 절대로 보편적인 성질이라는 것은 없는데, 왜냐하면 단지 '범주'가 보편적인 것에 불과하고, '성질'이라는 것은 절대 '범주'와 같은 종류의 것이 아니기 때문이다.

일체의 복합물이 기왕 공시로부터 변화되어 나온다면, 그렇다면 변화되는 방법은 어떠한 것일까? 이러한 문제에 대한 답안이 그의 '공시 분화론(The differentiation of Space-Time)'이다. 그에게는 한 마디의 말이 있는데, "유한하고 경험적인 존재들은 공시의 분화를 통해 유한하게 존재로 참여된다(Finite empirical existences come into existence through the division of space time into finite)"고 하였다. 원시적으로는 하나의 합일된 공시이고, 공시의 분화로 인해 아주 많은 것들이 형성된다. 우리는 그가 일컬은 복합물과 공시의 관계가 물고기가 물속에서 헤엄치는 것처럼 복합물이 공시 안에 넣어지는 것과 같다고 오해해서는 안 된다. 사실 그가 일컬은 복합물은 공시에 있어서 바로 물과 파문의 관계와도 같다. 하나의 파문은 즉 하나의 유한한 사물이다. 공시는 그것의 궁극의 원시적 요소이지만, 결코 질료(Matter)인 것이 아니라, 일종의 구조인 것에 다름 아닌데, 모든 것들이 바로 이러한 구조로부터 발생되어 나오는 것이므로, 이는 말하자면 포괄적 구조주의(Pan-structuralism)라고 할 수 있다. 그의 사상은 이렇듯이 이전의 철학가와는 마침 상반되는데, 이전의 사람들은 공시가 물질에 부착되는 것이라고 믿었지만, 현재 그는 물질이 공시에 부착되는 것이라고 주장하는 것이다. 하나의 물질은 바로 마치 하나의 굴곡이 공간 위로 그려지는 것과 같다. 그래서 물질은 다른 것이 아니라, 바로 단지 공간 구조 위에 그려지는 굴곡인 것에 다름 아니다. 이것이 그의 근본적 관념이며, 상대성 이론과도 퍽 유사한 구석이 있다. 공시에 경험이 더해지면 성질이 돌연 발생되어 나오며, 이른바 복합물이 된다. 위에서는 그의 철학의 대강을 이야기하였으며, 현재 이어서 그의 가치론을 말해보기로 한다.

로크(J.Locke)[3]로부터 제1성 및 제2성의 학설이 제창된 이후, 제1성 및 제2성의 문제가 대체로 철학에 있어서 매우 중요한 일종의 논쟁이 되었다. 로크는 제1성이 외계 사물에 속한다고 여긴다. 따라서 주관과 따로 떨어진 것이며, 이를테면 '외연(Extension)'이 바로 제1성의 한 예이다. 제2성은 즉 주관에 속하는 것이며, 외계 사물에 대해 주관적으로 인식할 때 나타나는 것이다. 따라서 주관에 따라 변화하는 것이다. 이를테면 안색의 변화는 바로 제2성이다. 알렉산더 역시 제1성과 제2성을 말하였는데, 이밖에 '제3성(Tertiary quality)'을 더하였다. 그러나 그는 이러한 종류의 문제에 대한 견해가 도리어 일반 사람의 견해와는 같지 않다. 일반 사람은 제1성은 자재自在적이므로, 따라서 객관적인 것이고, 제2성은 즉 주관적인 것이라고 여긴다. 그러나 알렉산더는 도리어 제1성과 제2성의 분별이 결코 이와 같지 않다고 여긴다. 그는 제1성은 단지 '사물의 확정(Determination of things)'에 다름 아니라고 여기는데, 이른바 '확정'은 바로 이른바 범주로 인해 정해지는 성격이다. 엄격히 말해, 제1성은 결코 자체로서 '성질(Quality)'인 셈일 수는 없으며, 단지 범주로 인해 결정되는 것에 다름 아니다. 제2성이 비로소 성질인 셈이다. 성질이란 무엇일까? 바로 경험적 성격이고, 바꿔 말하면, 즉 경험에 있어서로 나타나는 것이다. 무릇 경험에 있어서 돌연 하나의 새로운 것으로 변화하면, 바로 일종의 새로운 성질이 된다. 그래서 알렉산더가 보기에는, 설령 생명과 심령과 같은 것이라고 해도, 꼭 일종의 성질이 아닌 것이 아니다. 예전에 주관적인 것이라고 여겨졌던 제2성이 여기서는 도리어 객관으로 변화하였다. 여기서는 인식 작용이라는 것을 말해야 한다. 그는 인식이 일종의 특별한 관계에 속하는 것이라고 여긴다. 이러한 관계 속에서는 두 가지의 요소가 있는데, 하나는 '작용(Act)'인 것이고, 하나는 '대상(Object)'인 것이다. 감각 가운데에서는 우리가 감각 작용이 있다는 점을 반드시 알아야 하는데, 영어로 표기하면 즉 '감각 작용

3_ 1632~1704. 영국의 철학자. 감각적 지각에 의한 경험론을 주창하였으며 사회계약론 등의 계몽적 연구도 진행하였다. '자유주의의 아버지'로도 불린다.

(Sensing)'인 것이지만, 동시에 감각 대상이 역시 꼭 있어야 하며, 즉 영어로는 '감각되는 것(Sensed)' 혹은 '감각 대상(Sensible object)'이다. 그는 대상을 떠나면 감각이 없다고 여기는데, 감각의 객관적 대상에 더욱 무게를 둔 것이며, 이러한 까닭으로 인해, 그는 성질이 객관적인 것이고, 쉽게 알 수 없는 것이 아니라고 믿는다.

그에게 있어서, 제1성과 제2성의 분별은 제1성이 사물에 자재적인 것이고, 제2성은 주관과 객관의 관계 속의 성질로 존재한다는 데로 나타난다. 그렇다면, 제2성과 제3성의 분별은 또 어디에 있는 것일까? 그의 의견에 따르면, 제3성은 비록 역시 주관과 객관의 관계 속에 있는 것이지만, 도리어 감각 속에 있는 것은 아니다. 왜냐하면 감각 작용에는 기필코 대상이 있어야 하며, 그 대상은 객관적인 것이기 때문이다. 그래서 제3성은 도리어 감상(Appreciation) 속에 있다. 감상에 있어서는 주관적 성분이 비교적 많다. 그러나 결코 그것이 완전히 주관적이라는 점을 말하지는 않는데, 이른바 주관이라는 것은 선택의 작용을 함유하는 것에 불과하며, 사실 그것의 대상은 여전히 객관적이지만, 이 객관적 대상에 대해 선택의 자유가 있는 것에 다름 아니기 때문이다. 감각 속에서는 선택의 가능성이 있지 않고, 우리는 감각이 우리 감각기관의 대상 위로 나타나는 것을 절대 모면할 수 없지만, 감상 속에서는 우리에게 도리어 선택의 자유가 있다. 그는 한 명의 실재론자이지만, 이 구석에서 그는 도리어 마음에는 선택의 역량이 있다는 점을 승인한다. 이것이 그의 학설이 넓고 큰 방면까지를 포함하는 까닭이다.

그렇다면, 유한한 우리는 어떻게 외계 사물을 파악할 수 있는 것일까? 우리는 왜 감각이 있는 것일까? 왜 감상을 할 수 있는 것일까? 왜 인식이 있을 수 있는 것일까? 이 원인은 왜냐하면 우주 전체 사이의 모든 유한한 것들이 전부 공시로부터 나왔기 때문이고, 우리가 기타 일체의 유한한 것들과 전부 공동의 내원이 있기 때문이므로, 우리는 외계 사물을 인식할 수 있을 뿐 아니라, 외계 사물을 파악할 수 있다는 것이다. 파악의 정도에는 높고 낮은 분별이 있는데, 감각에 있어서의 파악, 감상에 있어서의 파악이 이러한 것이며, 가장 높은 파악은 의식의 성질에 속하는 것이라고 말할 수 있다. 사실 광물에 있어서의 흡인이라는 것이 성질에 있어서는 바로 인류의 감지와 마찬가지로, 모두 일종의 연락 작용에 다름 아니다. 그는 이를 합현 合現, 즉 '같은 공시적 병존 상태(Compresence)'라고 이름하였다. 이 설은 감각이 외계 사물을 감지하는 것은 사진기가 외계 사물을 찍어 접수하는 것과 마찬가지라는 러셀(B.Russell)의 주장과 마침 상통한다.

그러나 제3성은 도리어 순수하게 찍어 접수하는 외계 사물의 모습이 아니다. 바로 그밖에 선택의 자유가 있다. 그리하여, 제2성과 제3성에는 또한 일종의 근본적 차이점이 있는데, 그것은 바로 제3성의 감상 속에서는 '대조 對照' 즉 'Contrast'가 있다는 점이다. 예컨대 선과 악이고, 미와 추이며, 유가치와 무가치이다. 이는 모두 제2성에는 없는 것이다. 여기서는 '외견', 즉 'Appearence'라는 하나의 명사에 응당 해석을 가해야 한다. 원래 외견은 실재와 결코 완전히 상반되는 것이 아니다. 관점의 다름으로 인해, 처음에는 아주 많은 외견이 있지만, 만약 아주 많은 관점을 연합시켜 볼 수 있다면, 일종의 실재가 된다. 그러나 착각(Illusory appearance)은 외견과 도리어 같은 것이 아니다. 외견은 정상적 심령 아래에서 개별적인 관점으로 보이는 것이고, 착각은 즉 비정상적 심령에 의해 잘못 보이는 것이며, 건전한 심령에서와 보이는 것이 완전히 다르다. 제3성 속에서 정황이 대조되는 것이 또한 바로 관점이 다른 외견에 의한 것에 다름 아니지만, 착각은 아니다. 외견과 실재의 관계를 잘 알면, 제3성과 실재의 관계를 잘 알 수 있다. 착각은 결코 공시를 점유하는 것이 아니며, 실재는 즉 공시를 점유하지 않을 수 없는 것이다. 이것이 외견과 착각의 분별이다. 이른바 가치는 즉 제3성이다. 엄격히 말해, 가치는 성질인 셈일 수 없는데, 왜냐하면 그것은 제2성과는 달리, 단지 '절반의 성질(Quasi-quality)'인 셈일 수밖에 없기 때문이다. 그것은 결코 실재적 성질이 아닌데, 왜냐하면 무릇 실재적인 것은 단지 실재적인 것이지, 결코 진실과 거짓의 관계는 없기 때문이다. 실재는 사실이며, 대조가 있을 수 없다. 제3성은 완전히 객관에 대한 주관적 감상에 기대어 성립하는 것이며, 주관과 객관의 관계 속에서 비로소 진실과 거짓문제의 발생이 있을 수 있다. 단지 주관적 심령이 객관적 실재에 대해 관계가 발생할 때, 비로소 이른바 진실 혹은 거짓의 판단이 있다. 진실(Truth)과 실재(Reality)는 두 가지 서로 다른 것이다. 실재는 사실이며, 주관이 그것에 대해 어떻게 인식하든, 사실은 결국 영원히 사실이지만, 진실은 즉 이러하지 않다. 어떠한 한 종류의 정황 아래에서, 주관적 인식은 진실이 되지만, 그 밖의 다른 한 종류의 정황 아래서, 주관은 어쩌면 도리어 그것이 거짓이 된다. 요컨대, 영어로 말하면, '진실(Truth)'은 부사 '진실하게(Truly)'에서 비롯되지 않는 경우가 없다. 이것이 가장 주의할 점이다. 선과 악이 또한 이러하다. 실재적 사실 속에서는 결코 어떠한 선과 악이라고 할 만한 것이 없으며, 사실은 결국 사실이다. 하지만 실제적 목적을 위해서 우리의 심령에는 그것에 대해 좋아하거나 혹은 만족하고 좋아하지 않거나 혹은 만족하지 않는 것이 있다. 그리하여 바로 미와 추의 판단이 있다. 상세히 말해서, 예컨대 꽃이 붉다고 말하면, 붉은 것은 사실이고, 결코 진실과 거짓을 말할 것이 없으며, 어떠하든 그것은 결국 붉은 것이다. 그러나 우리가 꽃에 대해 의문이 발생하면서, "그것은 대체 붉은 꽃인가 아닌가"라고 말할 때, 이는 진실과 거짓의 문제로 들어서게 되는 것이다. 예컨대 우리는 그것이 붉은 것이라고 믿으면, 우리는 그것이 진실이라고 말하고, 가령 우리가 그것이 붉은 것이라고 믿지 않으면, 우리는 그것이 거짓이라고 말한다. 그래서 진실과 거짓의 문제 역시 주관과 객관의 연합 속에서 비로소 성립할 수 있다. 어떤 하나의 구문이 있으면, 그것이 있는 것은 바로 사실이고, 우리가 이러한 구문을 모두 진실로 믿을 때, 비로소 진실이 될 수 있다. 인류의 감상 속에서 주관과 객관은 합쳐져 하나가 되며, 하나의 덩어리가 되는 것이다. 이른바 진 혹은 미 혹은 선은 완전히 이러한 덩어리를 가리켜 말하는 것이며, 결코 단지 주관 혹은 객관만을 가리키는 것이 아니다. 우리가 "이 모자는 좋다"라고 말할 때, 이 말은 맞지 않는 것인데, 왜냐하면 '좋다'는 것은 '모자'에 대한 나의 감상의 전체적 정황에 의한 것이지, 모자에 속하는 것은 아니기 때문이다.

요컨대, 그는 제1성은 주관과 객관이 모두 자체적으로 각기 구비하는 것이고, 제2성은 사실상 객관에 속하는 것이며, 제3성은 즉 주관과 객관의 연합 속에 그것이 있다고 믿는다.

제3성은 크게 세 종류로 구별되는데, 그것들은 순서가 다르며, 밀접한 정도 역시 각기 다르다. 이 세 종류는 과연 어떠한 것일까? 즉 진, 선, 미란 것이다. 진이란 무엇일까? 즉 감상 속에서 객관 사물에 의해 결정되는 것인데, 왜냐하면 실재는 단지 아는 자를 위해 존재하고 발견될 뿐, 그것이 별개로 만들어지는 것은 아니기 때문이다(Appreciation is determined by object, for the reality is, for knower, discovered, not made). 선에 이르러는 즉 객관 사물에 의해 확정되지 않으며, 우리 자신에 의해 결정된다(Determined by us). 미는 즉 양자의 사이에 있다. 이 세 가지는 주관과 객관 사이에서 관계가 밀접하지만, 밀접한 정도에 있어서는 그것이 같지 않다. 이른바 감상이라는 것은 사실상 바로 주관과 객관의 연합(Combination)이다.

알렉산더가 일컬은 감상은 주관적 마음과 객관적 외계 사물이 상호 연합된 것이다. 그러나 그는 도리어 개인의 마음과 외계 사물이 접촉될 때, 나오는 판단은 그 진확의 정도가 아주 온전한 것은 아니기 때문에, 우리는 사회에 있어서 여러 사람들의 마음이 외계 사물에 대한 감상으로 내린 판단이 어떠한가에 주의를 기울여야 하며, 바꿔 말해, 즉 자신의 판단과 사회적 판단을 서로 비교해야 비로소 진확 여부를 찾아낼 수 있다고 여긴다. 그래서 개인의 마음 외에, 그는 이른바 사회적 마음(Social mind)을 말한다. 이것이 또한 바로 감상에 있어서 사회 전체의 판단이다. 그는 또한 바로 이른바 집합적 마음(Collective mind)을 말한다. 우리는 진위, 선악, 미추에 대한 판단이 대부분 사회적 마음, 혹은 집합적 마음의 영향을 받으며, 그 중에서 특히 선의 판단이 사회적 마음에 기대는 정도가 가장 높고, 도덕적 선이 가장 그러하다. 우리는 제3성의 판단에 대해 처음에는 본래 완전히 사회적 마음에 기댔던 것이고, 뒷날 경험이 많아지면서 우리 스스로 또한 나날이 진보하며 그것이 분명해지게 되며, 점차로 하나하나 주의할 필요 없이 자연스럽게 사회적 마음이 서로 합쳐지는 것이다. 그래서 가치의 판단은 집합적 마음과 필요한 관련이 있다. 하지만 그는 도리어 집합적 마음이 결코 하나의 새로운 전체적 정신은 아니라, 하나의 집합명사인 것에 다름 아니며, 각 사람의 마음의 상호 교통(Communication)으로 인해 공동의 것이 되는 것에 다름 아니라고 주장한다. 따라서 매 하나의 사회에는 모두 그 사회적 표준 혹은 그 사회적 마음이 있다.

하지만 알렉산더는 결코 가치가 주관적이라고 말하지 않으며, 도리어 가치가 객관적이라고 말한다. 하지만 그가 객관적이라고 일컫는 것은 또한 극단파들과는 같지 않다. 그는 주관과 객관의 연합 속에서 비로소 이른바 가치가 발견된다고 여긴다. 그러나 객관적 외계 사물 방면에는 도리어 확실히 다소의 근거가 있는 것이며, 다만 우리는 충실하게 객관을 그대로 따라서 취하는 것은 아닌 것이다. 바로 선택하여 그러한 부분 혹은 그러한 방면을 취하여 배합하는 것이다. 이러한 것을 '연결성(Coherence)'이라고 부른다. 객관적 실재 속에서는 결코 연결성과 비연결성의 문제가 없다. 이것은 단지 지식 범위 내에 있는 것이며, 바로 '마음'으로부터 선택하는 것이고, 우리의 선택의 결과이다. 그래서 연결성은 비록 외계 사물 속에 존재하지 않지만, 또한 외계 사물을 떠나지 않는다. 바로 우리가 외계 사물에 대해 선택을 한 결과이다. 이 선택이라는 것에 관해 그의 주장은 제임스(W. James)의 실용론과 대체로 비슷하다. 그 역시 외계에는 A, B, C, D, E 등의 성질이 한데 섞여 있지만, 우리는 도리어 단지 그 A, C, E 만이 보이고, B, D는 보이지 않는다고 여긴다. A, C, E는 또한 기필코 상호 충돌되지

않아 하나의 사물로 형성될 수 있는 것이며, 바로 이른바 연결성이다. 재료
는 외면적이지만, 연결성이 성공되면 즉 심령의 발명이 된다. 하지만 여기
서 가리키는 가치는 감상 속에서 발견되는 것을 말하는 것이다. 주관이
감상을 할 때 비로소 가치가 있는 것이며, 그렇지 않으면 가치가 없다. 비록
그 근거는 외계 사물에 속하는 것이지만, 기필코 우리는 그것을 다시 한
번 배치해 조리 있게 한다. 그래서 근거로 말하면, 객관적인 것이고, 배합으
로 말하면, 창조적인 것이다. 왜 창조를 하려는 것일까? 우리의 욕구를 만
족시키고 싶은 것에 다름 아니다. 예컨대, '진眞'은 호기심의 욕구를 만족시
키고, '선善'은 행위와 동작의 욕구를 만족시키며, '미美'는 창작의 욕구를
만족시킨다. 실재는 결국 실재이고, 결코 지식으로 인해 존재하는 것이 아
니다. 물론 실재 속에서는 종종 새로운 것들이 생겨나고, 경험의 성질이
또한 바로 공시의 일종의 새로운 복합물이다. 가치가 기왕 창조되는 것이
라면, 결코 성질인 셈일 수는 없는데, 왜냐하면 엄격히 말하면, 무릇 성질은
그 내원이 기필코 공시로 귀결되는 것이기 때문이다.

　무릇 주관과 객관의 관계로 인해 감상 속에서 발생하는 것이 모두 가치
인 셈이며, 진, 선, 미가 전부는 아니다. 이 세 가지는 대표적인 것에 다름
아니며, 사실은 이밖에도 다른 가치가 적지 않다. 그는 '일반 가치론(Va-
lue in general)'이라는 하나의 장 속에서 이러한 점을 언급하였다. 이를테
면 경제적 가치, 건강 등등이 그가 보기에 모두 가치인 셈이다. 인류 이하
의 동물들에게 역시 그것들에게 가치가 있다. 경제적 가치는 높지 않은
가치이고, 위에서 서술한 세 가지는 도리어 가치계 속에서 가장 높은 것
이다. 가치에는 높고 낮은 분별이 있다. 무릇 인류에는 가치의 관념이
있으며, 무릇 생명에 공헌하는 것에 모두 가치가 있다. 가치에는 정황이
있다. 이를테면 책은 어느 산골 사람이 보기에는 꼭 가치가 있는 것이
아니지만, 어느 학자가 보기에는 그 가치가 높으며, 이를 그 산골 사람은
상상할 수 있는 것이 아니다. 가치는 일체의 사물에서 모두 감상될 수

있는 것이 아니며, 동시에 또한 어떠한 하나의 사물을 위해 전적으로 있는 것도 아니다.

가치는 크게 세 종류로 나뉠 수 있는데, 이 세 종류는 무엇일까?

(1) 가장 높은 가치: 첫 번째 종류로 그는 성찰적 가치(Reflective value)라고 이름하였는데, 즉 위에서 서술한 진, 선, 미가 이러한 것이다. 이러한 종류의 가치는 공히 반대면이 있는데, 이를테면 위, 악, 추이다. 그래서 그 중요한 구석은 즉 기타 종류의 가치와 달리 반대면이 있다는 점이다.

(2) 가장 낮은 가치: 두 번째 종류로 무릇 생물적 생활에 유익한 일이 모두 이 종류로 귀결될 수 있다. 이러한 종류의 가치는 가치로 이름하지만, 사실은 꼭 그렇지 않으며, 단지 절반의 가치(Quasi-value)인 셈일 수 있다. 그래서 본능적 가치(Instinctive value)라고 부르기도 한다.

(3) 양자 사이에 놓이는 것: 세 번째 종류로 이른바 경제적 가치(Economical value)가 이러한 것이다.

고등한 가치는 기필코 판단을 조건으로 하며, 판단을 내려야 우리는 비로소 그것이 진인가, 선인가, 악인가, 미인가, 추인가를 알 수 있다. 가치에는 높고 낮음의 분별이 있는데, 소위 그 높고 낮음, 소위 그 감상이라는 것에는 즉 '경향(Tendency)'이라는 뜻이 함유된다. 우리가 미술품을 감상할 때는 즉 우리가 이러한 미술품 속에서 그 미를 찾아내려고 노력한다는 뜻이 함유된다. 동시에, 나는 추함을 보기를 원치는 않는데, 마침 왜냐하면 내가 추함에 대해 배척하려고 노력한다는 뜻이 담기기 때문이다. 나는 추함을 배척하므로, 비로소 나는 미의 귀함을 깨달을 수 있다. 선악이 역시 이러한데, 왜냐하면 내가 악한 것을 배척하는 데는 선한 것이 있기 때문이다. 인류에 이르러는 가치가 생겨났을 뿐 아니라, 게다가 가치에 대해 채택

(Adaptation)을 하여야 한다. 이러한 도리를 잘 알기 위해서는 반드시 위에서 말한 공시라는 것을 다시 말해야 한다. 왜냐하면 공시는 분화되는 것이며, 우리는 분화된 공시를 다시 연합하면, 이러한 종류의 연합이 바로 이른바 채택이 되기 때문이다. 그래서 가치의 경험은 일종의 정관靜觀일 뿐 아니라, 더욱이는 우리와 우주와의 합체合體이다. 우주와의 합체는 즉 분화된 공시를 다시 배합하여 그 밖의 한 형식의 덩어리를 이루며 우리가 그 속에 있게 되는 것이다. 이것이 바로 이른바 채택이며, 다윈(C.Darwin)의 '자연적 선택(Natural selection)'이라는 주장과도 역시 통하는 구석이 있다. 가치는 바로 우리가 추구해야 할 목표라는 점을 알 수 있다. 우리는 가치를 판단해야 할 뿐 아니라, 가치를 향해 노력한다. 가치를 향해 노력할 뿐 아니라, 결국 부정적 가치(Disvalue)는 힘써 피한다. 이른바 부정적 가치는 즉 추, 악, 위를 가리키는 것이며, 바로 채택되지 않는 것이라는 점을 알아야 한다. 요컨대, 공시의 분화는 영원히 있는 것이며, 분화 후에 다시 또한 연합이 행해지고, 이러한 연합의 발생이 바로 가치이다. 이 가치는 즉 주관과 객관의 연합이다. 이러한 점으로 말해서, 알렉산더의 주장은 윤리학에 있어서의 노력과 서로 합쳐지는 구석이 있다.

위에서 이미 알렉산더의 가치론을 대략적으로 논하였으며, 현재는 그가 세 가지 가장 높은 가치로 믿은 진, 선, 미를 한번 분석하여 본다.

진은 알렉산더가 보기에, 사실상 일종의 판단(Judgment)이며, 하나의 명제에 대한 판단이다. 우리가 그것을 진이라고 말하는 것은 의미가 바로 우리가 그러한 명제가 대표하는 것이 진이고 위가 아니라고 판단한다는 것을 말한다. 진이 실재(Reality)와 같지 않다는 점은 이미 앞서 말하였다. 실재는 바로 이러이러한 사실이며, 진은 즉 이러이러한 사실에 대한 판단 혹은 믿음이다. 부정한 판단은 바로 착오이다.

선은 진과 약간 다른 점이 있다. 도덕적 선은 단지 인류 범위 속으로 제한되며, 기타 동물에는 그것이 없는데, 왜냐하면 그것은 인류의 의지 속에서 발원하는 것일 뿐 아니라, 사회성을 함유하기 때문이다. 진과 선의 다른 점은 방면의 다름에 다름 아니며, 성질이 자체로 다른 것은 아니다. 인류는 사회적 동물이므로, 인류는 하나의 도덕적 제도, 윤리적 규율을 조직해야 한다. 이러한 종류의 도덕적 제도 및 윤리적 규율의 건립은 표면적으로 볼 때, 마치 자신에게 불리한 것 같지만, 사실은 자신에게 도리어 그 이로움을 얻게 해 줄 수 있다. 왜냐하면 인류의 욕구는 너무 많아서, 가령 일종의 도덕적 제도와 윤리적 규율을 건립해서 그것들을 조화시키지 않는 다면, 인류 사이에는 충돌이 일어나는 것을 모면할 수 없고, 결과적으로 상호 피해가 되므로, 모두 좋은 구석을 얻을 수 없는 까닭이다. 도덕적 제도가 있게 되고, 윤리적 규율이 있게 되면, 인류의 욕구는 도리어 만족을 얻어 낼 수 있다. 인류의 정욕은 마치 흐르는 물과 같아서, 물을 단지 몇 갈래의 길 위로 흐르게 하듯이, 인류의 정욕 역시 단지 몇 갈래의 길 위에서 만족을 얻어내게 할 수 있다. 그래서 도덕적 제도를 건립하고, 남은 몇 갈래의 길 위에서 인류로 하여금 욕망을 만족하도록 하는 것은 매우 맞는 것이다. 그의 이러한 종류의 사상은 중국인이 "예를 제정하고 음악을 만든다制禮作 樂"고 일컬은 것과 마침 서로 통한다. 이러한 종류의 학설은 마침 또한 공리 주의에서 제창되는 것이다. 이른바 선은 바로 사회적 접촉 속에서 욕구의 만족을 얻어낼 수 있는 것이다. 악은 결코 선의 계통 속에는 없으며, 이른바 악은 바로 선과 상호 순응되지 않는다는 뜻이다. 도덕은 나날이 진보가 있는 것이고, 도덕의 의의와 도덕의 범위가 모두 나날이 진보가 있는 것이 라면, 이는 그린(T.H.Green)[4]의 의견과도 상호 합쳐지는데, 그는 인류의 본성과 사회적 환경이 모두 인간을 진보하도록 할 수 있다고 여긴다. 선의 완전한 정도에는 높고 낮은 분별이 있기 때문에, 따라서 도덕은 진보의 면 이 있지만, 선 자체로서는 정도에 있어서 차별이 없다. 도덕은 자체 내에서

4_ 1832~1882. 영국의 이상주의 철학자, 사회개혁가. 옥스퍼드대학 윤리학 교수를 지냈다.

는 결코 반대면이 없으며, 그것은 자체 내에서 결코 모순이 없다. 사회적 제도에는 충돌이 있지만, 선 자체 내에서는 충돌이 없다. 하나의 충실한 사람은 어떠한 사회 속에서도, 그가 결국은 좋은 사람이다. 사회는 일을 하는 시스템에 불과하다. 개인과 사회는 이따금 또한 대립적 위치에 놓이기도 한다.

선의 문제에 이르러는 매우 복잡한 면이 있기 때문에, 그의 미학 이론 범위 내에서 퍽 완전치 않은 구석도 있다.

현재 이 세 가지의 관계를 다시 말하여 본다. 알렉산더가 보기에, 진, 선, 미라는 세 가지는 상호 포괄적인 것이며, 그 포괄의 방법에는 갖가지가 있다. 선은 진을 포괄하고 있으며, 미 역시 포괄하고 있다. 무릇 선에는 진과 미라는 것이 없는 것이 아니다. 이 세 가지의 지위의 경중은 완전히 우리의 관점에 의해 전이된다. 가령 선을 관점으로 하면, 선은 매우 중요한 것이고, 진과 미가 모두 선의 아래에 예속된다. 진을 추구하는 것이 원래 바로 일종의 선이고, 미 역시 바로 선의 일부분이다. 미를 추구하는 것이 원래 바로 일종의 선이고, 진 역시 바로 선의 일부분이다. 반대로 말하면, 선 역시 진의 일부분이 아닐 수 없고, 미 역시 진의 일부분이 아닐 수 없으며, 선 역시 미의 일부분이 아닐 수 없고, 진 역시 미의 일부분이 아닐 수 없다. 일체의 가치는 모두 진의 안에 포함되고, 일체의 가치가 또한 모두 선의 안에 포함되며, 일체의 가치가 또한 모두 미의 안에 포함된다. 모두가 진의 안에 포함된다고 말하는 것은 진을 가지고 포괄하는 것이고, 모두가 선의 안에 포함된다고 말하는 것은 선을 가지고 포괄하는 것이며, 모두가 미의 안에 포함된다고 말하는 것은 미를 가지고 포괄하는 것이다. 완전히 우리의 관점이 그 사이에서 옮겨가는 것에 다름 아니다. 요약하면, 그것들은 상호 포괄적인 것이고, 분리될 수 없는 것이다.

신은 보통 사람이 보기에, 모두 신비한 것으로 여겨지며, 그렇지 않으면, 우주 사이의 최고의 것 혹은 최후의 본체로 여겨진다. 하지만 알렉산더의 견해는 도리어 완전히 같지 않다. 알렉산더 역시 공시로부터 돌변되어 나오는 일종의 성질(Quality)이라고 여기고, 그것은 역시 경험되는 것이며, 역시 실존하는 것이지만, 그는 '신(God)'이라고 이름하지 않고, '신성(Deity)'이라고 이름하였으며, 그는 이것이 결코 가치에 속하지 않는다고 하였다. 단지 사실에 있어서 공시의 일종의 복합물인 것이며, 결코 우주의 본체인 것이 아니다. 단지 층위화 혹은 층화 속의 한 층으로서 우리 위에 있는 것에 다름 아니다. 그것은 심령이라는 한 층 위에 있는 것이다. 층위화 혹은 층화 속에서 위층은 아래층의 정황을 미루어 알 수 있지만, 아래층은 위층의 정황을 미루어 알 수 없다. 그래서 우리는 심령의 존재를 가지고 이밖에 신의 존재가 그 위에 있다는 점만을 미루어 알 수 있을 뿐, 신이 대체 어떠한 모습인가는 우리 역량으로 인식할 수 있는 것이 아닌데, 마치 아래층의 광물이 우리의 생물적 정황을 알 수 없는 것과 같다. 신 위에 신보다 더욱 높은 한 층이 있는가에 대해서도 우리가 알 수 있는 것이 아니다.

편의를 위해 알렉산더의 전체적 계통을 간단히 다시 아래와 같이 논하여 본다. 알렉산더는 공시를 출발점으로 삼지만, 이 양자 가운데서, 그는 시간을 공간보다 더욱 중요한 것으로 보았다. 공간은 시간을 떠날 수 없다는 것이다. 공간에 시간이 있는 것은 마치 몸체에 심령이 있는 것과 같으며, 심령이 몸체의 행위를 결정할 수 있듯이, 시간이 역시 공간을 결정할 수 있다. 하지만 이는 결코 시간이 공간을 떠나서 독립적이라는 것을 말하지는 않으며, 실제적으로는 시간과 공간이 하나인 것이라고 본다. 시간이 공간에 표현되는 것이지만, 공간이 없어도 시간이 표현될 방도가 없기 때문이다. 일체의 구성이 모두 시간과 공간의 혼합체에 의한 것이며, 이로부터 구조는 한 층 한 층씩 복잡해진다. 이른바 성질은 바로 매 한 층 속의 특성인 것이며, 사람의 경험 속에서 발견될 수 있으므로, '경험적 성질(Empirical quality)'이라고 부른다. 일군의 사물은 그밖의 일군의 사물에 대해 모두 합현合現, 즉 '같은 공시적 병존 상태(Compresence)'라는 것이 있다. 매 한 층에는 모두 매 한 층의 특성이 있는데, 이러한 특성은 '같은 공시적 병존 상태' 속에서 경험에 의해 발견되는 것이다. 그에게서 '범주(Categories)'라는 것은 일체의 성질에 관통되는 형식이다. 인류의 층은 매우 높은 것이고, 심령은 바로 이 한 층 속의 특성인 것이므로, 심령은 알렉산더의 계통 속에서 역시 일종의 경험적 성질인 것에 다름 아니다. 하지만 의식 작용(Consciousness)은 도리어 결코 심령과 그 크기가 같은 것이 아니다. '같은 공시적 병존 상태'라고 해도 정도에 있어서 다름이 있다는 점을 알아야 한다. 가장 낮게는 화학성에 있어서의 '친화력'이 있고, 가장 높게는 인류의 인식력이 있다. 그 분별은 비교적 그것이 더욱 복잡하다는 데 있을 뿐이다. 근본에 있어서는 크게 다른 점이 없다. 우리보다 한 층 더 높은 것은 신이고, 우리는 비록 그가 어떠한 모습인가를 결코 알 수 없지만, 우리는 도리어 이로 인해 종교를 가볍게 볼 필요는 없다. 왜냐하면 종교적 정서는 가장 고대한 것이고, 인간을 위를 향해 노력하게 하며, 바꿔 말하면, 즉 인간의 정신을 끌어 올려, 그로 하여금 자기도 모르게 신의 층을 향해 노력을 해 나가게 하기 때문이다. 그러나 가치가 비록 위를 향해 노력을 해 나가게 하는 일종의 역량이지만, 이러한 종류의 노력은 단지 가치의 완성에 이르러 멈출 뿐, 절대 인류를 신의 그 층으로까지 이르게 할 수는 없다는 점을 알아야 한다. 왜냐하면 신은 일종의 성질일 뿐, 결코 가치에 해당하는 것은 아니기 때문이다. 하지만 가치가 이처럼 인간을 위를 향해 이끄는 바에야 물론 인간으로 하여금 그러한 층 속에서 만족을 얻어내게 할 수 있다. 종교적 결과를 설사 얻어내지 못한다고 해도, 종교의 영향은 도리어 매우 크다. 요컨대, 그의 계통은 매우 크며, 매우 원만하다. 그의 일부 주장은 결코 독특한 것은 아니며, 단지 보통 관념을 정리한 것일 뿐이다. 그는 갖가지 문제에 대해 모두 해석을 내놓은 바 있다. 그의 계통은 우주를 그려낸 한 폭의 그림이라고 부를 수 있으며, 우주 사이의 일체의 것을 모두 토론한 바 있고, 모두 그것에 지위를 부여한 바 있다. 이는 사실상 그의 위대한 구석이며, 현대 철학계 내에서 그와 같이 이처럼 기백이 큰 계통은 매우 보기 드문 것이다.

제 **3** 장
오스트리아 학파(상)

가치론에 있어서 가장 공헌이 있는 이들은 오스트리아학파(Austrian sch-ool)이다. 오스트리아학파는 브렌타노(F.Brentano)[1]-에 의해 창시되었으며, 그의 제자 마이농(Alexius von Meinong)[2]- 및 에렌펠스(Christian von Eh-renfels)[3]- 두 사람에 의해 넓고 크게 발양되었다. 브렌타노는 이 학파의 창시자일 뿐 아니라, 그 학설이 독일의 실재론자들에게 끼친 영향이 매우 커서, 그의 주장에 대해 우리는 한번 탐구해 볼 필요가 있다.

브렌타노는 심리학가이고, 저작으로 『경험적 관점으로부터의 심리학(Psychology from an empirical standpoint)』(1874) 등이 있다. 그의 학설은 심리학을 출발점으로 삼는다. 그는 한 마디의 말을 한 적이 있는데, 영어로 바로 'Intentional inexistence of an object(대상의 의도적인 내존)'이며,

---

1_ 1838~1917. 독일의 철학자, 심리학자. 오스트리아 빈대학, 독일 뷔르츠부르크대학 등에서 가르쳤다. 빈대학에서 학업한 프로이트(S.Freud)의 무의식적 대상 이론과, 쾌락원칙과 현실원칙 이론, 후설(E.Husserl)의 현상학 이론 창도에도 영향을 주었으며, 브렌타노학파(School of Brentano)를 이끌었다.

2_ 1853~1920. 오스트리아의 철학자, 심리학자. 빈대학에서 브렌타노에게서 철학과 심리학을 배웠으며 오스트리아 그라츠대학 교수를 지냈다.

3_ 1859~1932. 오스트리아의 철학자, 심리학자. 빈대학에서 브렌타노와 마이농에게서 철학과 심리학을 배웠으며 그라츠대학에서 가르치고 체코 프라하 카렐대학 교수를 지냈다.

이 뜻은 바로 무릇 인식 작용에는 늘 하나의 대상이 인식 속에 존재한다는 것을 말한다. 이 대상의 존재는 비록 외계에서 초탈해 있지 않지만, 도리어 또한 인식에 의해 허구되는 것도 아니다. 대상이 없으면, 즉 인식이 될 수 없다. 그래서 이 말은 대상은 형상 속에서 존재한다는 말로 풀이될 수 있다. 그는 심리 현상을 상세히 분석한 뒤, 심리 현상에는 일종의 특징이 있는데, 이러한 종류의 특징은 종합적으로 말하면, 바로 이른바 '대상의 내존'이며, 분석적으로 말하면, 바로 매 하나의 심리 현상에는 모두 세 가지 요소가 있고, 그 중 하나라도 빠질 수 없다는 것이다. 이 세 가지 요소는 무엇일까? (1) 작용(Act)이고, (2) 내용(Content)이며, (3) 대상(Object)이다. 예컨대, 지금 내가 (가)를 생각하지만, 전에는 (나)를 생각했다면, 이 두 차례 생각 속에서 작용은 단지 생각을 한다는 점에서는 마찬가지이고, 전에 내가 생각을 했고 지금 내가 생각을 한다는 점에는 결코 큰 차이가 없다. 하지만 내가 생각한 내용은 다르다. 전에 내가 생각한 것은 (가)에 관한 것이고, 지금 내가 생각한 것은 도리어 (나)에 관한 것이다. (가)는 결국 (가)이고, (나)는 결국 (나)이며, 절대 (나)가 (가)로 변할 수 없고, (가)가 (나)로 변할 수 없으므로, 내용 방면에서는 전과 후의 두 차례 생각이 같지 않다. 그렇다면, 이른바 내용은 바로 우리 마음속의 형상인 것에 다름 아니며, 외계 사물 자체인 것은 아니다. 내용은 허공에 기대어 생겨나는 것이 아니며, 반드시 외계의 어떠한 사물을 가리키는 것이다. 그 어떠한 사물이 바로 이른바 대상이다. 바로 위의 예에서 볼 때, 우리가 (가)를 생각할 때, (가)에 관한 것은 내가 생각하는 내용이다. 하지만 이러한 내용은 바로 나의 마음속에서 (가)라는 하나의 그림이 드러나고 있는 것을 말하는 것이며, 결코 이밖에 마음 속에 다른 것이 존재한다는 것을 말하는 것은 아니다. 의심의 여지 없이, 우리의 마음 밖에는 하나의 객관적 존재 (가)가 있고, 그 객관적 (가)는 바로 나의 생각 내용에 의해 지시되는 것이므로, 대상으로 이름한다. 이 (가)라는 대상이 없으면, 즉 나의 마음속에는 (가)라는 내용이 생겨나지 않으므로, 내용은 대상에 의지하고 있다고 말할 수 있다. 이러한 예는 물론 아주 또렷하지는 않은데, 왜냐하면 누군가 의혹을 제기하면서, 생각 속에서 (가)는 결코 우리의 눈앞에 놓이는 것이 아니므로, 그것이 대상이 아니고, 내용이라고 해야 더욱 맞다고 말할 수 있기 때문이다. 또한 감각으로 말해서, (가)가 바로 우리의 눈앞에 놓인 것이고, 우리가 발견하는 것이 역시 바로 (가)에 다름 아니라면, 이러한 종류의 문제는 또 어떻게 해결해야 할까? 사실 이러한 문제는 결코 대답이 어렵지 않다. 앞선 예 속에서 볼 때, 대상이 설령 동시에 우리의 앞에 놓이는 것이라고 해도, 우리에게는 도리어 그 내용이 없을 수 없는데, 이것이 마침 하나의 내용은 대상과 서로 같지 않은 것이라는 점을 입증하기 충분하기 때문이다. 그래서 설령 대상이 또한 우리의 앞에 놓이고, 우리가 보기에 단지 하나의 사물에 다름 아닐 때라도, 결코 내용이 없다는 점을 입증하기에는 충분치 않다. 내용은 우리의 마음 위로 나타나는 것이고, 사실상 우리가 감각하는 것은 모두 외계 사물의 편단과 영상인 것에 다름 아니며, 이러한 영상이 바로 내용인 것이다. 그렇다면 이러한 영상은 어디에서 비롯되는 것일까? 우리는 객관적 대상의 존재가 있다는 점을 승인하지 않을 수 없다. 가령 우리가 예전에 (가)를 본 적이 없다면, 우리는 절대로 (가)에 관한 하나의 것을 생각해 낼 수 없다. 다시 감각으로 말하면, 왜 우리는 앞에 놓여 있는 책상을 지금 사람으로 보지 않는 것일까? 왜 우리는 어떠한 때라도 그것을 결국 책상으로 보고 다른 것으로 보지 않는 것일까? 이는 바로 우리 마음속의 영상, 즉 우리의 내용에는 근거가 있기 때문인 것이며, 이러한 근거가 바로 객관적 대상인 것이다. 그래서 브렌타노는 어떠한 심리 현상 속에서도 이 세 가지 요소가 포함되며, 하나라도 빠질 수 없다고 여긴다. 이 말은 앞서 말했던 '대상의 내존'과 같은 뜻이다. 대상은 외부에 있는 것이고, 외부의 대상을 심리적 작용 속에 불러 들여 마음 위로 나타내는 것은 바로 심리 현상의 내용으로 변화시키는 것이다. 이것이 이 말의 가장 간단한 해석이다. 그는 내용 속에는 기필코 대상이 있다는 점에 주의를 기울였기 때문에, 그의 학설은 대상론 (Gegenstand theorie)이라고 부르며, 즉 영어로는 Theory of the objective 이다. 또한 말하자면, 우리의 심리에는 꼭 하나의 '대상이 되는 것'이 있다는 것이다.

'마음(Mind)'에 대해서는 일반적으로 갖가지 견해와 시각이 있다. 예컨대 그린(T.H.Green)은 '마음'이 하나의 덩어리이고, 무릇 덩어리가 되는 것이 모두 '마음'이라고 여긴다. 하지만 다른 사람, 예컨대 실재론자들은 '마음'이 단지 일종의 관계에 다름 아닌 것이며, 하나의 실체가 아니라고 여긴다. 관계에는 종류가 매우 많지만, 그들에게 있어서 '마음'은 일종의 특수한 관계에 속한다. 브렌타노와 같은 학파의 실재론자들은 서로 같고 또한 서로 일치하는 견해를 갖고 있는데, 그들은 '마음'이 기필코 대상을 함유한다고 여긴다. 하지만 실재론에서 보통 일컫는 '관계'와는 서로 같지 않다. 뒷날 마이농이 역시 그와 같은 주장을 하였다.

심리학에 있어서 서양인들에게는 일종의 전통적 관념이 있는데, 바로 늘 심리 현상을 지知(Cognitive), 정情(Affective), 의意(Volitional)라는 삼분법 으로 나누는 것이다. 제임스(W.James)의 실용론이 나와서 삼분법을 깨뜨 린 뒤, 이러한 종류의 관념은 미국에서는 이미 깨졌다고 할 수 있다. 하지만 유럽에서는 아직 그것으로부터 상당한 영향을 받는다. 독일과 오스트리아 등 각 나라에서는 여전히 이를 논하는데, 그들이 논하는 것이 설령 삼분법 에 제한되지 않는다고 해도, 결국 이러한 영향들에서 벗어나지 않는다. 브 렌타노 역시 이를 논하는데, 그는 심리 현상을 세 종류로 나누지만, 이 세 종류는 이미 과거의 지, 정, 의가 아니라, (1) 촬상(Presentation), (2) 판단 (Judgment), (3) 정감(Affection)이다. 촬상은 바로 우리 앞에 드러난 일체 의 것이며, 우리 감각 앞에 놓여 우리의 감각을 자극하는 것이다. 또한 바로 우리의 감각기관 위로 드러나는 감각이다. 촬상에 있어서 일체의 것은 모 두 사실이고, 시비의 판별을 가할 수 없다. 이러한 종류의 감각은 결코 우리가 모면할 수 있는 것이 아니다. 판단은 바로 몇몇 촬상에 대해 우리가 사고 작용을 더하는 것이다. 이 속에서 우리는 단지 두 가지 취향이 있는 것에 다름 아닌데, 하나는 긍정(Assertion)이고, 다른 하나는 부정(Rejection)이다. 이 두 가지 취향은 촬상 속에서는 절대 없는 것이고, 우리는 우리가 감각해 낸 사실을 감각 속에서는 '옳다' 혹은 '옳지 않다'고 말할 수 없지만, 우리가 감각해 낸 사실을 판단 속에서는 '옳다' 혹은 '옳지 않다'고 말할 수 있다. 정감은 바로 앞에 드러난 것에 대해 우리가 어떠한 태도를 취하는가를 말한다. 정감 속에서는 두 가지의 극단이 있는데, 하나는 쾌감(Pleasure)인 것이고, 다른 하나는 고통(Pain)인 것이며, 우리의 정감은 단지 쾌감이 아니면, 바로 고통인 것이다. 그의 이러한 견해는 심리학적이지만, 동시에 또한 인식론적이다.

그가 일컬은 '정감(Affection)'은 의욕(Volition)이라는 것을 도리어 안에 포괄한다. 줄곧 사람들은 '정(Affective)'과 '의(Volitional)'를 또렷하게 나누었는데, 그는 그것들을 한데 합쳐서 이야기하며, 이는 그가 다른 사람들과 다른 구석이라고 말하지 않을 수 없다. 그는 '정'이 '의'와 서로 떨어질 수 없는 것이고, 우리가 일종의 것을 원하는 것은 바로 우리가 그것에 대해 호감을 일으키는 결과인 것이며, 우리는 정감의 영향을 받아 어떠한 것을 원하는 것이라고 여긴다. 예컨대, 내가 이 모자를 원하는 것은 이 모자가 나의 정감으로 하여금 유쾌하게 하기 때문이므로, 내가 비로소 그것을 원하는 것이고, 그렇지 않다면, 내가 그것을 원하지 않는다는 것이다. 그에 따르면, 우리는 이렇게 말할 수 있는데, 바로 그것을 좋아하기 때문에, 내가 그것을 원하는 것이며, 결코 내가 그것을 원하기 때문에, 그것을 좋아하는 것이 아닌 것이다. 일반 사람들은 모두 내가 그것을 원하기 때문에, 내가 그것을 좋다고 생각하고, 지금 그것이 나의 의욕을 만족시켜 줄 수 있기 때문이라고 여기지만, 그는 도리어 반대로, 그것이 내게 쾌감을 가져다주기 때문에, 그것이 좋은 것이고, 비로소 내가 그것을 원하는 것이라고 주장한다. 일반 사람들에게는 의욕이 정감을 이루는 조건인데, 그에게는 정감이 도리어 의욕을 이루는 조건이다.

그는 '정'과 '의'를 하나로 합쳐서 이야기하는데, 이는 그의 독특한 구석이지만, 또한 바로 이 점이 뒷날 오스트리아학파 내부 자체의 논쟁의 초점이되었다. 브렌타노에게는 특출한 제자가 두 명 있었는데, 한 명은 마이농 (Meinong)이고, 다른 한 명은 에렌펠스(Ehrenfels)라는 점을 이미 앞서 말하였다. 이 두 학자가 바로 이러한 점에 있어서 차이와 논쟁이 있다. 에렌펠스는 정감이 의욕과 다른 것이 아니라고 여기므로, '의욕'이라는 하나의 명사를 사용하자고 주장하고, 마이농은 '정감'이라는 하나의 명사를 사용하면서, 이른바 가치가 정감에 기대는 것이라고 주장한다. 이 장에서는 오스트리아학파의 창시자 브렌타노의 심리학적 견해를 대략적으로 서술하였는데, 오스트리아학파의 가치론을 연구하는 예비 자료인 것에 다름 아니다. 오스트리아학파의 가치론 계통에 있어서는 그들 두 사람의 학설을 연구해야 하는데, 다음 장에서 그것을 논한다.

제 **4** 장
오스트리아 학파(하)

　브렌타노의 정감과 의욕의 논술 속에서, 마이눙(Alexius von Meinong)은 그 정감의 부분을 취해서 그 가치론을 건립하였다. 그는 가치라는 이것이 근본적으로 정감(Feeling) 혹은 정서(Sentiment)에 기대는 것이라고 여긴다. 가치는 평가(Valuation) 속에서 존재하는 것이다. 가치의 경험 속에서, 혹은 평가를 할 때는 모두 하나의 주체(Agent)가 주동을 한다고 여긴다. 우리는 마이눙이 일컬은 가치가 사실상 인본적 가치라는 점을 발견할 수 있지만, 뒷날 그의 사상에는 변화가 있었으며, 사람의 경험에도 역시 가치가 존재한다고 보았다. 그래서 그의 의견에 따르면, 가치에는 두 종류가 있는데, (1) 개인적 가치(Personal value)이고, (2) 대상으로서의 가치(Value as objects)이다.

　무엇을 '개인적 가치'라고 할까? 개인적 가치는 기필코 가치를 감상하는 하나의 주관이 있어야 한다. 사람에게 의의가 있는 것에 무릇 가치가 있다. 그러나 그는 또한 주관적 가치 경험 속에는 하나의 객관적 가치가 존재한다고 주장하는데, 이것이 바로 그가 조화론적 가치론을 일컫는 까닭이다. 하지만, 그의 조화론적 가치론 속에서, 우리는 처음에는 그가 아무래도 주관 방면에 무게를 두었다는 점을 발견할 수 있다. 왜냐하면 그는 가치는 단지 평가 속에서 존재한다고 말하였기 때문이다. 그러나 뒷날 그의 사상에는 한 차례 변화가 일어나면서, 도리어 객관 방면에 주의를 기울였다. 예를 들면, 좋은 책이 좋은 것은 책이 갖고 있는 일종의 성질이다. 그러나 이른바 좋은 것에는 기필코 '좋다'를 감상하는 하나의 주관이 있어야 비로소 그것이 좋은가를 아는 것이므로, '좋다'라는 감상 속에서는 정신의 요소가 매우 중요한 것이다. 그러나 가치는 결코 바로 감상 작용의 자체는 아니며, 주관과 상관이 되는 것에 다름 아니다. 겨울날 날씨가 몹시 추울 때, 우리는 집안에서 난로를 피우면, 많이 따뜻하게 느껴진다. 따뜻한 것은 일종의 쾌감이지만, 이러한 쾌감 자체가 결코 가치는 아니다. 우리로 하여금 따뜻하게 해 주는 난로가 바로 가치이다. 하지만 이러한 난로는 우리가 느껴질 때에는 그러하지만, 우리가 느껴지지 않을 때에는 또한 가치가 아닐 수 있다. 이것이 바로 이른바 개인적 가치이다. 하지만 이러한 난로는 아직 우리를 따뜻하게 해주지 않았을 때에도 장래에 우리에게 따뜻함을 줄 가능성이 있다. 이러한 가능성은 비록 예측될 수 있는 것이지만, 가치가 객관적 존재인 것이라고는 부를 수 없다. 그래서 저자가 보기에, 그가 일컬은 '대상으로서의 가치'는 단지 현실적 가능성을 가리켜 말한 것에 다름 아니다.

가치에 기왕 모두 정감의 의미가 함유된다면, 우리에게는 기필코 모두 이른바 가치 정서(Value sentiment)라는 것이 있다. 이것이 바로 그가 에렌펠스와 논쟁하는 구석이다. 가치는 대체 정감의 의미를 함유하는 것일까? 아니면 의욕의 의미를 함유하는 것일까? 에렌펠스는 후자를 주장하고, 마이농은 전자를 주장한다. 하지만, 결국에는 그 역시 정감 이외에, 의욕 역시 가치 경험 속에 필요한 조건이라고 승인하였지만, 결국 정감만큼은 중요하지 않다고 하였다.

그의 학설에는 일종의 특점이 있다. 바로 그는 '정감(Affection)'을 '판단(Judgment)'과 하나로 합쳐서 이야기한다. 그는 정감은 판단과 마찬가지인 것이라고 말한다. 우리가 그것을 좋아한다고 느끼면, 우리는 바로 그것이 좋다고 긍정하는 것이고, 우리가 그것을 좋아하지 않는다고 느끼면, 바로 좋지 않다고 부정하는 것이라고 여긴다. 우리가 그것을 좋아한다면, 바로 그것에 가치가 있다고 긍정하는 것이고, 우리가 그것을 좋아하지 않는다면, 바로 그것에 가치가 없다고 부정하는 것이다. 심리에 있어서와 바로 작용이 같은 것이므로, 그리하여 정감이 판단과 일치하는 것이라고 본다. 하지만, 이러한 종류의 판단은 결코 이성적 판단은 아니며, 정감적 판단이다. 가치는 반드시 객관 사물과 서로 참조가 되어야 하고, 판단 역시 반드시 객관 사물과 서로 참조가 되어야 하지만, 그에게서 가치의 참조는 감성적 참조인 것이며, 이성적 참조인 것이 아니다. 그에게서 객관 사물에는 참조의 내용 외에도, 그밖에 참조의 주체라는 것이 있다. 내용은 반드시 존재하는 객관 사물에 대한 것이어야 하고, 존재하지 않는 객관 사물에 대한 것일 수 없다. 그렇지 않다면 단지 일종의 착각(Illusion)에 다름 아니며, 가치의 감상 내용인 셈일 수 없다. 그는 무릇 가치가 있는 객관 사물은 반드시 존재하는 것이어야 한다고 여긴다.

그는 또한 '정감'이 측량될 수 있다고 여긴다. 그는 심리학 속의 주관적 감정률(Law of subjective feeling), 객관적 감정률(Law of objective feeling)을 한데 합쳐서 그 연속률(Law of continuity)을 창도하였다. 그는 정감은 부단히 연속되는 것이므로, 우리는 연속으로부터 그것을 측정할 수 있다고 여긴다. 주관적 개인 방면으로부터는 객관적 정감과 객관적 가치의 양이 얼마나 되는가를 결코 알 수 없으므로, 반드시 비교의 방법을 가지고 양을 측량하는 표준을 찾아내야 한다고 여긴다. 정확한 가치는 단지 양의 측량 속에서 존재하는 것이므로, 가치가 객관적인 것이라고 여긴다. 이른바 객관적 가치는 바로 보편적 가치(Universal value)의 다른 명칭이다. 주관적 개인은 모 하나의 사물에 대한 정감이 서로 영원히 결코 같을 수 없으므로, 주관적 가치 정감과 객관적 가치가 결코 완전히 서로 부합할 수는 없다. 그러나 부합하지 않는 가운데서도, 우리는 도리어 하나의 보편적 가치를 찾아낼 수 있다는 것이다. 이러한 보편적 가치는 결코 주관적이 아닌데,

이를테면 희랍인이 "인간이 만물을 측정한다"고 말했던 것이 즉 이러한 것이다. 이러한 보편적 가치는 어떻게 형성되는 것일까? 바로 주관적 정감의 여러 차례 변화와 여러 차례 경험 속에서, 자연스럽게 공동이 되는 하나의 보편적 가치 표준을 찾아낼 수 있다는 것이며, 이러한 표준은 쉽게 변하지 않는 것이므로, 객관적인 것이고, 우리는 가치의 측량에 대해 바로 이러한 표준을 가지고 단위로 삼을 수 있다는 것이다. 예를 들면, 나는 오늘 사탕 하나를 먹고, 특히 맛있다고 생각했는데, 그저께는 내가 그 사탕을 먹었지만, 이러한 좋은 맛이 없었으며, 어제 먹을 때 역시 바로 오늘 혹은 그저께 먹을 때와 맛이 똑같지가 않았다. 그래서 사탕이 우리에게 주는 쾌감의 정도를 알 수 있으려면, 우리는 절대 오늘 본 맛으로만 얻어낸 결과를 표준으로 삼을 수는 없다. 하지만, 우리가 매일 사탕을 먹을 때는 비록 매 차례의 맛이 모두 약간은 다르더라도, 우리는 결국 일종의 보편적 표준을 얻어낼 수 있고, 사탕이라는 말이 나오면, 우리는 바로 그것의 맛이 그러하고, 그것이 우리에게 주는 쾌감이 얼마나 많은가를 생각해 낼 수 있는 것이다. 이러한 표준으로부터 우리가 사탕에 대해 내리는 가치량의 판단이 바로 이른바 객관적 가치, 혹은 보편적 가치인 것이며, 게다가 양을 측량할 수 있는 것이다. 그의 이러한 종류의 견해는 경제학자의 견해와도 퍽 서로 통하는 구석이 있는데, 왜냐하면 경제학자는 경제적 가치에 대해 역시 양을 측량할 수 있다고 말하기 때문이다.

가치는 비록 객관적인 것이지만, 그것은 또한 주관적 감상을 벗어날 수 없는 것이며, 다만 이러한 종류의 정감이 일정한 것이라면, 결국 보편적 표준을 멀리 떠날 수 없다는 것이다. 이로 인해, 가치가 결국은 정감에 기대는 것이라고 주장한다.

가치와 판단은 왕왕 서로를 뒤따르는 것이라고 여긴다. 그는 가치에 대해 하나의 정의를 내리면서, "가치는 아마도 판단이 수반되는 정감으로 정의되는 것이다(Value may be defined as emotion with judgment)"라고 말하였다. 우리가 일종의 정감을 낼 때, 우리가 이러한 정감에 대해 또한 하나의 판단을 내리면서 "이것은 좋은 것이다. 이것은 내게 좋다는 느낌을 준다. 이것은 아름다운 것이다. 이것은 내게 아름답다는 느낌을 준다"고 말할 때, 그것이 바로 가치의 판단이 된다는 것이다. 가치의 판단 속에서는 모두 하나의 시비 판단 혹은 진위 판단이 포함되어 있는 것이며, 바로 가치 판단 속에서 우리는 하나의 실물에 대한 긍정 여부를 벗어날 수 없는 것이라고 말한다. 이른바 진위 판단은 바로 존재 판단(Existence judgment)이 가치 판단 속에 있는 것이며, 반드시 존재 판단이 수반되어야 한다고 하는데, 이 뜻은 바로 가치 판단 속에서 우리는 반드시 하나의 가치물 혹은 가치 대상(Value object)의 존재를 승인하여야 한다는 점을 말하는 것이다. 또한 바로 가치 판단은 반드시 객관 존재가 있어야 하고, 우리는 가치를 객관 사물 위로 더하는 것에 다름 아니라는 점을 말하는 것이다. 그는 말하길, "A라는 것은 좋은 것이다(It is A which is good)"라는 말에서 볼 수 있듯이, '좋다'라는 판단에는 반드시 A라는 하나의 사물의 존재가 있어야 하고, 그렇지 않다면 이른바 '좋다'는 것이 없는 것이라고 하였다. 이른바 가치라는 것은 사실 즉 가치물에 대한 판단 혹은 가치 존재에 대한 판단이다. 따라서 가치물은 사실 가치 정서를 일으키는 주된 요인이다. 하지만 가치는 반드시 주관적 감상을 경과해야 하고, 그래야만 그 가치가 주관에 의해 감각될 수 있다. 가치는 바로 가치물과 가치 정서의 관계적 판단이 된다. 이러한 종류의 관계가 판단으로 인해 결합되어 이루어진다. 브렌타노는 심리 현상을 세 가지 기본 형태로 나누었는데, 즉 (1) 촬상(Presentation), (2) 판단(Judgment), (3) 정감(Affection)이라고 앞서 이미 언급하였다. 그의 제자 마이농은 도리어 '판단'과 '정감'이라는 두 가지를 한 가지로 합쳤다. 평가에는 판단이 수반되고, 정감에는 이상(Ideal)이 그 '가정(Assumption)'으로 기필코 수반된다는 것이다. 정감은 판단에 기대는 것이지만, 다른 한편으로는 이 가정에도 기대는 것이라고 그는 말한다. 그래서 양자에는 약간 다른 면이 있다. 평가는 판단의 정감이므로, 반드시 판단에 의거해야 한다. 가정은 우선 이상이 배열된 뒤에 비로소 판단으로 넘어가는 것이다. 정감은 판단을 내리기 전에 모두 그 가정으로 삼는 이상이 있다. 그러나 가치는 넓은 의미로 말해 바로 일종의 정감이므로, 따라서 판단 정감 (Judgment feeling)이든, 이상 정감(Ideal feeling)이든지 간에 모두 가치의 지위를 지닌다고 하였다. 내재적 평가(Intransik valuation)는 관조 혹은 주시(Contemplation)인 것이고, 외재적 평가(Extransik valuation)는 욕구 (Desire)인 것이지만, 양자에는 평가에 앞서 모두 가정이 있다고 하였다. 우리가 우선 어떠한 것을 좋아한다고 가정하므로, 그 뒤에 비로소 그것을 얻고자 한다는 것이다. 이러한 점이 마침 에렌펠스와 상반되는데, 에렌펠스는 먼저 우리가 그것을 얻고자 하므로, 비로소 그것이 좋은 것이라고 여기기 때문이다.

여기까지가 바로 마이농이 말한 '개인적 가치(Personal value)'이다. 현재 우리는 그가 말한 '대상으로서의 가치(Value as objects)'를 토론해 볼 수 있다. 마이농은 대상으로서의 가치에는 두 가지가 있다고 하는데, 하나는 잠재적인(Potential) 것이고, 하나는 현실적인(Actual) 것이다. 잠재적 가치는 바로 어떠한 것이 평가될 수 있는 가능성이 있다는 것을 정신 생활에서 인정하는 것이며, 사실상 이미 평가가 되었거나, 감상이 되었다는 의미는 아니다. 예컨대 금광이 산 속에서 아직 발굴이 되지 않았을 때, 그것에는 비록 현실적 가치가 없지만, 그 산에는 도리어 잠재적 가치가 있다. 모든 것은 어떠한 종류의 환경 아래에서 가치가 있는 것이다. 잠재적 가치는 평가될 수 있는 가능성을 함유하는 것에 다름 아니지만, 그것이 또한 가치인 셈일 수가 있는데, 가치가 결코 현실적 가치에 기대이지 않고, 잠재적 가치에 기대이고 있는 것이다. 잠재적 가치가 있으면, 설사 아직 이용되지 않았고, 설사 아직 감상되지 않았다고 해도, 결국 그것이 그 가치를 잃지 않는다. 솔직히 말해서, 이른바 공동의 보편적 가치 역시 바로 잠재적 가치를 가지고 미루어 계산하는 것이다. 우리가 어떠한 사물에 얼마만큼의 가치가 있다고 말하는 것은 바로 어떠한 사물에 잠재적 가치가 얼마만큼 있다고 말하는 것과 다르지 않다. 현실적 가치는 주관적 성분을 지니지만, 잠재적 가치는 즉 완전히 객관적인 것이다. 예컨대 경제적 가치 역시 그것의 잠재적 가치를 보고 정해진다. 경제적 가치는 결코 금전 자체인 것이 아니며, 화폐는 단지 경제적 가치를 환산하는 데 쓰는 것에 불과하다.

그에게서 가치물은 두 종류로 나뉠 수 있는데, (1) 물질적인 것이고, 이를테면 경제적 가치가 이러한 것이다. (2) 심리적인 것이고, 이를테면 정신적이고 도덕적인 가치가 이러한 것이다. 가치는 정감에 기대어 나오는 것이고, 가치 속에는 모두 하나의 이상의 가정이 있다. 이상의 가정은 정감에 변화가 없을 때 지속되는 것이며, 만약 이상의 가정에 변화가 생기면, 가치에 역시 변화가 생긴다. 그의 가치 변화의 규율은 아래와 같이 표시할 수 있다:

$$\text{Value} = C1 + C\,'1'$$

C1은 지속적인 존재(Constant existence)를 표시하고, $C\,'1'$은 지속적인 비존재(Constant non-existence)를 표시하며, 또한 바로 이상의 가정인 것이다. 가치는 지속적인 존재와 지속적인 비존재(즉 가치물과 이상의 가정)의 합계이므로, 지속적인 존재이든, 지속적인 비존재이든, 일단 변화가 생기면, 가치 역시 그에 따라 변화가 생긴다. 그의 이러한 법칙은 경제학에 있어서의 한계 효용의 법칙(Law of marginal utility)으로부터 변화되어 나온 것이다.

그의 윤리학에 대한 주장은 완전히 그의 가치론에 근거하는 것이다. 그가 말한 가치는 사실 바로 경제학에 있어서의 가치이다. 경제학에 있어서, 우리는 늘 한계 효용의 법칙을 하나의 곡선형으로 표시하는데, 그 역시 이를 도덕의 법칙으로 대체시키면서 곡선형으로 그림을 그렸다. 그것을 풀이하여 〈그림 4-1〉과 같이 표시해 볼 수 있다:

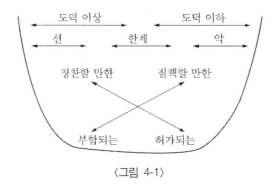

〈그림 4-1〉

'도덕 이상(Higer than Morality)'은 한계 이상의 도덕 가치이고, 우리는 그것을 선(Good)이라고 부른다. '도덕 이하(Lower than Morality)'는 한계 이하의 도덕 가치이고, 우리는 그것을 악(Evil)이라고 부른다. 마침 한계 속에 있는 것은 즉 선도 아니고 악도 아닌 것이다. '칭찬할만한(Praise-worthy)' 행위가 가장 선한 것이다. '부합되는(Correct)'과 '허가되는(Per-missible)' 행위는 중등한 것인데, 왜냐하면 이는 우리가 응당 이러해야 해서 우리가 이렇게 하는 것에 다름 아니므로, 그것은 결코 적극적인 선은 아니기 때문이다. '질책할만한(Blameworthy)' 행위는 가장 나쁜 것이다. 어떠한 일은 우리가 그렇게 하지 않아도 되어서, 선이라고 부를 수 없으며, 악이라고도 부를 수 없으므로, 이름을 '부작위(Omission)'한 행위라고 부른다. 이러한 곡선형의 그림 속에서, 중간은 중립적인 것이고, 선도 아니고 악도 아닌 것이며, 양쪽은 각기 선과 악이다. 가치 정감은 반드시 가치 대상이 있어야 한다. 대상에는 두 종류가 있는데, 한 종류는 정감 속의 대상이고, 이는 개인적인 것인데, 왜냐하면 정감 속에서 우리는 왕왕 결국 내게 유익한 것이 가치가 있다고 생각하기 때문이다. 다른 한 종류는 비개인적인 것이다. 개인적인 것이든 비개인적인 것이든, 우리의 경험 속에서 모두 없을 수 없는 것이다. 도덕으로부터 볼 때, 타인에게 유익한 행위는 좋은 것이고, 그것과 반대로, 타인에게 유익하지 않은 것은 바로 나쁜 행위이다. 그는 말하길, "도덕의 평가가 타인에게 유익한 것을 대상으로 삼는 것이면, 우리는 도덕에 있어서 그것이 선에 속한다고 믿는다. 도덕의 평가가 타인에게 유익하지 않은 것을 대상으로 삼는 것이면, 우리는 그것이 도덕에 있어서 악에 속한다고 믿는다. 도덕의 평가가 개인적인 것을 대상으로 삼는 것이면, 우리는 그것이 중립적인 것에 속한다고 믿는다"고 하였다. 그래서, 그가 보기에, 개인적인 것은 결코 꼭 부도덕한 행위는 아니다. 위에서 말한 것은 원시적 가치를 말한 것이며, 이밖에도 부속적 가치(Collateral value) 혹은 부가적 가치(Additional value)가 있다. 무릇 가치에는 모두 부가적 가치라는 것이 있다. 개인적 이익이 부가적 가치가 될 때, 원시적 가치는 종종 그로 인해 상응하는 영향을 받는다. 예컨대, 물에 빠진 사람의 생명을 구하는 것은 비개인적 행위이고, 가치가 있는 행동이며, 이러한 종류의 가치는 원시적 가치이다. 동시에, 물에 빠진 사람의 생명을 구하는 것이 사회적 찬사를 얻기 위해서였고, 그로 인해 나 개인이 쾌감을 얻었다면, 이는 개인적인 것이며, 이는 부가적 가치이다. 종종 사회적 찬사는 확실히 우리가 비개인적인 일을 하는 것을 증진시킬 수 있지만, 이따금은 사회적 찬사가 우리를 어떻게 격려하든, 우리가 비개인적인 일을 하는 것을 결국 일으키지 못하기도 한다. 가치의 판단은 매우 중요한 것이다. 그것을 선으로 판단하면, 우리는 그것을 충분히 실행할 수 있다. 타인에게 매우 유익한 것은 선이고, 타인에게 매우 유익하지 않은 것은 악이다. 모두가 이타적이면서 자신이 손해를 입으려고 할수록 가장 좋은 것이며, 모두가 이타적이면서 자신이 손해를 입으려고 할수록 그것의 가치 역시 높아진다. 타인에게 손해를 입히려고 하면서 자신도 손해를 입는 것은 가장 나쁜 것이다. 타인에게 손해를 입히려고 할수록 자신도 손해를 입게 되며, 그것의 가치 역시 낮아진다. 그에게는 몇 개의 공식이 있는데, 그 중 두 개를 (식 4-1), (식 4-2)와 같이 표시해 볼 수 있다:

$$V(Ge) = C\frac{e}{G}(이타적이고 \ 도덕적) - (지선) \qquad\qquad (식\ 4\text{-}1)$$

$$V(Ee) = C\frac{e}{E}(이기적이고 \ 비도덕적) - (지악) \qquad\qquad (식\ 4\text{-}2)$$

(식 4-1), (식 4-2)에서 V는 Value의 간단한 기호이고, C는 항률, 즉 Constant rate의 간단한 기호이며, 대문자 G 및 E는 타인을 향한 선(Good) 및 타인을 향한 악(Evil)을 표시하고, 소문자 e는 자신을 향한 선(good)에 대조되는 자신을 향한 악(evil)을 표시한다. 이렇게 도덕적 가치가 나열된 도식은 완전히 제레미 벤담(Jeremy Bentham)[1]의 도덕 적분학을 계승한 것이다. 제레미 벤담 역시 마찬가지의 시도를 하면서, 도덕은 도식으로 배열될 수 있는 것이고, 양이 측량될 수 있는 것이며, 계산될 수 있는 것이라고 하였다. 그리하여 그것에 있어서의 도덕적 지표를 편제하였다. 그러나 저자 개인이 보기에, 그들의 이러한 종류의 시도가 어쩌면 꼭 모두 완전하게 성공될 수 있는 것은 아니다.

요컨대, 그의 가치론은 평가를 출발점으로 삼는다. 그는 정감을 가지고 평가를 해석하였는데, 정감이 일종의 판단 정감에 속하며, 즉 판단의 정감이 수반되는 것이라고 여긴다. 판단이 주요한 것이고, 정감은 그 위로 부착되는 것이다. 가치 판단은 기필코 하나의 존재 판단을 포괄하며, 바로 사실 판단이다. 그러나 존재 판단이 반드시 가치 판단을 포괄하는 것은 아니다. 어떠한 존재 판단은 순수한 사실 판단이며, 결코 어떠한 가치 판단의 성분이 가미되는 것이 아니다. 존재는 객관적인 것이다. 그는 스승 브렌타노의 견해를 계승하면서, 심리 현상을 세 가지 큰 요소로 나누었는데, 즉 작용(Act), 내용(Content), 대상(Object)이 이러한 것이다. 작용이 설령 같다고 하더라도, 내용과 대상은 즉 같은 것이 아니다. 순수한 사실 판단 속에서,

---

1_ 1748~1832. 영국의 공리주의 철학자, 법리학자.

이 세 가지는 매우 또렷하게 나뉘지만, 가치 판단 속에서는 작용과 내용이 관계가 맺혀져 서로 영향을 끼칠 수 있고, 내용과 대상이 역시 마찬가지의 정황이다. 그래서 작용, 내용, 대상이라는 이 세 가지는 사실 삼위 일체하는 것이며, 조금도 서로 분리될 수 없는 것이다. 어떠한 내용에는 어떠한 작용이 있듯이, 우리는 작용과 내용의 관계를 외부 사물 위로 가져가면, 즉 가치를 얻어낼 수 있는데, 이 외부 사물이 바로 가치 대상이다. 게다가, 이러한 종류의 정황에는 영원히 큰 변화가 없으며, 그것은 일반적인 것이다. 사람들은 한 폭의 아름다운 그림을 보면, 어떻게 보든 결국 그것이 좋다고 느껴지더라도, 그 좋은 정도가 결코 매 사람에게서 같을 수는 없다. 우리는 외계 사물에 일종의 특수한 의의가 있으면, 그것에 대해 흥취가 발생하는데, 이것이 바로 가치 감각 혹은 가치 정서이다. 하지만, 이러한 종류의 가치 정서는 결코 개별적 정황을 표준으로 삼을 수는 없고, 일반적 정황 아래에서 측량되는 정서가 결국은 맞는 것이다. 그는 왜 정감이란 것을 말한 것일까? 바로 그가 의욕을 배척한 결과이다. 그는 우리에게 먼저 평가 정감이 있은 뒤, 비로소 요구가 있는 것이지, 결코 먼저 요구가 있은 뒤, 비로소 평가 정감이 있는 것이 아니라고 여긴다. 그는 정감을 가지고 의욕을 흡수한다. 이것이 그가 다른 오스트리아학파와 다른 구석이다. 뒷날, 미국 학자 어반(W. M. Urban) 이 나와서 그들 양쪽을 조화시키고 절충시키면서, 정감과 의욕이라는 두 방면을 모두 함께 중시하였다. 이에 관해서는 다음 장에서 서술한다.

우리는 마이농의 학설과 주장을 서술하였으며, 마이농의 공헌을 대략 아래와 같이 소개하여 본다:

(1) 그의 공헌은 바로 가치를 독립적으로 연구하는 하나의 학문으로 변화시킨 것이며, 미학, 윤리학 등을 가치론의 연구 범위 내로 흡수한 것은 일종의 대담한 창조적 행위인 셈이었다고 하지 않을 수 없다.

(2) 그는 가치론을 독립적으로 연구하는 하나의 학문으로 변화시켰을 뿐

아니라, 하나의 보편적인 가치론을 건립하면서, 많은 것들을 가치론 속에 귀납하였으며, 앞서 언급한 미학, 윤리학이라는 두 학문이 즉 그 하나의 예이다. 이는 철학의 역사 속에서 하나의 새로운 국면이었다고 하지 않을 수 없으며, 뒷사람들의 연구가 대부분 그의 이러한 방법을 따라 진행된 것이다.

(3) 그는 우주 사이에서 가치라는 이러한 것을 찾아내 연구하였는데, 이러한 공헌이 또한 마멸될 수 없는 것이다. 원래 사실은 단지 사실일 뿐, 결코 그것에는 어떠한 가치라는 개념이 없었으며, 가치가 있거나 가치가 없다는 문제가 있지 않았다. 가치는 즉 관계 속에서 존재하는 것이다. 이른바 관계의 종류는 매우 많은데, 가치는 도리어 일종의 특수한 관계이다. 이러한 종류의 관계는 흥취와 요구의 성분을 포함한다. 그래서 가치의 성질이 또한 흥취와도 같다고 말할 수 있다. 천지天地 사이의 관계에는 앞서 말한 것처럼 매우 많은 것이 있지만, 이러한 관계들은 대부분 사실적 관계에 속하는 것일 뿐 아니라, 일종의 특수한 관계에 있는 것이기도 한데, 그것이 바로 가치인 것이다.

(4) 그는 기어코 가치가 계산될 수 있다고 하였는데, 이는 그의 명철한 견해인 셈이었다고 말하지 않을 수 없다. (가)의 쾌감과 (나)의 쾌감은 비록 비교할 수 없는 것이고, 누구의 그 양이 크다고 말할 수 없는 것이지만, (가)의 쾌감과 (나)의 쾌감의 총합이 (나)의 쾌감보다 더 크다는 점은 비교할 수 있는 것이다. 우리는 수학의 공식으로 이러한 종류의 정황을 나타내면 더욱 또렷이 알 수 있다. (가)+(나)>(나)라는 이것은 누구도 부인할 수 없는 것이다. 바로 이러한 종류의 비교 속에서, 우리는 가치가 계산될 수 있는 동시에 이러한 종류의 계산이 또한 경제적 가치 위로 운용될 수 있다고 믿는다. 사실 그의 가치는 이미 경제학에 있어서의 가치론을 포괄하는 것이다. 이 역시 그의 커다란 공헌이다. 그러나 그의 윤리학 속에서, 그가 말한 것에는 마

치 다른 말들도 있는 듯한데, 위에서 말한 것과 꼭 모두 일치하는 것이 아니다. 그는 이타적인 것이 비로소 도덕에 있어서의 선이고, 타인에 손해를 입히려는 것은 도덕에 있어서의 악이라고 말한 동시에, 도리어 그는 개인적인 일은 중립적인 것이므로, 그것이 선도 아니고 악도 아니라고 여겼다. 이러한 종류의 견해는 그가 말한 평가와 완전히 서로 꼭 부합되는 것이 아니다. 평가는 주관과 객관의 관계인 것인데 과연, 개인에게 유익한 것에 또한 가치가 있는 것이라면, 어떻게 그것이 중립적인 것이라고 말할 수 있겠는가? 그의 학설은 뒷날에 와서는 다시 변화하여 완전히 이타적 윤리관이 되었는데, 사실 앞과 뒤가 모두 꼭 다 맞는 것이 아니다. 그가 열거한 도식 역시 제레미 벤담의 계산과 마찬가지로, 모두 문제의 여지를 남긴다. 서양 사람들은 정확한 과학을 만들어내는 것을 좋아하므로, 어떠한 것에 대한 연구도 모두 그들이 나서서 매우 정확하게 계산해 내는 것을 좋아한다. 하지만 이를 완전히 해낼 수 있는가에 있어서는 의혹의 여지가 없지 않다. 이밖에도 애덤 스미스(Adam Smith)[2]는 동감이 일종의 자연적 정감이라고 믿었다. 벤담이 역시 이러하며, 그 역시 동감을 일종의 자연적 정감으로 변화시켰다. 그러나 동감이 기왕 일종의 자연적 정감이라면, 그것은 단지 사실인 셈일 수밖에 없고, 그 결과는 마치 가치가 또한 자연계 속으로 귀결되어 합병되는 것이 되며, 이러한 점은 그의 모순되는 구석이라고 말하지 않을 수 없다.

2_ 1723~1790. 영국의 일반 감각론 주창자, 경험론 철학자.

오스트리아학파의 학설에 대해 깊은 연구가 있는 사람은 미국의 어반 (W.M.Urban)[1]-이다. 어반은 일찍이 『평가: 그 성질과 법칙(Valuation: Its Nature and Laws)』(1909)이라는 한 권의 책을 저술하여 세상에 내놓았으며, 오스트리아학파의 이론의 소개가 매우 상세하다. 그는 전문적으로 독일철학을 연구하는 학자이며, 독일철학을 퍽 소화할 수가 있다. 그는 오스트리아학파의 학설에 대해 매우 깊은 인식이 있을 뿐 아니라, 마이농 및 에렌펠스 사이의 차이점을 하나로 조화시켰다.

앞 장에서 이미 오스트리아학파 내부 자체의 의문에 대해 말한 바 있었는데, 바로 이러한 두 가지 문제였다: 대체 가치의 기초는 정감인 것인가? 아니면 의욕인 것인가? 마이농은 전자를 주장했고, 에렌펠스는 후자를 주장했다. 마이농의 이론은 이미 앞 장에서 언급하였으며, 에렌펠스의 학설은 여기에서 대략 그것을 서술하여 본다. 에렌펠스는 가치의 기본이 정감이 아니라, 의욕에 속한다고 여긴다. 그에게서 이른바 가치물은 즉 소망과 희구의 의미를 포함하는 '바람직함(Desirability)'이다. 내가 그것을 원하는 것은 왜

1_ 1873~1952. 미국의 언어철학자, 윤리학자, 관념론적 가치론자. 초기에 독일철학자 후설을 전문적으로 연구하였다. 다트머스대학, 예일대학 교수를 지냈다.

냐하면 그것이 바람직한 것이므로, 따라서 나는 그것이 좋다고 생각한다는 것이다. 이러한 말에는 몇 가지 의미가 포함된다:

(1) '바람직함'에는 정도에 있어서 차이가 있는데, 내가 그것을 의지로서 원할수록 그 가치는 높아지지만, 그와 반대이면 즉 그 가치는 낮아진다.

(2) 그에게서 의욕은 의식(자각)에 속하는 것이고, 무의식(부자각)에 속하는 것이 아니다. 우리가 일종의 유인력 있는 요소를 어떠한 것 위로 부가하는 것은 왜냐하면 우리가 그것이 바람직하다고 믿기 때문이라고 여긴다. 그래서 의욕이 가치의 원인이고, 이른바 의욕이 또한 기필코 자각에서 비롯된다. 무릇 그렇지 않다면, 우리에게는 가치의 판단이 있을 수 없고, 이른바 가치라는 것 역시 있을 수 없다.

(3) 에렌펠스의 설에도 역시 쾌락주의의 색채가 담긴다. 그는 쾌감의 여부가 의욕에 대해 퍽 영향이 있다고 여긴다. 쾌감의 정도가 높으면, 우리는 그 의욕에 대한 마음이 절실해지고, 쾌감의 정도가 낮으면, 우리는 그 추구의 마음이 절감된다. 이러한 말은 정감 문제와도 관련되는데, 왜냐하면 쾌감은 일종의 정감이기 때문이다. 이는 마치 마이농의 견해와 같아 보이지만, 그는 도리어 정감이 비록 의욕과 관계가 있지만, 정감이 결국은 의욕에 부가되는 일종의 성질에 다름 아니라고 여긴다. 여기에 와서, 의욕은 이미 조건이 달린 의욕으로 변화한 것이고, 근본적인 의욕인 것은 아니다. 뒷날, 그는 또한 이지적 성분을 매우 중요하게 보면서, 가치에 관해서 '판단'이 필수적인 것이라고 믿었다. 이는 그와 마이농이 서로 통하는 구석이다. 그 논쟁의 지점은 정감이 의욕에 앞서느냐, 아니면 정감이 의욕에 뒤서느냐의 문제에 다름 아니다.

요컨대, 그의 가치론의 최후의 한 마디의 결론은 바로: 무릇 사물의 바람직한 성질이 많은 것은 그 가치가 높은 것이고, 그 바람직한 성질이 적은 것은 그 가치가 역시 낮다는 것이다. 이러한 말에는 우리가 비평할 구석이 완전히 없다고는 할 수 없는데, 즉 그는 바람직한 성질을 의욕과 같은 것으로 보았기 때문이다. 사실 이 두 가지는 서로 꼭 같은 것이 아니다. 바람직한 성질은 의욕과 관계가 발생할 때의 가치물을 가리키는 것일까? 아니면 의욕을 일으킬 수 있는 가능성을 가리키는 것일까? 바람직한 성질은 잠재적인 것일까? 아니면 현실적인 것일까? 가치는 과연 현실적인 가치인 것일까? 아니면 이상적인 가치인 것일까? 무릇 이러한 갖가지에 대해 모두 의문이 생겨날 수 있으며, 모두 그의 학설과 관련이 발생한다.

이것이 에렌펠스의 학설의 대략이다. 우리가 그것을 여기에서 언급해 보는 까닭은 왜냐하면 어반의 학설을 서술할 때, 필요하기 때문이다.

어반은 의욕(Volition)과 정감(Affection)이 사실은 조화될 수 있다고 생각한다. 만약 쾌감 여부로 그것을 결정하면, 의욕은 정감에 의해 결정되는 것이며, 만약 바람직함 여부로 그것을 결정하면, 정감은 의욕에 의해 결정되는 것이다. 양자는 모두 중요한 것이며, 단지 관점이 어떠한가에 따라 정해지는 것이다. 그는 그들 두 사람이 비록 논쟁이 있지만, 또한 그 같은 구석이 있다고 여긴다. 이러한 종류의 같은 구석은 바로 그들이 이지적 성분을 모두 확실히 긍정하였다는 점이다. 그들 두 사람은 모두 가치의 감상 속에는 기필코 이상의 가정과 판단의 정감이 있다고 승인하였다. 그가 두 사람을 조화시킨 방법은 바로 이 이지적 지위를 제고시키면서, 이로부터 의욕과 정감을 마찬가지로 중요한 것으로 본 것이다. 그리하여 그들의 충돌이 사라졌다. 어반은 말하기를, "이른바 가치 판단이라는 것은 즉 객관 사물에 의해 주관에 부여된 가치의 긍정이다"라고 하였다. 알렉산더는 가치가 "주관과 객관에 의한 결정"이라고 하였는데, 이 설과 퍽 같은 점이 있다. 이른바 존재는 '피인지(Perceived)'되는 것이다. 이른바 진실은 사유되는 것이고, 이른바 가치는 얻어지는 것이지만, 가치는 존재를 떠날 수 없고,

가치는 설령 기필코 주관에 의해 얻어진다고 해도, 객관적 가치물을 떠날 수 없으며, 즉 그러하지 않다면 가치를 말할 수 없다. 가치의 감상은 객관에 대한 일종의 주관적 태도(Attitude)이다. 태도 간의 차이는 판단에 의한 배척 여부 혹은 판단의 내함에 의해 결정되는 것이다. 그는 하나의 정의를 내리면서 말하길, 가치는 "정감과 의욕의 연합적 의미가 내장된 것이다 (Funded affective-volitional meaning)"라고 하였다. 내장이라는 의미는 바로 사전에 결정된 이상의 가정이 그 안에 존재한다는 것을 말한다. 그는 또한 말하길, "가치는 이상의 가정 속에서 정감과 의욕으로 변화할 수 있는 가능성이다"라고 하였다. 외계 사물은 판단의 과정을 경과하면 우리의 정감과 의욕을 충분히 일으킬 수 있는데, 이러한 사물이 바로 이른바 가치물 혹은 가치 대상이다. 이렇게 보면, 정감과 의욕은 병행되는 것이고, 그것들의 생성은 모두 판단에 기대는 바가 있다. 정감은 의지 과정의 한 방면이며, 가장 단순한 감상에는 평가 작용이 없다고 하였다. 엄격히 말해서, 그는 정감과 의욕을 조화시키는 데 있어서 그것들의 지위를 결코 동일한 선상에 두지는 않았다. 그는 현실적 정감이 모두 존재 판단과 이상의 가정을 포괄하며, 이 이상의 가정이 역시 의욕 혹은 의지의 영향을 받는다고 여긴다. 이는 매우 좋은 구석이다. 가치의 판단은 결코 꼭 매우 공평한 것은 아닌데, 왜냐하면 우리의 판단은 갖가지 서로 다른 정황에 따라 변화하는 것이기 때문이라고 하였다. 매 하나의 판단은 모두 '기능적(Functional)'인 것이고, 갖가지 정황에 있어서 모두 기능적인 관계가 있다고 하였다. 이렇게 보면, 판단, 정감과 의욕이라는 세 가지의 관계는 삼각형이 되는데, 바로 〈그림 5-1〉과 같다:

가치는 객관이 주관에 공헌하는 것이

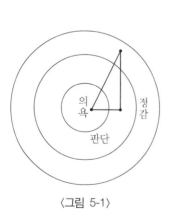

〈그림 5-1〉

며, 주관과 객관의 관계 속에서 발생한다. 이는 알렉산더가 "주관과 객관에 의한 결정"이라고 말한 것과 동일한 의미이다. 주관의 지위 역시 이따금 일정하지 않으므로, 가치의 판단에 있어서 역시 변화가 생겨난다. 윤리가 역시 가치이지만, 이러한 종류의 가치는 나와 타인의 관계 속에서 발생한다. 사람들 속에서 제1자인 내가 제2자인 타인과 관계가 발생할 때, 바로 윤리적 관계가 있다. 동시에, 내가 역시 제1자의 지위에서 물러나, 제3자의 지위

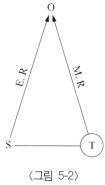

〈그림 5-2〉

에 서서 타인과 관계가 발생할 수 있는데, 이러한 종류의 관계는 도덕적 관계이다. 〈그림 5-2〉를 보자:

S(Self)는 주관적 나이고, O(Other man)는 객관적 사람이며, 나와 객관적 사람의 직접적 관계는 윤리적 관계(Ethical Relationship)이다. 나가 T(Third man)에 서서, 제3자의 지위에서 객관적 사람과 발생하는 관계는 도덕적 관계(Moral Relationship)이다. 따라서 윤리적 관계(E.R)와 도덕적 관계(M.R)는 그가 보기에는 각기 다른 것이며, 하나인 것이 아니다. 이는 일반인의 의견과 같지 않다.

대상에 대한 개인적 태도에는 갖가지 다른 점이 있다. 나 본인의 의견으로 하나의 일의 가치를 판단하는 것은 일종의 태도이지만, 마찬가지로 하나의 일을 내가 전체 중국인의 의견을 대표해서 그것을 판단하는 것은 그밖의 일종의 태도이다. 태도의 종류에는 크게 세 가지가 있다:

(1) 단순한 감상(Simple appreciation): 이 감상 속에서 우리는 감각기관에 의한 만족을 얻어낼 수 있다. 이러한 만족은 유기체로 인한 것이고, 개인적 태도 아래에 놓인다. 우리는 조건이 달린 가치를 개인적 태도라고 부른다.

(2) 개인적 태도(Personal attitude): 단순한 감상은 감각기관에 속하는 것이고, 개인적 태도는 인간 자신에 속하는, 즉 사람의 전체적인 정신에 있어서 느껴지는 것이다. 타인에 대한 존경, 타인에 대한 겸손 등이 모두 개인적 태도이다. 개인적 태도는 결코 이기적 태도를 말하는 것이 아니다. 가치 정감은 동감의 표현인 것이고, 바로 타인에 대한 주관적 동감이 된다. 이를테면 타인을 존경하는 것이 바로 타인의 인격에 대해 동감의 뜻을 표현하는 것이다.

(3) 초개인적 태도(Impersonal attitude): 개인적 태도는 동감을 가지고 표시할 수 있으며, 초개인적 태도는 즉 모든 도덕에 있어서의 선한 행동이다. 초개인적 태도는 개인적 태도를 넘어서는 것이다. 이를테면 신체에 있어서의 쾌감 등은 단순한 감상에 속하는 것이며, 인격은 개인적 태도에 속하는 것이다. 개인적 태도는 즉 나의 인격과 타인의 인격이 통한다는 뜻이다. 하지만 이러한 종류의 통함은 직접적인 것이고, 간접적인 것이 아니며, 이 때 내가 타인에게 직접적으로 표시하는 것이 동감이다. 따라서 이러한 까닭에, 동감은 특수한 것이고, 보편적이고 추상적인 법칙인 것은 아니다. 만약 추상적인 법칙으로 변화할 수 있다면, 그것은 바로 초개인적 태도이다. 개인적 태도는 바로 보편적이고 추상적인 법칙의 가치로 변화할 수 있는데, 물질적 가치, 경제적 가치 및 도덕적 행위가 모두 초개인적 가치이며, 그것들에는 고정적인 규율이 있다. 이른바 윤리적 관계는 바로 개인적 태도에 속하는 것이며, 이른바 도덕적 관계는 바로 초개인적 가치에 속하는 것이다. 따라서 도덕적 행위는 꼭 준칙을 준수하는 데 있으며, 도덕적 법칙의 제한을 위배하는 것이 아니다. 초개인적 가치는 사실 바로 보편과 공동의 가치이며, 결코 모든 개인에게 스며드는 성분은 아니다. 존경, 겸손 등 그러한 윤리적 가치들은 반대로 도리어 특수한 것이다. 내가 (가)를 존경한다면, 나와 (가)는 이미 윤리적 관계가 발생한 것이지만,

다른 사람은 결코 꼭 (가)를 존경하는 것이 아니다. 도덕적 가치에 있어서는 이렇지가 않다. 살신성인殺身成仁, 사생취의捨生取義가 기왕 지고한 도덕률이라면, 우리는 만약 살신성인하고 사생취의하면, 당연히 바로 도덕적 행동이 있는 것이고, 반대이면, 당연히 바로 부도덕한 것이다. 그래서 초개인적 태도 혹은 초개인적 가치가 역시 사회적 기율이라고 말할 수 있다. 이상적 사회 조직의 발전 역시 바로 사회적 기율에 대한 우리의 흥취 속에서 그것을 구할 수 있다.

그의 가치론에 대한 연구는 오스트리아학파의 방법을 계승한 것이며, 완전히 심리학을 기초로 삼는다. 심리학 속에서는 정감의 세 가지 법칙을 우리에게 일러주는데, 그 역시 이러한 세 가지 법칙에 근거한 것이며, 그것은 다름 아닌 가치 한계의 법칙(Law of threshold value), 가치 축소의 법칙(Law of diminishing value), 가치 보완의 법칙(Law of complementary value)이다.

무엇을 가치 한계의 법칙(Law of threshold value)이라고 할까? 가치 한계의 법칙의 의미는 바로 가치 정감이 반드시 상응하는 강도 속에 있어야 한다는 점을 말한다. 심리학적 연구 속에서 우리는 왕왕 한 가지 일을 생각하게 되는데, 바로 우리의 감각기관이 단지 자극의 상응하는 강도 내에서 비로소 반응을 발생시킬 수 있다는 점이다. 강도가 너무 높거나 혹은 너무 낮으면 도리어 모두 그것이 이뤄지지 않는다. 예컨대, 청각은 음파가 매 초마다 약간의 횟수로 진동할 때 우리에게 청각의 경험이 있기 시작하며, 만약 이 강도가 너무 높거나 혹은 너무 낮으면, 우리는 들린다고 생각되지 않는다. 시각 등에 있어서 역시 이러하다. 이 한도 속에 바로 감각기관의 한계가 있다. 이러한 종류의 정황은 가치의 정감에 있어서 역시 마찬가지이다. 상응하는 정도에 이를 때 우리는 가치를 느껴낼 수 있고, 이러한 한계를 초과하면, 우리는 가치를 느껴낼 수 없다. 예컨대, 밥을 먹으면 배가 부를 수 있는데, 이는 당연히 가치가 있는 것이다. 하지만 너무 적게 먹으면 배가 여전히 고프고, 너무 많이 먹어도 배가 또한 견뎌내기 어려운 것이 모두 가치가 없는 것이다. 그래서 반드시 상응하는 한도 속에 있어야 우리가 비로소 그것의 가치를 느껴낼 수 있다.

무엇을 가치 축소의 법칙(Law of diminishing value)이라고 할까? 경제계 속에서 우리는 왕왕 일종의 현상을 발견하는데, 경제학을 연구하는 학자들이 널리 아는 것이다. 이 현상은 바로 가격의 높고 낮음이 공급과 수요의 변화에 따라 변천하는 것이다. 예컨대, 공급이 수요보다 많으면, 남는 물건이 너무 많고, 즉 가격은 내려간다. 예컨대, 공급이 수요보다 적어서, 물건이 너무 적으면, 즉 가격은 도리어 올라간다. 가치 정감이 역시 이러하다. 즉 앞선 예로 말하면, 우리가 배고플 때, 밖에 남겨진 밥이 많지 않으면, 즉 이 밥의 가치는 자연히 높아진다. 가령, 우리가 배가 고프지 않지만, 밖에 남겨진 밥이 매우 많다면, 즉 이 밥의 가치는 자연히 낮아진다. 우리가 종종 골동품을 값을 매길 수 없을 만큼 귀중하다고 일컫는 까닭이 역시 바로 그것이 희귀하고 진귀하기 때문이다. 같은 종류의 것은 수량이 적을수록, 즉 그것의 가치가 높아진다. 그와 반대로, 같은 종류의 것의 수량이 많을수록, 즉 이러한 것의 가치는 낮아진다. 이것이 가치 축소의 대체적 의미이며, 만약 경제학의 가치로 운용한다면, 그 의미는 더욱 넓어진다.

무엇을 가치 보완의 법칙(Law of complementary value)이라고 할까? 이러한 법칙의 의미를 잘 알려면, 우선 그가 한 말을 알아야 하는데, "가치는 정합적인 것이다"라고 하였다. 원래 가치라는 이러한 것은 정합적인 것이며, 정합적이라는 것은 아주 많은 부분이 접합되어 이루어진다는 말이다. 각 부분을 떼어내서 보면 가치가 없지만, 각 부분을 연합시키면 도리어 가치가 있다. 이를테면, 산소(O)와 수소(H_2)를 분리시키면 결코 물이 될 수 없지만, 화합이 되면 도리어 물(H_2O)이 된다. 우리는 평상시 비산砒酸을 독소로 여기지만, 만약 비산을 다른 약품과 화합시키면, 도리어 원기를 보충해주는 묘한 제품으로 변화한다. 그래서 각 부분은 상호 보완이 되면 가치로 변화한다. 다른 예로, 길가에 버려진 낡은 옷감을 보면, 가치가 없다고 여겨지지 않을 수 없다. 하지만 누군가 주워서 제지 공장 속으로 가져가 화학적 작용을 가미하면, 우리가 사용할 수 있는 매우 가치가 있는 종이로 변화할 수 있다.

이것이 바로 어반의 가치 이론의 대략이다. 현대 가치론 속에서는 앞서 거론한 몇 사람 외에도 레어드(J.Laird)[2]와 하르트만(N.Hartmann)[3] 두 사람이 역시 매우 중요하다. 그런데 레어드는 베이컨(F.Bacon)[4]의 설을 채택해서 가치는 즉 다른 사물에 대한 하나의 사물의 특별한 흡인력에 있다고 주장하였으며, 그는 이것을 '자연적 선택(Natural selection)'이라고 이름 하기도 하였다. 바로 (가) 사물이 왜 유독 (나) 사물을 흡인하고, (다) 사물은 거절하는가를 말한다. 이러한 종류의 작용이 바로 '감상(Appreciation)'의 근본이라는 것이다. 하르트만에 이르러는 가치가 '필수적 영역(The realm of essentia)'에 속한다고 주장하였다. 그 이른바 '필수적'이라는 말은 바로 즉 플라톤의 '이데아(Idea)'를 말한다. 그는 비록 직접적으로는 후설(E.Husserl)[5]로부터 그것을 취하였지만, 플라톤주의의 부활이라고 하지 않을 수 없다. 이 두 사람의 학설은 본래 별도의 장으로 나열해야 하는데, 현재는 지면 관계로 이들은 상세히 다루지 않는다.

2_ 1887~1946. 영국의 철학자, 논리학자, 신실재론자. 1929년에 『가치의 관념(The Ideal of Value)』이라는 저작을 내놓았으며 훗날 유심론으로 전향하였다. 캐나다 퀸즈대학, 영국 애버딘대학 교수를 지냈다.

3_ 1882~1950. 독일의 철학자, 윤리학자. 독일 마르부르크대학 교수를 지냈다.

4_ 1561~1626. 영국의 자연과학자, 경험론 철학의 선구자.

5_ 1859~1938. 독일의 철학자, 현상학자. 빈대학에서 브렌타노에게서 철학과 심리학을 배웠다. 독일 괴팅겐대학, 프라이부르크대학 교수를 지냈다.

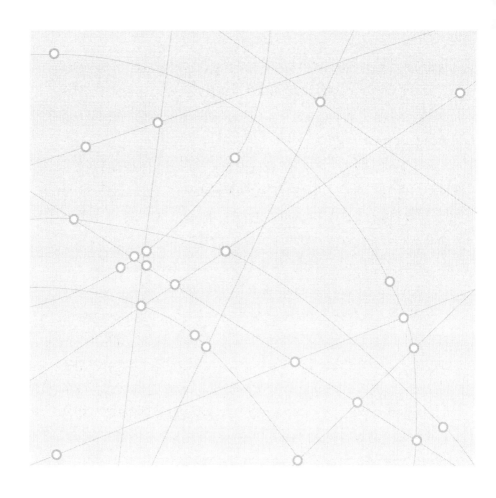

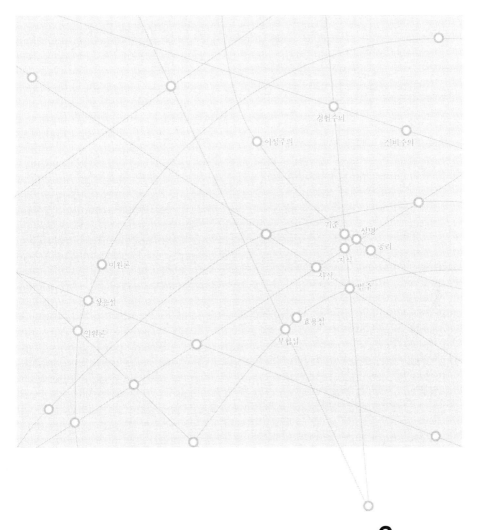

제 **2** 부
인식론_1934

제 **1** 장
지식의 유래론

인식론(Epistemology)은 지식에 관한 문제를 연구하는 것이다. 이러한 문제에는 아래 몇 가지가 있을 수 있다:

1. 지식의 **유래이다**: 이러한 문제가 토론하려는 것은 지식은 습득되는 것인가? 아니면 선험적인 것인가? 이다.
2. 지식의 **성질이다**: 이러한 문제가 토론하려는 것은 지식의 내용은 감각인가? 개념인가? 판단인가? 아니면 다른 것인가? 이다.
3. 지식과 **실재의 관계이다**: 이러한 문제가 토론하려는 것은 지식의 대상은 외계 사물인가? 아니면 심적 영상인가? 아니면 겸하는 것인가? 이다.
4. 지식의 **표준이다**: 이러한 문제가 토론하려는 것은 지식에 있어서 모든 진위가 어떻게 나뉘는 것인가? 이다.

위의 네 가지 문제는 인식론에 있어서 가장 중요한 문제이다. 하지만 이 네 가지 문제는 서로 관련되고, 서로 의존되는 것이다. 우리는 그 나머지 세 가지를 제외하고 그 중의 하나의 문제만을 토론할 수는 없다.

인식론에 있어서 지식의 유래 문제는 즉 우리가 지식을 어떻게 얻어내는가의 문제를 확정하는 데 있다. 바꿔 말하면, 즉 우리의 경험 속에서 지식의 요소가 어떠한 종류로 구성되는가를 밝혀내는 데 있다. 가장 저명한 세 가지 대답은 바로 이성주의, 경험주의와 신비주의이다. 이성주의는 우리가 이성으로부터 지식을 얻으면 된다고 여기고, 경험주의는 감각기관 지각이 바로 지식의 근본이라고 여긴다. 신비주의는 지식이 직각으로부터 나온다고 여긴다. 현재 우리로 하여금 이러한 학설들을 한번 관찰해보도록 하자.

1. 이성주의(Rationalism)

이성주의는 단지 지식의 유래를 토론할 뿐, 지식의 용도는 토론하지 않는다. 그것은 우리가 감각에 있어서 얻어오는 경험, 이를테면 색깔, 소리, 향기, 맛 등이 단지 지식의 재료에 불과하다고 여긴다. 이러한 감각기관 지각의 원료로 하여금 의의가 있도록 하기 위해서는 반드시 하나의 계통으로 조직하여야 한다. 이러한 종류의 조직적 작업은 경험이 아니라, 이성적 가공이다. 바꿔 말하면, 이성주의가 발견하는 지식은 개념, 원리와 법칙 내에 있는 것이지, 개별적 물체를 관찰하는 데 있는 것이 아니다. 이성주의는 경험주의에 두 가지 큰 결점이 있다고 여기는데, 하나는 그것이 경험을 너무 자잘한 것으로 본다는 점이다. 다른 하나는 마음을 너무 피동적으로 본다는 점이다. 마음에는 조직하는 능력이 있고, 그것은 능동적인 것이며, 감각기관 인상을 사유의 근본 법칙에 근거해 정리해 낼 수 있다는 것이다. 극단적인 이성주의자는 심지어 이러한 원칙과 원리가 또한 바로 자연에 잠존해 있는 것이라고 여긴다. 그리하여 '자연'이 바로 하나의 '큰 마음'이 되었다. 이것이 바로 형이상학에 있어서의 유심론이다.

이성주의자는 왕왕 수학을 그들의 부적으로 삼으면서, 수학이 바로 '이치'에 대한 진정한 앎의 방식이라고 여긴다. 예컨대 수학에 있어서의 점, 선, 면, 원은 현실계 속의 점, 선, 면, 원과 같은 것이 아니다. 수학 속에서 매우 많은 관계를 발견하는 일은 모두 과학적 귀납법이 능히 도움을 줄 수 있는 것이 아니다. 기하학적 방법으로부터 무릇 결론은 모두 정의와 공리에서 추출될 수 있는 것인데, 수학이 또한 마침 이러한 연역법이 모든 지식에 응용되도록 할 수 있는 것이라고 여긴다. 근대 과학에 있어서 물리 현상을 예측한 놀라운 성과는 전부 이러한 공식들에 기대인 것이다.

2. 경험주의(Empiricism)

경험주의자가 볼 때, 지식의 유일한 길은 경험이고, 또한 바로 감각기관의 인상이다. 그들은 이성주의자가 말하는 보편 법칙은 사실상 모두 객관적 현실성이 없으며, 단지 마음속의 구상인 것에 불과하다고 여긴다.

경험주의자가 일컫는 마음은 당연히 이성주의자가 일컫는 능동성이나 창조력을 지니지 않으며, 그것에서 일컫는 마음은 바로 인상과 관념의 보존이라는 것이다. 무릇 이성주의자가 숭상하는 선험적 격식은 경험주의에서는 즉 모두 과학적 귀납법으로부터 구할 수 있는 것이라고 여긴다. 그리하여 경험주의는 즉 실증주의로 변화하였다. 현대 과학의 방법론이 또한 퍽 그 영향을 받았다.

대체적으로 볼 때, 이성주의와 경험주의에서 주장하는 것은 모두 맞는 바가 있는 것이고, 부정되는 것이 맞지는 않다. 하지만 두 가지 학설은 모두 그 부분적인 것을 보고 그 전체를 보지는 못하였다. 지식의 유래를 완전하게 해석하기 위해서는 반드시 그것들을 연합시켜야 한다. 현재 계속해서 신비주의를 보도록 하자.

3. 신비주의(Mysticism)

신비주의자는 진리가 단지 '천부적인 계발'로부터 얻어낼 수 있는 것이라고 여긴다. 역사로 볼 때, 신비주의는 도리어 인류 정신의 일종의 특수한 경향을 대표하는데, 즉 직접적으로 신에 접근해가는 경향이다. 이것이 또한 인간의 본성이 직접적으로 진실을 발견하고자 하는 소망이며, 신의 계시 속에서 일체의 문제를 해결하고자 하는 것이다.

신비주의에는 갖가지 서로 다른 방식이 있는데, 정감에 무게가 두어진 것은 미를 위한 신비주의이다. 사유에 무게가 두어진 것은 논변을 위한 신비주의이며, 의지에 무게가 두어진 것은 즉 윤리를 위한 신비주의이다. 각 신비주의자는 신에 접근해가는 방법에 역시 다른 점이 있는데, 인도의 사상에 있어서의 '좌선坐禪'이 가장 적당한 대표가 될 수 있다. 왜냐하면 좌선은 일종의 돈오頓悟이기 때문이다. 먼저 일체의 육욕을 단절한다. 고유한 청명을 회복한다. 그리하여 바로 신과 하나가 되는데, 이러한 종류의 신비한 경험은 이치를 미루는 것으로 얻을 수 있는 것이 아니다. 따라서 또한 논리적 논증으로 반박하기가 어렵다. 그러나 그것은 당신이 그르다고 말하지 않고, 당신이 옳다고 말하지도 않으며, 그것의 대답은 일종의 증명이 아니라, 일종의 요구이며, 단지 당신이 간단히 스스로 시험해 보면 알 수 있다는 것이다.

4. 기타 학설

위의 세 종류의 학설 외에 지식을 구하는 기타 방법으로는 권위론, 회의론, 실용론이 있다. 권위론은 바로 사회를 배경으로 삼는 것이다. 이러한 종류의 학설은 어떠한 종류의 사회적 자극이 장구하게 사용되었기 때문에, 보편적으로 응용될 수 있다고 말하는 것과 다르지 않다. 혹은 공경하고 존경하는 개인 혹은 제도와 유관한 일종의 특별한 역량이 사람으로 하여금 지식을 얻게 한다는 것에 다름 아니다. 회의론은 지식이 직접적인 경험으로부터 나오므로, 지식의 유래는 구할 수 없는 것이라고 여긴다. 지식을 정확하게 얻어낸 것인가 여부를 알고자 하는 것은 우둔한 일이라고 여긴다.

회의론은 우리의 경험이 시간적 변화, 공간적 변화, 생리적 상황, 심리적 연상 등의 변화로부터의 모순적 정황에서 비롯되는 것에 다름 아니라고 지적하는 것을 좋아한다. 우리의 모든 인상은 전부 각기 서로 일치하지 않는 현상으로 가득 들어차 있다는 것이다. 따라서 이러한 복잡한 조건들 아래에서 지식의 근원을 찾아내려는 것은 바보가 꿈을 설명하려는 것과 다르지 않다는 것이다. 실용론은 지식의 유래에 있어서 가장 중요한 학설인데, 나중의 장에서 지식의 표준을 토론할 때 상세히 논하고, 여기서는 잠시 서술하지 않는다. 이밖에도 이른바 직각론이 있는데, 사실 바로 신비론이라고 말할 수 있다.

지식의 유래와 지식의 성질을 엄격히 구별하는 것은 매우 부자연스러운 일이다. 그 사이에는 결코 엄격한 경계가 없으며, 우리는 단지 연구의 편리를 위해서 그것에 구별을 가할 뿐이라는 점을 알아야 한다. 따라서 지난 장과 이번 장에서 토론하는 것은 단지 한 종류의 고찰에 있어서의 두 방면인 것에 다름 아니다.

지식의 성질을 일컬을 때, 우리가 주의해야 할 점은 경험의 내용에 대해서 분석을 가해서 서술해야 한다는 것이다. 지식이 포함되는 과정에는 세 단계가 있다는 점을 알아야 하는데, 첫째는 '묘사 혹은 서술(Description)'이고, 둘째는 '설명(Explanation)'이며, 셋째는 '해석(Interpretation)'이다. 전적으로 '서술' 단계는 바로 상식이다. '서술'과 '설명'이 모두 구비되면, 바로 과학이다. 세 가지가 모두 구비되면, 바로 철학으로 구성된다. 다른 방면으로 말하면, '서술'은 우리에게 사실을 부여하고, '설명'은 우리에게 규율을 부여하며, '해석'은 우리에게 까닭을 부여한다.

1. 사유 속의 판단의 기능

우선, 우리가 알아야 할 것은 이른바 서술, 설명과 해석은 모두 판단의 격식이라는 점이다. 판단이 없으면, 참된 지식이 있을 수 없는데, 왜냐하면 단지 판단 속에서, 우리는 비로소 지식의 진위를 말할 수 있기 때문이다. 현재 무엇을 판단이라고 하는가를 물어보기로 한다.

1) 판단은 지식의 근본이다

판단은 아는 자(Knower)가 앎의 과정 속에서 어떠한 사물이 어떠한 성질들을 지녔는가 혹은 지니지 않았는가 혹은 어떠한 사물은 어떠한 종류에 속하고 다른 어떠한 종류에는 속하지 않는다는 점을 판별하여 인식해 낼 수 있는 것이다. 판단을 구어로 말해내거나 문자로 써내면, 바로 이른바 '구문'이다. 만약 "소크라테스는 사람이다", "기억은 꼭 믿을 만한 것이 아니다"라고 말하면, 바로 판단이 구문으로 표시된 것이다. 매 하나의 판단은 모두 몇몇 것들을 긍정하거나 부정한다. 그래서 하나의 판단을 내릴 때는 결국 먼저 토론되는 것 사이의 관계를 알아야 한다. 그래서 판단은 기필코 주어와 술어가 상호 혼합된 것이다. 하지만 하나의 구문에서 주어와 술어는 비록 상호 연결되는 것이지만, 그것이 대표하는 사실 관계가 바로 꼭 일치하는 것은 아니다.

판단의 최고 형식은 '해석'에서 나타난다. '서술' 속에서는 분석에 무게가 두어지고, 바로 사물의 각 방면에 대한 것이며, 사물과 사물 사이의 관계에 관한 것은 아니다. 하지만, '해석' 속에서 판단은 사물의 보편적 의미를 구하는 데 뜻이 두어지므로, 사유의 종합 작용이 바로 여기서 나타난다. '설명' 속에서 판단은 분석과 종합이라는 두 종류의 작용을 표시한다. 사물 속의 특질 및 그 관계를 표현하는 것이 바로 설명 속에서의 판단의 분석 작용이다. 관계와 특질이 사물에 부착된 것이 아니라, 밖으로부터 접수되는 것을 표시하는 것이라는 점이 바로 설명 속에서의 판단의 종합 작용이다. 그러나 판단 속에서 분석 작용과 종합 작용은 분리되는 것이 아니며, '서술', '설명', '해석'이 한데 결집될 때는 분석과 종합이 바로 판단 속에서 병용되는 것이다.

종합하면, 우리는 판단이 아는 자(Knower)의 주관이고, 아는 것(Known)의 객관에 의해 공급된 내용이며, 연관적 계통으로 조직되는 것이라고 말할 수 있다. 그렇다면 아는 자가 어떻게 영원히 판단의 작업을 할 수 있는 것일까? 판단 속에서 해석되는 사물은 왜 마찬가지의 조직 형식을 갖출 수 있는 것일까? 이러한 문제들에 대답하기 위해서는 우선 반드시 사유의 근거를 가정하여야 한다. 가장 중요한 근본 가정은 바로 '공리公理', '범주範疇'와 '기준設準'이다.

2) 판단의 근거

(1) 공리(generally acknowledged truth)

공리는 가장 간단한 판단이며, 만약 사유에 확실성이 있어야 한다면, 그것을 승인하지 않을 수 없다. 공리 판단의 구문에서 술어에 의해 표시되는 의미는 즉 주어에 대한 의미이다. 예컨대, 기하학 속의 공리는 "전체는 어떠한 부분보다 크다"이다. 우리는 무릇 하나의 '전체'는 바로 하나의 부분보다 크다는 점을 이미 안다. 모든 공리는 전부 연구로부터 얻어낸 결과로 귀납되는 것이 아니며, 통상적으로 모두 직접적인 인지이고, 경험을 결정하는 선험 원리이다. 공리가 진리인 것은 자명한 일이다. 세 가지 공리가 이지적인 활동에서 특히 중요한데, 즉 일반적으로 일컫는 '사유의 법칙'이다. 이 '법칙'이라는 것을 또한 공리란 것으로 볼 수 있다. 이 세 가지 법칙은 즉 '동일률同一律', '모순율矛盾律'과 '배중률排中律'이다.

무엇을 '동일률'이라고 할까? 우리는 정의를 내리면서 "만약 어떠한 것이 (가)라면, 그것은 바로 (가)이다"라고 말할 수 있다. 이러한 법칙은 보기에 별다른 것이 없지만, 사실 퍽 이치가 담긴다. 우리가 이러한 원리에 근거하지 않는다면, 우리가 얻어내는 결론은 결코 의미가 있을 수 없다는 점을 알아야 한다. 가령 우리가 이야기를 할 때 사용하는 주어가 끊임없이 거기

서 변화하는 것이라면, 사람으로 하여금 완전히 알 수 있게 하는 사유가
될 수 없다.

'모순율'은 이것이 (가)인 동시에 또한 (가)가 아니라고 우리가 말할 수
없다는 것을 말한다. 동일률이 주안점을 두는 것이 하나의 사물이 "기필코
이러하다"는 것이라면, 모순율이 주안점을 두는 것은 하나의 사물이 "이러
할 수는 없다"는 것이다. 구문으로 모순의 원리를 표시하면, 즉 "(가)는 (가)
가 아닌 것이 아니다"이다.

'배중률'은 두 개의 서로 모순되는 구문이 동시에 진리일 수 없다는 점
을 말한다. 두 개의 서로 모순되는 구문 사이에는 중립의 여지가 없으며,
하나의 구문이 진리인 것이라면, 그 나머지 하나는 기필코 거짓인 것이
다. 바로 "(가)는 (나) 혹은 '(나)가 아닌 것'에 대해 기필코 그 중 하나에
놓인다"이다. 하지만 알아야 할 것은 이를테면 '생명', '운동' 등이 대체로
모순성을 지니는 개념이라는 점이다. 예컨대 '운동'은 하나의 것이 여기에
있고, 동시에 또한 여기에 있지 않다는 것을 말한다. '생명'은 하나의 몸체
가 고정적인 동시에, 또한 고정적인 것이 아니라는 것을 말한다. 하지만
우리는 '생명', '운동'의 실체를 파악할 수 없다고 해서, 배중률이 적용되지
않는다고 일컬을 수 없다. 누군가는 더욱이 사유의 법칙은 정靜적 규범이
라고 여긴다. 그래서 활동적 사실에 일일이 대처할 수가 없다는 것이다.
사실, 이는 모두 오해이다. 사유의 법칙은 본래가 공리인 것이며, 공리는
본래가 가정인 것이다. 이른바 가정은 바로 그 방법적인 면을 가리켜 말
하는 것이다. 외계에 대해서 본래 꼭 완전히 그에 상응될 필요가 없다.
하지만 얼마만큼 적용되는 구석이 있으면, 믿을 만한 것이 될 수 있다.
만약 이러한 원리들이 없다면, 우리는 입을 열고 이야기할 수 없다. 그러
한 원리들이 없다면, 표시되는 사유가 또한 우리가 조금도 알 수 없는
것이 된다. 그래서 사실에 있어서는 동動적 방면이 있지만, 사유에는 즉
결코 정靜적인 고정적 형식이 없을 수 없다.

(2) 범주(Categories)

사유의 공리는 논리학에 있어서의 판단의 기본 원리이며, 사유의 범주는 인식론에 있어서의 판단의 기본 원리이다. 우리는 언제 어디서든지 간에, 무릇 하나의 사물이 꼭 어떠한 것으로 확정될 수 있다는 점을 깨달을 수 있는데, 이러한 것이 모두 범주를 가지고 해석할 수 있는 것이다. 예를 들어, 만약 우리가 시간, 공간, 사물의 명칭, 사물의 성질과 같은 이러한 범주들을 부인한다면, 즉 우리는 사물의 존재를 결코 사료할 수 없다.

그러나 '범주'라는 이 명사는 대체로 문제가 있다. 왜냐하면 아주 많은 것의 특성은 어쩌면 다른 원리를 가지고 해석할 수가 있기 때문이다. 그래서, '범주'라는 이 명사는 결국 단수가 됐든 복수가 됐든, 주관의 구조가 됐든 객관의 구조가 됐든, 아니면 양자를 모구 구비한 것이든지 간에, 도리어 모두 하나의 문제이다. 이러한 문제에 대한 해답은 아래에서 토론한다.

(3) 기준(Postulates)

공리와 범주는 각기 판단의 논리학 방면과 인식론 방면에 속하는 것이며, 이밖에도 이른바 기준이 있다. 그것이 공리 및 범주와 구별되는 구석은 결코 그렇게 크지 않다. 현재까지 세 가지 기준이 있는데, 모두 우리가 매우 주의를 기울일 만하다. 왜냐하면 그것들이 없으면, 서술, 설명과 해석이 모두 불가능한 것이 되기 때문이다. 이 세 가지 기준은 (1) 충족한 이유(Sufficient reason), (2) 자연의 균일성(Uniformity of nature), (3) 절약성(Parsimony)이다. 하나하나씩 아래에서 간략하게 서술하여 본다.

(1) **충족한 이유**: 우리로 하여금 세계에 있어서의 사물의 발생을 확신하도록 할 때, 그것이 우연히 나오는 것이 아니고, 기필코 이유가 있다는 점을 말한다.

(2) **자연의 균일성**: 자연계 사물에 있어서 그 변화는 무한히 중복될 가능

성이 있다는 점을 표시한다. 하나의 일은 오늘 이러하고, 내일 또한 기필코 이러하다. 만약 이러하지 않다면, 즉 지난 일에 근거해 장래를 예측하는 일은 바로 해낼 수 없는 것이다. 과학은 즉 이러한 법칙에 기대어 장래의 정황을 예지하는 것이다.

(3) **'절약성'**: 이 원리는 사실 바로 '오컴의 면도날(Ockham's razor)'이다. 오컴의 윌리엄(William of Ockham)[1]-은 말하기를, "모든 학설은 필요한 것을 제외하면, 모두 내용이 증가되어선 안 된다"라고 하였다. 과학가가 "자연은 간단한 것을 가장 좋아한다"고 일컫는 것이 또한 이 뜻이다. 이 법칙은 과학을 간단화할 수 있기 때문에, 가장 복잡한 것을 감히 가장 간단한 방식으로 추려낼 수 있다. 이러한 종류의 기준이 있으므로, 물리학자가 비로소 그들의 이론을 순수한 수학공식으로 추려낼 수 있다. 그러나 주의할 것은 이곳에서의 이른바 간단하다는 것이 결코 쉽게 이해될 수 있다는 의미는 아니라는 것이다.

2. 지식의 주요 유형

1) 서술적 지식

위에서 이미 판단이 의거하는 근본 원리를 토론하였으며, 현재는 서술, 설명과 해석을 토론할 차례이다. 우선 서술적 지식을 말하여 본다. 서술은 과학방법의 첫걸음이다. 서술의 성질 및 그 필수조건을 연구하는 것은 사실 즉 과학의 원리와 절차를 토론하는 것이다.

1) **서술은 사실적 지식**: 서술은 우리가 관찰로 다루는 사물을 적절하게 기억해내는 것이며, 우리의 이상 혹은 희망이 이러하다는 것이 아니

1_ 1287~1347. 영국의 종교학자, 철학자. 종교와 논리를 연구하였으며 종교 개혁과 유명론 건립에 영향을 끼쳤다.

다. 간단히 말해서, 지식을 서술하는 것은 지식을 규범하는 것은 아니지만, 이것이 또한 절대로 이러한 것은 아니다. 즉 가장 간단한 보기와 듣기 속에서도 외부 사물로 인해 내부 세계의 정감이 일어날 수 있는데, 예컨대 높은 산을 보며 걸음을 멈추고, 짐승 울음소리를 듣고 공포에 젖는 이 두 종류의 지식은 모두 한데 비롯되는 것이다. 하지만, 관찰로 얻어내는 풍부한 경험 속에서 객관적 특색을 추출해내고, 감정적 성분을 담지 않는 것이 또한 가능한 일이다. 다른 방면으로부터 말하면, 우리가 서술 속에서 주의하는 것은 제1성과 제2성인데, 이를테면 크기, 동작, 모양, 과 색깔, 소리, 향기, 맛 등이며, 제3성의 지식은 아닌데 이를테면 미美, 가치, 목적 등은 아닌 것이다. 이러한 성질들은 몇 가지가 대부분은 물계物界에 속하거나, 혹은 심계心界에 속하는 것이며, 또한 철학에 있어서 매우 중요한 문제이다. 이러한 문제에 대답한 철학가는 크게 두 진영으로 나뉘는데, 한 진영은 유심론이고, 한 진영은 실재론이지만, 우리가 현재 토론하려고 하는 것은 아니다. 우리가 현재 알고자 하는 것은 서술이 사실적 지식이라는 점이다. 무엇을 사실이라고 할까?

2) 사실의 성질: 사실의 영역은 이따금 상식의 영역으로도 불린다. 하지만 상식은 대체로 사실을 넘어서는 것이며, 설명의 의미 역시 함유된다. 하나의 동물은 사실적 지식이 충분히 있지만, 그것에게 상식이 있다고는 말할 수 없다. 사실은 감각기관 지식의 대상이고, 느낀 것이고, 맡은 것이며, 맛본 것이고, 들은 것이며, 본 것으로 부여되는 재료이다.

사실의 특성은 다음과 같다:

(1) 사실은 특수한 사물이다. 하나의 의자가 있는 것은 하나의 사실이고, 하나의 산이 있는 것이 하나의 사실이다. 정의는 도리어 하나의 사실

이 아닌데, 정의가 사실이 아니라고 말하는 것은 그것이 진리가 아니고 가치가 없다고 말하는 것이 아니라, 그것이 특수한 사물이 아니라는 점을 말하는 것이다. 그것은 감각기관 지식에 의해 발견되는 개체가 아니다.

(2) 사실은 반드시 그것이 아는 자(Knower)의 밖에 있는 것으로 가정되어야 한다. 사실은 물物이든 심心이든지 간에 모두 그것이 아는 자의 밖에 있는 것으로 가정되어야 한다. 우리가 이론을 만들 때, 우리는 사실을 사용하려고 하며, 우리가 사람을 가르칠 때도 사실에 견준다. 이는 사실이 이론보다 더욱 진리라는 점을 말하는 것이 아니라, 사실이 외계의 진상을 더욱 잘 표시할 수 있다는 점을 말한다.

(3) 사실은 측량할 수 있는 것이다. 우리가 사실을 짐작하면서, 그것의 크기를 말할 수 있고, 그것의 분량을 말할 수 있으며, 그것의 운동을 계산할 수 있는 것 등이다. 우리는 만약 치수 혹은 기타 측량 단위로 사실을 짐작한다면, 이러한 사실적 지식을 타인에게 전달해 줄 수 있다.

(4) 사실은 기타 사실과 관계가 있는 것이다. 우리는 사실을 서술할 때 그것과 그 밖의 사실을 분리하는데, 이는 완전히 인위적인 것이다. 서술이 그것들을 분리할 때, 설명은 다시 그것들을 관련시킨다. 우리는 사실적 규율을 구할 때, 즉 이미 사실 영역을 넘어서 의미를 구하는 것이 된다.

(5) 사실은 현상적인 것이다. 이는 사실이 단지 현상에 불과하다고 말하는 것이 아니다. 바로 사실을 서술할 때, 사실 배후에 실체가 있는가 여부를 꼭 물을 필요가 없다는 것을 말한다. 왜냐하면 과학가는 이러한 문제에 관여하지 않기 때문이다. 바꿔 말하면, 사실의 배후가 무엇인가는 과학가가 추궁하는 것이 아니다.

3) **사실의 논리적 함의**: 사실이 논리의 대상으로 쓰이면, 바로 '술어(Ter-

m)'라고 부른다. 술어에 관해 두 가지 중요한 논리 과정이 있으며, 즉 '정의'와 '분류'이다. 두 가지는 서술을 완성해내는 도구이며, 상세히 설명하지 않아도 된다.

4) 사실적 지식의 심리적 특질: 서술은 비록 고등한 정신 성분을 함유하지만, 감각기관 지각이 도리어 그 근본 조건이다. 그래서 우선 감각기관 지각을 대략적으로 논해야 한다. 토론의 편리를 위해 감각과 지각이라는 두 가지로 나눌 수 있다.

일체의 경험파와 과학파의 심리학자들은 모두 감각을 기타 상태, 과정 혹은 반응과 분리한다. 감각이 주요한 것이고, 근본적인 것이며, 간단한 경험이다. 원자파 심리학에서 행위주의에 이르기까지 감각에 대한 연구에는 변화가 아주 크며, 심리학의 진보에 있어서 역시 적지 않은 도움을 주었다. 원자파 심리학자는 도리어 매 하나의 감각기관에서 생겨날 수 있는 감각이 최소 단위라고 믿는다. 그것들을 연합시키면, 바로 관념과 개념 등등이 이루어진다.

그 다음은 구조주의파이다. 그들은 감각의 성질이 그 속성에 기대어 정해지는 것이라고 여긴다. 즉 속성은 강하거나 약하고, 지구적이거나 잠시적이며, 또렷하거나 희미하고, 확대되거나 축소되는 것 등이다. 속성이 감각의 근본 특색이며, 다른 심리 상태와 구별되는 것이라고 여긴다. 이를테면 푸른색은 붉은색과 구별되는 것이고, 단맛은 신맛과 구별되는 것이다. 강하거나 약한 감각의 강도는 이를테면 어떤 약이 다른 어떤 약보다 더 쓴 종류에 속한다는 것 등이다. 지구적이거나 잠시적인 것은 감각의 시간적 특색이 되며, 자극 대상의 드러남에 의해 속성이 그러하게 정해지는 것이다. 또렷하거나 희미한 것은 원근과 명암 등에 대한 감각의 속성이다. 확대되거나 축소되는 것은 감각의 공간적 특색이다.

기능주의파는 즉 심리의 전체적인 과정에 주의를 기울인다. 감각은 전체적인 유기체의 일종의 적응을 대표하고, 그것은 피동적인 접수가 아니다. 예컨대 연상주의파와 구조주의파와 마찬가지로, 그것이 능동적인 것이라고 보며, 목적을 지니는 것이라고 본다. 행위주의파는 즉 감각은 바로 신체가 자극에 반응하는 격식인 것이라고 여긴다. 신실재론자는 감각되는 것이 감각할 수 있는 것과 그 과정이 같은 것이며, 감각은 외계 사물과 유기체가 서로 만나 합쳐지는 일종의 현상에 다름 아니라고 여긴다.

지각이 감각과 다른 구석은 지각 속에는 관념의 특색이 있다는 데 있다. 그것이 다른 관념 작용 혹은 과정과 다른 구석은 즉 지각에는 기필코 외계 자극이 있다는 데 있다. 사람은 처음 태어나서 어쩌면 순수한 감각이 있지만, 즉 그 중에서는 기억의 요소가 없다. 하지만 얼마 후, 마음의 생활은 바로 지각적이거나 관념적인 것으로 변화한다. 통상적으로 지각은 의미를 지닌 감각으로 여겨진다. 그것은 성질을 변별할 수 있을 뿐 아니라, 사물의 용도를 알 수 있다. 예컨대 나는 하나의 시계를 보면, 그것이 어떠한 성질인가를 아는데, 이를테면 색깔, 중량, 광택 등의 집합체이다. 그러할 뿐 아니라, 그것이 시간을 재는 것이고, 돈이 나간다는 것 등등을 안다. 지각 속에는 이미 추리의 작용이 있기 때문이다. 지각은 통일적인 것인데, 신경의 내원에 있어서 협력 작용이 있기 때문이며, 신경으로 하여금 결집을 하게 하는 까닭이다.

2) 설명적 지식

서술에서 연구하는 것은 사실의 자체이지만, 설명에서 연구하는 것은 사실의 상하 관계이다. 서술이 토론하는 것은 사실의 사실이지만, 설명은 즉 사실의 의미를 토론한다. 설명의 직무는 사실 사이의 인과 관계를 발견하는 데 있다. 왜냐하면 우리는 어떠한 시간에 있어서 사물의 성질을 알고자 할 뿐 아니라, 그것의 통상적인 성질을 알고자 하기 때문이다. 우리는 사물이 어떠한 모습인가를 알고자 할 뿐 아니라, 그러한 한 종류의 사물 속의 특질을 알고자 하기 때문이다. 요컨대, 우리는 사물의 법칙을 알고자 하는 것이다.

설명의 단계에는 세 단계가 있는데, (1) 유추이고, (2) 가설이며, (3) 규율이다. 매 하나의 단계에 있어서 이지적 활동은 모두 앞서 말한 사실의 범위를 넘어선다. 매 하나의 단계에 있어서 모두 귀납적 방법이 응용되며, 바꿔 말하면, 즉 특수로부터 보편으로 미루어 나가는 것이다.

1) **유추**: 유추는 단지 하나의 단정으로부터 그 밖의 다른 하나의 것으로 미루어내는 것에 다름 아니다. 사실 사이에 유사한 점이 있으면, 우리는 바로 유추를 사용할 수 있다. 그래서 유추의 주요 목적은 관찰자로 하여금 현상 사이의 유사점에 주의하도록 해서 그 유사한 점에 의거해 보편 원리를 확정하도록 하는 것이다.

2) **가설**: 과학에 있어서 이른바 '가설'은 이를테면 별과 구름에 관한 가설, 진화의 가설, 원자의 가설 등이며, 모두 복잡한 생각을 경과한 최후의 결과이지, 최초의 예정이 아니다. 철학에 있어서 일컫는 '심心', '물物', 절대, 본체, 인격 등의 이러한 가설들에 이르러는 '왜'라는 문제에 대답하고자 한 데 뜻이 있다. 과학에 있어서의 '진화'는 하나의 사물 자체에 대한 것이 아니며, '만유인력'이 또한 한 종류의 역량이 아니라는 점을 알아야 한다. 과학적 설명은 구체로부터 추상으로 나아가는 것이다. 사회학적 사실을 심리학을 가지고 설명하고, 심리학적 사실을 생물학을 가지고 설명하며, 생물학적 현상을 화학을 가지고 설명하고, 화학을 또한 물리학을 가지고 설명하는 것이 이러한 것이다. 일체의 과학을 가장 잘 포괄할 수 있는 것이 또한 가장 추상적인 것인데, 수학이다. 가설에 성분이 적을수록 현상에 가깝게 접촉될 수 있고, 자연을 예측하고 자연을 제어하는 과정에서 더욱 유용해진다. 실증에 있어서 확정적일수록 과학적 설명에 있어서 더욱 가치를 지닌다.

실용론자는 가설이 바로 지식 속의 중심 요소라고 여긴다. 가설은 창조적 지혜가 특색이다. 듀이(J.Dewey)[2]는 가설이 바로 사유 작용의 정점이며, 그의 다섯 단계 논리 과정 속의 세 번째 걸음이라고 여긴다. 그가 일컬은 성찰적 사유의 다섯 단계의 절차는 (1) 곤란의 조우, (2) 곤란의 지정, (3) 설명 혹은 해결 방법의 제기, (4) 관념적 심의, (5) 관념의 실증으로 믿음을 조성하는 것이다. 문제의 발견으로부터 진짜 해결을 인식하기까지, 두 가지 커다란 사유의 방식은 바로 귀납과 연역이다.

3) 규율: 가설이 아직 입증되지 않았다면, 기타 다른 해결 방법이 어쩌면 문제를 풀어줄 수 있지만, 가설이 확실히 사실을 예측하고 제어할 수 있을 때가 되면, 가설은 바로 '학설'이라고 부른다. 가설이 유효할 뿐 아니라, 다른 학자에게도 유일하게 사실을 설명해 줄 수 있다고 공인될 때는 바로 규율이다. 하나의 가설은 규율로 인정되면, 현상 사이의 보편적 관계를 지시해 낼 수 있다. 비록 규율을 얻어내는 것은 특수로부터 출발한 뒤, 보편적 원리로 미루어내는 것이지만, 매우 많은 사람들은 도리어 보편적 원리가 특수한 사실을 규정하는 것이라고 은연 중에 가정한다. 규율이 특수한 사실을 결정한다고 여기는 것이지만, 이러하게 규율을 해석하는 것은 실은 형이상적인 것이고, 과학적 법칙을 넘어서는 개념으로 나아가는 것이다.

3. 해석적 지식

설명이 우리에게 일러주는 것이 서술 속의 사물이 '어떠한가'라면, 해석이 우리에게 일러주는 것은 바로 사물이 '왜' 그러한가이며, 해석 속에서는

2_ 1859~1952. 미국의 실용론 철학자. 1884년 칸트를 연구하여 박사학위를 받았다. 미시간대학, 시카고대학, 컬럼비아대학 등에서 교수를 지냈다.

철학 활동의 첫 번째 단계에 도달한다.

우리는 해석 속에서 사실계 배후의 것에 주의를 기울일 뿐 아니라, 사실계의 관계 및 최후의 실재와 우리의 관계에도 역시 주의를 기울인다. 우리는 여기서 단지 하나의 해석적 이론만을 간략하게 고찰해 보는데, 바로 로이스(J.Royce)³-의 것이다.

로이스는 말하길, 지식에 접근하는 방법에는 세 종류가 있다고 하였는데, (1) 지각, (2) 개념, (3) 해석이다. 그는 한 종류의 방법으로만 제한되었던 철학가는 없었다고 승인하지만, 그 무게를 둔 것으로 말하면, 베르그송(Bergson)⁴-은 지각적 방법의 대표자였다고 할 수 있고, 플라톤(Platon)은 개념적 방법의 대표자였다고 할 수 있으며, 칸트(Kant)는 지식이 지각과 개념의 종합이라는 점을 발견한 사람이었다고 말하였다. 지식의 대상이 자료이고, 사물이며, 공상共相이고, 추상적 성질의 것일 때, 지각과 개념이라는 두 종류의 방법을 충분히 사용할 수 있다. 하지만 만약 대상이 당신의 친구의 마음일 때라면, 지각과 개념이 또한 어떻게 지식을 부여해 줄 수 있을까? '해석'이 바로 두 가지의 곤궁을 다스려 우리로 하여금 타인의 마음이 어떠한가를 알게 해 주는 일종의 방법이다. '해석'적 지식의 대상은 마음인 것이고, 의미인 것이며, 목적인 것이다.

그래서 사람과 사람 사이의 피차의 관계를 해석으로부터 이해하는 것은 바로 사회의 기초인 것이고, 해석은 근본적으로 바로 일종의 사회적 작용인 것이다. 형이상학으로부터 볼 때, 해석하고자 하는 우주는 바로 우리 사람이 우리 사람의 동류의 존재 및 그 내심의 생활을 인식하고자 하는 우주이다. 이러한 종류의 과정은 지각과 개념을 넘어서는 것이다.

3_ 1855~1916. 미국의 객관적 유심론 철학자. 1878년 독일철학을 연구하여 박사학위를 받았다. 하버드대학 교수를 지냈다.
4_ 1859~1941. 프랑스의 철학자, 인식론 연구자. 직접적인 경험 과정과 직각이 이성주의보다 실재를 이해하는 데 있어서 보다 중요하다는 주장을 폈다.

제 **3** 장
지식의 적부론

우리는 외계 사물을 알 수 있는 것일까? 발견한 것은 마음속에 있는 것일까? 아니면 밖에 있는 것일까? 아니면 마음속에도 있지 않고, 사물에도 있지 않은 것일까? 이러한 문제들이 즉 지식이 관심을 두는 문제이며, 바로 본 장에서 토론하려는 것이다. 하지만 이러한 문제들은 심신心身의 문제와 한데 섞어 논할 필요는 없다. 왜냐하면 현재는 마음을 단지 '앎'이란 것으로 삼아서 보는 것이기 때문이다.

1. 지식과 외부 사물의 관계에 관한 학설: 이러한 종류의 학설에 관해서는 두 가지 극단파가 있는데, 바로 회의론과 독단론이다. 우리는 회의론에 대해 아주 중시할 필요는 없다고 여겨서 깊이 있는 토론은 하지 않으려고 한다. 회의론과 대립되는 독단론에 대해서 역시 마찬가지의 태도이다. 회의론의 가장 큰 착오는 즉 그것이 자신의 입족점을 세우지 못한다는 데 있다. 독단론이 또한 지식이 실재에 다다를 수 있다고 과도하게 믿으면서, 착오의 존재를 발견하지 못하는 데 이른다. 회의론자는 우리가 아는 것에 대해 과도하게 비관적이고, 독단론자는 또한 과도하게 낙관적이다. 양자는 모두 비판 정신이 결여되어 있다.

지식과 실재의 관계라는 이러한 문제는 우리가 깊이 사고하고 고찰할 가치가 있는데, (1) 인식의 이원론, (2) 인식의 일원론, (3) 인식의 비판론, (4) 인식의 진화론이다. 앞의 네 종류의 학설에는 모두 각기 두 종류의 형식이 있으며, 당신이 유심론에 치중하느냐 실재론에 치중하느냐에 따라 다르다. 즉 말하자면, 인식론에 있어서, 우리에게는 유심적 이원론과 실재적 이원론이 있다. 또한 유심적 일원론과 실재적 일원론, 유심적 비판론과 실재적 비판론, 및 유심적 진화론과 실재적 진화론이 있다. 이른바 실재는 즉 지식의 대상이 아는 자(Knower)에서 독립해 있다고 여기는 것이며, 이른바 유심은 즉 경험의 대상이 인식되는 것을 기다려 존재한다는 것이다.

다음의 대강이 이러한 학설들을 예시해 줄 수 있다. 하지만 여기서 토론하는 것은 지식과 실재의 방면을 논하는 것으로 제한하는 것이며, 다른 방면을 모두 상세히 다루는 것은 아니다.

1. 인식의 이원론(Epistemological dualism)
   1) 소박한 실재론(Naïve realism)
   2) 촬상론(Representationism)
   3) 인격적 유심론(Personal idealism)
2. 인식의 일원론(Epistemological monism)
   1) 포괄적 객관론(Pan-objectivism)
   2) 포괄적 주관론(Pan-subjectivism)
   3) 중립적 일원론(Neutral monism)
3. 인식의 비판론(Epistemological criticism)
   1) 비판적 실재론(Critical realism)
   2) 현상론(Phenomenology)
   3) 선험론(Transcendentalism)
4. 인식의 진화론(Epistemological evolutionism)

1) 창발론(The theory of emergence)

2) 실용론(The theory of pragmatism)

3) 직전론(The theory of immediation)

1. 인식의 이원론

인식의 이원론은 경험에는 두 종류의 특색이 있는데, 각기 그 성질과 작용이 서로 다른 것이라고 말한다. 한 종류는 주관적인 것이고, 한 종류는 객관적인 것이다. 피차의 성분이 모두 서로 의존되지 않으며, 그 독립적 존재가 있다고 여긴다. 주관적 성분은 '심'을 구성하고, 객관적 성분은 '물'의 현상을 포함한다. 전자는 아는 자(Knower)의 세계이고, 후자는 아는 것(Known)의 세계이다. 바꿔 말하면, 이원론은 '심'과 '물'이 독립적이면서 상호 영향을 끼치지 않는 것이라고 믿는다. 인식론에 이르러 그들의 가장 중요한 주장은 바로 주관이 객관과 동일한 것으로 여겨질 수 없고, 객관이 주관과 일치하는 것으로 여겨질 수 없다는 것이다. 이렇게 보면, '심'과 '물'은 작용이 다를 뿐 아니라, 바로 성질 역시 다르다. 결과적으로, 일체의 인식론은 유물론(혹은 실재론)이든 유심론이든지 간에 모두 아는 자(Knower)와 아는 것(Known)을 분별하는 데 있어서는 모두 이원론이다.

1) 소박한 실재론(Naïve realism)

소박한 실재론은 평범한 일반 사람들의 견해인데, 외부 세계가 바로 우리가 본 것과 같다고 여기는 것이다. 우리는 '심적'인데, 왜냐하면 우리는 느낄 수 있고, 생각할 수 있으며, 볼 수 있기 때문이다. 외부 세계는 '물적'일 뿐 아니라, 이러한 '물'들은 독립적으로 자존하고, 마음에 의해 좌우되지 않는다.

이러한 종류의 견해는 인류의 이지적 요구를 만족시켜 줄 수 없다. 조금만 분석해 보면, 문제점이 발견된다. 상식은 지각 세계가 바로 진리의 세계라고 우리에게 일러주지만, 지각은 도리어 늘 우리를 기만한다. 예컨대, 오렌지는 멀리서 볼 때 작은 오렌지인 것이 진짜일까, 아니면 가까이서 볼 때 큰 오렌지인 것이 진짜일까? 해가 질 무렵 그것을 보면 회색인 것이 진짜일까, 아니면 대낮에 볼 때 그것이 주황색인 것이 진짜일까? 위가 편할 때 오렌지가 맛있다고 생각되는 것이 진짜일까, 아니면 위가 편치 않을 때 오렌지가 맛없다고 생각되는 것이 진짜일까? 우리 자신의 지각이 각기 달라질 뿐 아니라, 타인의 지각에 있어서도 역시 이와 같은 모순이 따른다. 날씨가 따뜻한 것에 대한 느낌, 달의 크기 등은 두 사람 이상일 때 모두 그것이 일치하지 않으며, 이러한 종류의 예는 매우 많고, 모두 각 사람의 지각이 선천성, 과거의 경험 및 교육 등의 영향을 받는다는 점을 입증하기 충분하다. 만약 소박한 실재론이 통할 수 있다면, 문제될 것이 없지만, 즉 우리의 세계는 변화와 모순으로 가득한 다방면의 우주가 되는 것이다. 그렇다면, 지각이 유일한 진리의 표준이라면, 우리는 단지 보고, 듣고, 맡고, 접촉하고, 맛본 대상이 모두 진짜라고 말할 수 있을 뿐인데, 어떻게 문제를 해결할 수 있는 것일까? 그래서 이러한 설이 통용되기 어려운 것이다.

2) 촬상론(Representationalism)

촬상론은 로크(J.Locke)의 지식학설을 말하는 것과 같다. 로크는 이른바 선천적 관념을 승인하지 않는다. 그는 마음이 한 장의 백지이며, 경험이 우리가 접수한 일체의 것을 그 위로 찍는다고 여긴다. 지식의 내원에는 두 가지가 있다고 보는데, 하나는 감각인 것이고, 우리 사람에게는 외물外物로서이다. 다른 하나는 내성內省인 것이며, 우리 자신의 앎으로서이다. 하지만 양자가 모두 일체의 지식의 내원으로 여겨진다. 마음은 인상을 접수할 때는 수동적이지만, 관념을 조성할 때는 도리어 능동적이라고 여긴다. 지식은 외계 사물의 모사본이다. 이러한 점으로 볼 때, 그는 대체로 현상론자이지만, 그는 확실히 이원론자이다. 왜냐하면 그는 '물'이 있다고 믿고, 또한 '심'이 있다고 믿으며, 나아가, 외계 사물에는 일정한 특성이 있다고 여기는데, 즉 이른바 제1성이고, 이를테면 개수, 형상, 운동 등이 그러한 것이다. 이밖에 제2성이 있다. 제2성은 외부 세계의 원형이 아니라, 바로 지각으로 인해서 일어나는 것이다. 로크는 객관 실재가 우리에게 보이는 것과 똑같은 것이 아니라고 여기는데, 이것이 그가 상식을 뛰어넘는 구석이다. 제2성이 '심'에 있다는 이러한 점에서 볼 때, 로크는 이성주의적이고 유심론적이다. 그는 착오가 '심'의 산물이며, 관념의 연합이 타당하지 못할 때 생겨나는 것이라고 여긴다. 그는 객관 실재는 불변의 구조라고 여기는데, 이것이 그가 회의론을 모면할 수 있는 구석이다. 객관계와 주관계가 어떻게 연결되는 것이고, 제1성과 제2성이 어떻게 결합되는 것인가를 로크는 해결할 수 없는 신비로 인정하였다.

3) 인격적 유심론(Personal idealism)

위에서 서술한 두 파는 비교적 유물론의 방면에 가까운 것이다. 인격적 유심론은 마침 상반되는데, "마음이 즉 자료 혹은 기준점이다(Mind is the datum)"라고 여기며, 이는 로체(H.Lotze)[1]의 가장 이른 선언이고, 이 파의 관점을 수립하였다. 뒷날 하위슨(G.H.Howison),[2] 와드(W.G.Ward),[3] 소를리(W.R.Sorley)[4] 등이 계속해서 나왔고, 비록 형식에 있어서 다소 차이

1_ 1817~1881. 독일의 철학자, 논리학자, 생물학자, 기능주의 심리학의 선구자 중 한 사람. 괴팅겐대학 교수를 지냈다.

2_ 1834~1916. 미국의 이성론 철학자, 윤리학자. 버클리대학에 철학과를 창설하였으며 초대 학과장을 지냈다. 1919년 대학 내에는 동료 교수와 제자들에 의해 '하위슨 철학 강좌 (Howison Lectures in Philosophy)'가 개설되었으며 1922년부터는 세계적인 철학 교수를 초청해 강연을 열고 있다.

3_ 1812~1882. 영국의 철학자, 종교학자. 세인트 에드먼즈대학 교수를 지냈다.

4_ 1855~1935. 스코틀랜드 출신의 영국 이상주의 철학자. 케임브리지대학 교수를 지냈다.

가 있지만, 그 근본 정신은 비슷하다. 인격적 유심론은 사실 즉 버클리(G. Berkeley)[5]-의 유심론을 계승해서 나온 것인데, 버클리는 신이 최후의 본질이고, 물질은 실재하는 것이 아니며, 공상共相과 법칙이 모두 개인으로부터 총괄되어 나오는 것이라고 여긴다. 현재 우리가 토론해야 할 것은 인격론 속의 이원론이다. 인격론자는 개인의 경험 속의 관념과 대상이 서로 분리되는 두 종류의 실질이라고 믿는다. 경험 속의 어떠한 한 종류의 특색을 고찰하려면, 반드시 자아의 직접적 경험으로부터 출발해야 하지만, 이는 '심'이 환경과 동일한 것이라고 말하는 것이 아니다. 에드가 브라이트만 (Edgar S.Brightman)[6]-의 말로 하면, 우리는 단독으로 나 자신을 경험할 수 있고, 또한 그러한 경험을 가지고 외계가 있다는 점을 미루어 입증할 수 있다. 인격론자는 주관적 유심론자이다. 아는 자(Knower)의 '심'은 기타 실질로 분화할 수 없는 일종의 본질이고, 그것은 직접적이면서, 개인적인 것이며, 각 사람의 최후의 실재이다. 그러나 인식론으로부터 말하면, 인격론은 또한 이원론적인데, 왜냐하면 그 자아의 경험 외에도 이밖에 하나의 세계가 있다는 점을 승인하기 때문이고, 비록 직접적이 아니고 간접적이며, 직각되는 것이 아니고 추론되는 것이지만, 여전히 존재로서 손색이 없다. 버클리에게 있어서는 즉 바로 그것이 신(God)이다. 바꿔 말하면, 즉 이러한 공동의 세계는 바로 신의 작용이다.

2. 인식의 일원론

인식의 일원론은 지식 속에서 주관과 객관은 두 가지로 분별되는 것 같지만, 사실은 일체一體가 된다고 여긴다. 인식의 일원론에서 보기에, 이원론

5_ 1685~1753. 영국의 경험론 철학자, 이상론자, 인식론 연구자, 종교학자. 미국 캘리포니아대학 버클리캠퍼스(버클리대학)가 그의 이름을 따서 설립되었다.
6_ 1884~1953. 미국의 신학자. 웨슬리언대학, 보스턴대학 교수를 지냈다.

은 우리를 좌우양난의 지경으로 빠뜨려버린다. 그것이 아는 자(Knower)와 아는 것(Known)을 분리시키면서, 양자가 어떻게 한데 연결되는가를 차츰 일러주지 못한 결과, 경험을 일종의 신비한 기적으로 만들어 놓았다고 여긴다. 인식의 일원론은 따라서 관념 세계와 사물 세계는 단지 하나의 세계에 다름 아니며, 주관과 객관은 동일한 것이라고 주장한다. 객관을 가지고 주관을 흡수하면, 즉 실재적 인식의 일원론이 되고, 주관을 가지고 객관을 흡수하면, 즉 유심적 인식의 일원론이 된다. 전자는 포괄적 객관론이라고 부르고, 후자는 포괄적 주관론이라고 부른다.

1) 포괄적 객관론(Pan-objectivism)

이러한 학설에는 두 종류의 형식이 있다. 첫째는 논리 방면인데, 실재의 근본 특성을 분석하는 것으로 말해서, 하나의 사물이 발각 혹은 착상될 때, 사물의 자체가 우리 사람의 경험 내에 있는 것이라고 여긴다. 이러한 종류의 개념은 종종 '심적 관계설(The relational theory of mind)'로도 불린다. 둘째는 포괄적 객관론의 생물학 방면이며, 실험과 관찰에 있어서 '심'이 완전히 생리적 기능이라고 믿는다. 이러한 종류의 포괄적 객관론은 바로 행위주의(Behaviorism)이다.

(1) 심적 관계설

이러한 종류의 포괄적 객관론은 아는 '물'은 그 자체가 지식의 내용과 바로 한 가지 일이며, 우리는 외계 사물이 '심'의 주관적 상태가 아니라는 점을 스스로 안다고 여긴다. 이 학파의 가장 주요한 대표자는 신실재론자이다. 홀트(E.B.Holt)[7]는 '심'은 물리 세계 속의 하나의 접합점과 같으며,

---

7_ 1873~1946. 미국의 신실재론 철학자, 심리학자, 프로이트 연구자, 윤리학자. 하버드대학 교수, 프린스턴대학 교수를 지냈다.

이러한 점 위로 아주 많은 선과 면이 교차하면서, 그리하여 보이는 것이 바로 확연하게 나타나는 것이라고 여긴다. 이렇게 확연하게 나타나는 것은 도리어 모두 기존재하는 것이다. 그래서 착오, 상상 및 기억이 모두 객관적인 것이고, '심'에서 독립적인 것이며, 이를테면 감각기관 지각이 역시 마찬가지로 이러한 것이다.

포괄적 객관론은 지식이 단지 아는 자(Knower)의 주관과 아는 것(Known)의 객관 사이의 일종의 관계에서 존재하는 것뿐이라고 여긴다. 예컨대 지식의 대상이 규율, 원리 등이라면, 이러한 규율과 원리들이 또한 이성에 의해 창조되는 것이 아니다. 그래서 이성의 대상이 또한 '심'에 기대어 존재하는 것이 아니다.

포괄적 객관론은 비록 아는 자(Knower)의 자아를 극히 훼손하고자 하지만, 도리어 아는 자(Knower)와 아는 것(Known) 사이의 관계를 승인하며, 그 관계가 대부분 개인이 주의하고 선택하며 흥미를 갖는 활동에서 비롯된다고 여긴다. 대다수의 포괄적 객관론자는 모두 '의식(Awareness)'이 경험 속에서 불가결한 요소라는 점을 승인하지만, '의식'의 대상은 독립적으로 외계에 있는 것이다.

(2) 행위주의

행위주의 역시 심적 관계설과 마찬가지로 '심'이 어떠한 특별한 실물적 존재라는 점을 부인한다. 모든 지각, 기억, 생각 및 일체의 심리 과정이 모두 신체기구의 반응이다. 인류의 일체의 행위를 행위주의자는 단지 '자극(Stimulus)'과 '반응(Response)'이라는 두 종류의 요인으로 그것을 해석한다. 그래서 인식이 또한 자극과 반응의 관계인 것에 다름 아니다.

2) 포괄적 주관론(Pan-subjectivism)

포괄적 객관론은 '심'의 활동과 '심'의 내용을 일종의 물物의 형식으로 변화시키는데, 포괄적 주관론은 도리어 경험 속의 '물'적 특색을 심心의 성질로 변화시킨다. 포괄적 주관론은 경험을 심리 상태 밖의 것으로 믿는 것은 불가능한 것이라고 여긴다. 어떠한 것도 아는 자(Knower)의 마음속에 존재하지 않는 것이 없다.

인식의 일원론 내에서 주관에 치우치면 바로 유아론(Solipsism)이 된다. 유아론은 '앎'이란 것이 자신의 내심의 경험을 넘어설 수 없는 것이라고 여긴다. 이 단어는 '홀로'와 '자신'을 뜻하는 라틴어 Solus와 ipse에서 나온 것이며, "단지 내가 있다"는 뜻이다. 하지만 이 설은 논리학에 있어서는 통하지 않지만, 심리학적 방법에 있어서는 도리어 일정한 이치가 담긴다.

3) 중립적 일원론(Neutral monism)

중립적 일원론자는 경험이 심心을 가지고 해석할 수 있을 뿐 아니라, 물物을 가지고도 해석할 수 있는 하나의 단위라고 여긴다. '심'의 방면과 '물'의 방면이 모두 마찬가지로 근본적인 것이고 중요한 것이라고 여긴다. 경험 내용이 '물'이 되거나 혹은 '심'이 되는 것은 즉 그것 사이의 연락성에 의해서 옮겨지는 것이라고 본다. 만약 경험을 아는 자(Knower)의 활동에서 독립적인 것으로 삼는다면, 경험에는 유물적 색채가 있는 것이다. 만약 경험이 아는 자의 '심'과 관계가 있는 것이라면, 즉 경험은 바로 '심'적 상태이다. 그래서 경험은 중립적인 것이며, 우리가 물리학적 관점에서 그것을 해석할 수 있을 뿐 아니라, 심리학적 관점으로부터도 그것을 해석할 수 있다는 것이다.

중립적 일원론은 이따금 '동일론(The identity theory)'으로도 불리는데, 왜냐하면 그것이 '심'과 '물'의 성질을 서로 같은 것이라고 믿기 때문이며, 즉 동일한 본질을 두 방면으로부터 볼 수 있다는 것이다. 러셀(B.Russell)[8]-

---

8_ 1872~1970. 영국의 철학자, 수리논리학자, 윤리학자, 심리철학자, 과학철학자. 케임브리지

은 비록 자신을 중립적 일원론자라고 부르지만, 도리어 그것은 본체론에 있어서 말하는 것이다. 인식론의 중립적 일원론자로는 페리(R.B.Perry)[9]-를 꼽을 수 있다. 그는 '심'이라는 글자로 이 두 가지의 본질을 표시하기는 하지만, 도리어 내성과 관찰로 표시되는 것이 서로 다른 두 가지 방면이라고 믿는다. 비록 두 가지 방면이지만, 도리어 상호 쓰임새가 있을 수 있고, 상호 보완이 될 수 있다. 제임스(W.James)[10]-의 철저한 경험론(Radical Empiricism)에 이르러도 이러한 종류의 경향이 있다.

인식의 중립적 일원론은 절대로 본체의 중립적 일원론과 서로 혼동되어서는 안 된다. 본체론에 있어서 이른바 중립이라는 것은 일종의 특성이 없는 실질을 가리키는 것이다. 또한 과학적 분석의 최후의 결과인 것이며, 그것이 심心이 아닐 뿐 아니라, 물物이 역시 아닌 것이다.

대학, 시카고대학 등의 교수를 지냈다. 1950년 노벨문학상을 받았다. 1920년 10월 12일부터 1921년 7월 11일까지 중국인들을 위한 전국 순회 강연 목적의 초청에 응해 중화민국을 방문하기도 했다. 상하이 중국공학, 베이징 강학사講學社, 상지학회尚志學會 등 초청으로 상하이로 입국하여 당일 대동여관大東旅館에서 장둥쑨, 쉬첸徐謙 등 백 명 이상의 축하객들이 연 환영 연회에 참석 후 '전통문화 발양', '사회개조 원리' 등을 주제로 상하이 및 장쑤성 일대 강연을 시작했다. 항저우杭州와 난징南京으로 강연을 이어간 뒤 10월 31일 창사長沙행에 올랐으며 11월 9일 베이징北京에서 열린 량치차오 초청 환영 연회에 참석하였다. 국립 베이징고등사범학교, 국립 베이징여자고등사범학교에서 강연하고 국립 베이징대학에서는 객원강사로 임명된 뒤 학내 및 부근 교육단체에서 여러 차례 강연하였다. 순회 강연에서는 자오위안런趙元任이 통역을 주로 했고 딩원장丁文江 등이 북부 지역 통역을 보조했다. 러셀은 '학문연구 방법', '교육의 효용', '철학의 문제', '사회구조 연구', '수리 논리학', '중국의 자유의 길' 등의 주제에 대해서도 강연하였다. 1921년 3월 중순에는 순회 강연 중 피로로 인한 폐질환으로 인해 베이징의 독일계 병원에 2개월 간 입원해 치료를 받기도 했다. 1921년 7월 7일 베이징 중앙공원中央公園에서 베이징 강학사 발기인 량치차오, 국립 베이징대학 총장 대리 장멍린蔣夢麟, 통역 딩원장(베이징 지질학연구소) 등 다수 참석자들이 자리한 가운데 송별 연회에 참석한 후 영국에 돌아갔다.

9_ 1876~1957. 미국의 신실재론 철학자. 하버드대학 교수를 지냈다.

10_ 1842~1910. 미국의 실용론 철학자, 심리학자, 종교학자. 하버드대학 교수를 지냈다.

3. 인식의 비판론(Epistemological criticism)

인식론에 있어서의 비판론은 그것이 이원론과 일원론의 학설에 만족하지 않은 데서 비롯된 것이다. 그것이 전통적 이원론에 만족하지 않은 것은 이원론이 경험을 두 가지로 나누었기 때문이 아니라, 그들이 단지 경험을 두 가지로 나누는 데서 그쳤기 때문이다. 비판적 인식론은 이원론이 단지 문제의 서술이지, 문제의 해결이 아니라고 여긴다. 그것은 이원론의 주요 전제를 승인하지만, 도리어 이원론에서 한 걸음 더 나아가 경험 속에서 '심'과 '물'의 성분이 어떻게 연합되는가를 설명한다. 인식의 일원론에 대해 비판적 인식론은 즉 그것이 실증을 거치지 않은 간단화라고 여긴다. '심'의 성분을 '물'적인 것으로 변화시키거나, 혹은 '물'의 성분을 '심'적인 것으로 분화시키는 것이 모두 독단을 범하는 것이라고 여긴다.

비판적 인식론은 두 방면으로 나누어 토론할 수 있는데, 하나는 실재론이고, 하나는 유심론이다. 실재론이라는 이 파는 근래에 들어서 나온 학설이고, 즉 이른바 비판적 실재론이다. 유심론이라는 이 파는 즉 칸트의 학설이며, 통상적으로 또한 선험론이라고도 부른다. 이 두 파는 모두 세 가지의 것을 하나의 세트로 엮는다. 즉 말하자면, 지식 속에는 세 종류의 요소가 있다고 보는데, (1) 외재적 객체이고, (2) 자료(Data)인데, 즉 주관과 객관이 서로 만나 일어나는 지식 내용이며, (3) 주관적 '앎'이다. 신파와 구파가 다른 구석은 신파(혹은 실재론)에서는 객관의 성질을 더욱 확정하고, 구파(즉 유심론)에서는 주관적 특성의 연구에 더욱 무게를 둔다는 점이다. 비판적 인식론과 밀접한 관계가 있는 현상론을 우리가 또한 이 두 파를 토론한 뒤에 고찰해 보기로 한다.

1) 비판적 실재론(Critical realism)

미국의 드레이크(D.Drake),[11]- 러브조이(A.O.Lovejoy),[12]- 프랫(J.B. Pratt),[13]- 로저스(A.K.Rogers),[14]- 산타야나(G.Santayana),[15]- 셀러스(R.W. Sellers),[16]- 스트롱(C.A.Strong)[17]-이라는 7명의 저자가 함께 한 권의 책을 집필하였는데, 『비판적 실재론 논집(Essays in Critical Realism)』(1920)이라고 하며, 바로 비판적 실재론의 첫 번째 목소리였다. 그들은 유심론에서 우리가 단지 '심'의 내용만을 알 수 있다고 일컫는 데 반대하고, 또한 실재론에서 우리가 지각하는 것이 단지 '물'에 다름 아니라는 데도 반대한다. 동시에 또한 유심론과 신실재론에서 지식이 발생할 때는 아는 대상이 '심' 안에 있는 것이라고 주장하는 데도 반대한다. 비판적 실재론은 주관적 유심론에 반대하는데, 왜냐하면 주관적 유심론은 우리 경험 속의 '외부(Out-thereness)'를 설명할 수 없기 때문이다. 주관적 유심론을 믿으려면, 반드시 '앎'에는 경험을 외부로 투사하는 능력이 있다고 믿어야 하는데, 사실상은 이러한 종류의 능력이 없다고 여긴다. 반대로, 그것은 또한 소박한 실재론자와 신실재론자를 비평하면서, 그들이 '외부'의 감각 성질을 너무 믿는다고 여긴다. 그것은 실재론파가 '심'을 단지 선택 작용을 지니는 생각에 다름 아닌 것으로 변화시키는 것은 잘못된 것이라고 여긴다. 그것은 다른 사상들보다 그들의 사상에 더욱 정확한 견해가 담긴다고 믿는다.

비판적 실재론은 지식 정황 속에는 세 가지 요소가 있다고 여기는데,

11_ 1878~1933. 미국의 철학자, 비판적 실재론자, 인식론 연구자, 종교 연구자, 윤리학자. 하버드대학 석사, 컬럼비아대학 박사. 바서대학, 웨슬리언대학 교수를 지냈다.

12_ 1873~1962. 미국의 철학자, 인식론 연구자, 역사학자. 하버드대학에서 제임스(W. James)와 로이스(J.Royce)에게서 철학을 배웠다. 존스홉킨스대학, 미주리대학, 세인트루이스 워싱턴대학 교수를 지냈다.

13_ 1875~1944. 미국의 심리학자, 철학자. 윌리엄즈대학 교수를 지냈다.

14_ 1868~1936. 미국의 철학자, 심리학자, 윤리학자. 미주리대학 교수를 지냈다.

15_ 1863~1952. 스페인 출신의 미국 철학자. 하버드대학 교수를 지냈다.

16_ 1880~1973. 캐나다 출신의 미국 철학자, 종교학자, 진화론적 자연주의 연구자. 미시간대학 교수를 지냈다.

17_ 1862~1940. 미국의 심리학자. 시카고대학, 컬럼비아대학 교수를 지냈다.

(1) 외부 사물이고, (2) 심리 영상이며, (3) 내함(Essence)인데, 이것은 '심'
도 아니고 '물'도 아닌 것이다. 바꿔 말하면, 이것은 '자료(Data)'가 아니고,
논리의 실질이다. 우리가 외계 사물을 알 수 있는 것은 바로 '자료'에서 비
롯된다. 그들 중에서 또한 일부는 '자료'가 일종의 존재자라고 믿는다. '자
료'가 현실적 존재자이든 아니면 잠존적 존재자이든지 간에 그것이 지식의
중간자라는 점은 도리어 모든 비판적 실재론자가 공인하는 것이다. 아는
자(Knower)의 '심'이 '자료'를 감지해 내면, '자료'가 또한 아는 자의 '심' 속
에서 객관에 있어서의 아는 것(Known)의 사물을 표현해 내는 것이라고
여긴다. 결과적으로, 지식은 전달될 수 있는(Transitive) 것이고, 관계를 갖
고 있는(Relevant) 것이다. 이른바 지식이 전달될 수 있다는 것은 아는 자
(Knower)의 '심'이 '자료'를 빌려서 심계로부터 물계로 도달할 수 있다는
것을 말한다. 이른바 지식이 관계를 갖고 있다는 것은 물질이 '자료'로부터
성질이 부여될 수 있다는 것을 말한다. 외계 사물의 성질이 '자료'의 의미와
상호 부합하면, 지식은 바로 진실인 것이고, 외계 사물의 성질이 '자료'의
의미와 부합하지 않으면, 지식은 바로 거짓인 것이다.

2) 현상론(Phenomenology)

비판적 실재론과 매우 관계가 있는 일종의 인식론이 바로 현상학이다.
만약 '순수한 의식'을 가지고 비판적 실재론의 '내함(Essence)'을 대체한다
면, 비판적 실재론은 바로 현상학과 매우 비슷하다. 후설(E.Husserl)이
현상학의 선구자이다. 그는 철학에는 그 자신의 제재와 원리가 있어야
한다고 믿는다. 철학은 지식의 설명자가 아닐 뿐 아니라, 지식의 판정자
도 아니라고 여긴다. 신실재론은 경험을 '심心'적 조건과 분리하는데, 그는
도리어 한 걸음 더 나아가 경험이 사물 및 시간 관계와도 모두 분리된다
고 여긴다. 그는 '순수한 의식'을 연구하고자 한다. 그는 철학의 첫 번째
임무는 응당 '체험' 및 '순수한 의식'과의 상호 관계에 주의하는 것이어야

한다고 여긴다. 현상학은 의식 속의 일체의 존재자를 취소하고자 하며, 그 존재자를 '순수한 의식'적 특색으로 삼아서 연구한다. 그들은 직접적 경험 이외의 모든 것은 비확정적인 것이라고 여기며, 직접적 경험 속의 요소가 확정적인 것이다. 순수한 의식적 특성은 필연적인 것이고, 귀납에서 나오는 것이 아닌데, 왜냐하면 귀납에는 결점이 존재한다고 믿기 때문이다. 직접적 경험의 원리는 보편적인 것이고, 선험적인 것이며, 모든 과학의 무조건적인 우선적 가설이다.

현상학자가 아는 자(Knower)에게 있는 기관 자체를 논한다는 것은 비판적 실재론자와 비슷한 점이지만, 비판적 실재론자는 객관적 실재가 도리어 보다 확실하고 실제적인 것이라고 믿는다. 현상학자는 비록 '순수한 의식'을 공간적이고 심리적인 영역과 분리하기는 하지만, 도리어 '체험'이 결국은 '심'과 서로 연결이 되는 것이라고 여긴다. 사실, 현상학은 칸트의 인식의 비판론과 매우 유사한 구석이 있는데, 우리는 뒤로 넘겨 그것을 논하여 본다.

3) 선험론(Transcendentalism)

비판적 실재론에서 일컫는 '자료'는 칸트가 일컬은 현상계와 퍽 유사하다. 하지만 비판적 실재론은 '자료'의 조직이 물체의 패턴(Pattern)에서 비롯된다고 여기지만, 칸트는 즉 현상의 안배가 '심'의 주관적 작용이라고 믿는다. 칸트가 이러한 문제를 토론한 것은 과학이 어떻게 가능할 수 있는가를 입증하고자 한 데 있었다. 규율과 조리가 어떻게 다면적이고 잡란한 감각 인상으로부터 세워질 수 있는 것일까? 칸트는 이러한 작업이 마침 선험적 종합 판단의 가능성을 표시해주기 충분한 것이라고 여긴다. 칸트는 지식에는 세 종류의 기관 능력이 있다고 여기는데, (1) 감성感性(Sensibility)이고, (2) 오성悟性(Understanding)이며, (3) 이성理性(Reason)이다. 감성에 있어서는 바로 시공의 직각이라는 선험적 격식이 있다. 시공이 있어야 비로소 감각 인상이 있다. 우리는 감각 인상을 받으면, 어떠한 사실과 어떠한 사실의 관계를 아는데, 모두 시공 위에서 세워지는 것이다. 오성에 있어서 또한 선험적 격식이 있는데, 바로 범주이다. 범주에는 여러 가지가 있는데, 이러한 범주의 작용들을 경과해, '심'이 사실을 통일성을 지닌 것으로 조직 하며, 그것을 자연율自然律, 즉 인과적 법칙으로 해석할 수 있다고 여긴다. 이성에 있어서도 이러한 종합 능력이 있는데, 그것은 바로 '이념'이다. 이념 이 최고의 종합 능력이다. 이로부터 칸트는 도리어 실천 이성 방면으로 넘어가 인류로 하여금 믿음과 생명 안전의 만족을 얻어낼 수 있게 하였다.

4. 인식의 진화론(Epistemological evolutionism)

이러한 학설은 지식과 실재의 관계 문제에 있어서 진화설이 어떠한 영향 을 끼쳤는가를 말해준다. 이러한 학설 속에서는 실재론적 방면이 있고, 유 심론적 방면이 있다. 창발적 진화론은 바로 실재론적 관점에 서 있는 것이 고, 실용론은 바로 유심론적 관점에 서 있는 것이다. 창발적 진화론은 '심' 이 자연의 제어를 받는다고 여기며, 실용론은 즉 '심'이 자연을 제한하는 자라고 여긴다. '심'이 자연의 결과이든, 아니면 자연의 제어자이든지 간에, 요컨대, 이 두 파는 모두 의미와 가치에 있어서 '심'이 자연과 하나가 되는 것이 아니다.

1) 창발론(The theory of emergence)

창발론은 모건(C.Lloyd Morgan)으로부터 시작됐으며, 이러한 학설에 의거하면, 진화는 층위를 타고 올라가는 단계적 계통이고, 중간에 매우 많은 층위가 있는데, '심'은 바로 비교적 높은 하나의 층위이다. 매 하나의 단계는 매우 복잡할 뿐 아니라, 전 단계에서는 없었던 새로운 특성을 갖 는데, 이는 아래층에서는 없었던 것이다. 따라서 물리, 화학, 생물학적 원리를 포함하는 것을 제외하고도, 이밖에 순수한 심리적 특성을 역시 갖는데, 합리화 등의 원리로는 해석할 수 없는 것이며, 이것이 즉 마음이다. 이러한 학설에 의거하면, '심'은 사물을 생겨나게 하지 못할 뿐 아니라, 사물의 원소와도 같은 것이 아니다. '심'과 '물'의 관계는 '같은 공시적 병존 상태(Compresence)'에 있는 것에 다름 아니다. 두 가지가 함께 있을 때 바로 경험이 있는데, 왜냐하면 '심'은 '심'이 아닌 어떠한 것을 택해서 그 대상으로 삼기 때문이다. 이는 확연히도 실재론의 관점에 서 있는 것이다. 그러나 '심'이 기왕 일종의 새로운 산물인 바에야, 즉 자아가 또한 자유로운 것이라는 점을 논증하는 데 사용할 수 있다.

2) 실용론(The theory of pragmatism)

실용론은 주된 뜻이 '심'은 자연을 바꾸는 성질이 있고, 그것이 자연으로 하여금 지식의 표준에 일치되게 할 수 있다고 여기는 데 있다. '심'이 존재자가 되는 것은 왜냐하면 지혜가 진화 과정 속의 일종의 적응인 것이기 때문이다. 이러한 종류의 적응은 지질학, 화학, 생물학적 적응과 별개의 것이 아니다. 생물은 '심'을 도구로 삼는다고 본다. 그래서 '심'은 무용한 부산물이 아니라, 생명을 유지하게 하는 것이다. 인간은 과거에는 비록 자연의 산물이었지만, 미래에는 도리어 자연의 창조자라고 여긴다. 그가 목전에 대처하는 것은 바로 과거의 경험을 이용해 장래의 생활로 하여금 보다 풍족해지도록 하기 위함이다. 그들은 개념과 관념의 진위 여부에 대해서는 반드시 그것이 실제 사실을 다루는 데 있어서 성공적인가 여부를 봐서 전이되어야 하는 것이라고 여긴다.

3) 직접론(The theory of immediation)

실용론과 관계가 있는 것은 바로 베르그송의 학설이다. 이러한 설은 직접론이라고 부를 수 있다. 베르그송과 실용론은 모두 이성이 우리로 하여금 물계를 제어할 수 있게 한다고 믿는다. 그러나 실용론은 자연계 속에서의 사물의 지위를 부인하지 않는다. 하지만 베르그송은 사물이 단지 하향식 운동인 것에 다름 아니라고 여긴다. 그것은 상향식 운동인 생명력과 상호 반대되는 것이다. 따라서 베르그송이 보기에는, 비록 지혜는 일종의 제어 방법이고, 인류 사회 역시 가치가 있는 것이지만, 그것이 도리어 실재를 통찰할 수는 없다. 그것은 정지되고, 공간성을 지니며, 기계적인 것을 연구할 수밖에는 없다. 진정한 실재는 오직 직각이 있어야만 비로소 뚫어낼 수 있다. 바꿔 말하면, 자연과 생명의 과정은 순간마다 만변하면서 앞을 향해 매진되는 것이므로, 우리는 그러한 종류의 실재계를 움켜쥐기 위해서는 오직 직각을 사용할 수밖에 없으며, 이성은 그것을 해낼 수 없는 것이다. 이성은 단지 기호를 연구할 수 있지만, 기호는 틀에 박힌 것이고, 생명을 지니지 않는 것이다. 그래서 직각이 실재의 자물쇠를 여는 열쇠이고, 단지 그것을 사용해야만 우리가 비로소 자유롭고 창조적이며 말로 형용하기 어려운 정신적 흐름을 직접적으로 통찰할 수 있다고 여긴다. 하지만 우리가 도리어 이성적 노력을 전부 포기할 수는 없다고 여긴다. 왜냐하면 이성은 비록 기호를 운용하는 것이고, 기호는 비록 고정된 형식이지만, 우리는 도리어 새로운 기호를 계속해서 만들어 낼 수 있고, 이로써 세계에 늘 나타나는 신기함을 표시해 낼 수 있기 때문이다.

제 **4** 장
지식의 표준론

진위의 문제는 지식의 정황에서 비롯되는 것이다. 우리는 늘 '앎'이라는 것의 판단이 알게 한 사물을 충분히 대표할 수 있는 것인가를 알고 싶어 한다. 그래서 진위를 나누는 이러한 판단의 표준이 어디에 있는가를 연구하지 않을 수 없다.

우리가 하나의 판단이 객관적 정황을 진실 되게 대표할 수 있다고 하는 것은 즉 판단이 바로 진실이라는 것을 말한다. 사실, 이러한 종류의 견해는 진리를 탐구하는 데 있어서 장애가 될 수 있다. 진리를 위해서 하나의 정의를 내리는 것은 아무래도 쉬운 일이지만, 내린 정의를 입증하는 것은 도리어 매우 어려운 일이기 때문이다. 우리는 우리 판단이 사실에 부합하는가 여부를 어떻게 알 수 있는 것일까? 우리는 어떻게 해야 경험 속의 '심'과 외계 정황의 성분이 일치되게 할 수 있는 것일까?

사상사에 있어서, 진리의 표준에 관해서는 세 가지 큰 학설이 있는데, (1) 상응설이고, (2) 부합설이며, (3) 효용설이다. 첫 번째 종류는 대부분 실재론자가 주장하는 것이고, 두 번째 종류는 대부분 유심론자가 주장하는 것이며, 세 번째 종류는 실용론자가 주장하는 것이다. 현재 하나씩 그것을 서술하여 본다.

1. 상응설(The correspondence theory of truth)

상응설은 내심과 외물이 일치하거나, 혹은 '심' 속의 개념이 여실하게 객관계의 정황을 대표할 수 있다면, 바로 참된 지식이라고 여긴다. 그러나 이러한 학설은 진리 문제에 대해 크게 도움을 주지 못할 수 있다. 왜냐하면 문제는 여전히 존재하는데, 어떻게 해야 상응이 되는 것인가? 가 바로 그것인 것이다.

우리는 '심'과 '물' 사이에 일종의 상응하는 면이 있고, 혹은 경험의 주관 방면이 또렷하고, 분명하며, 살아 숨 쉬듯 현현되면 즉 주관과 객관 사이가 바로 상응되는 것이라고 말할 수 있다. 그러나 이러한 종류의 표준은 믿을 만한 것이 아닌데, 왜냐하면 우리에게 아주 착오적 관념이 있더라도, 또한 매우 강렬하고 확정적이기 때문이다. 지능이 높지 않은 사람, 매우 어린 아이, 내지 환상하는 사람에게도 모두 매우 또렷한 관념이 있지만, 도리어 그들의 관념이 정확한 것이라고 말하는 사람은 없다. 사실 정확하지 않을 뿐더러, 꼭 믿을 수 있는 것이 아니며, 위험한 것일 수도 있다.

만약 상응이 진리의 유일한 표준이라면, 어떠한 사람이든지 간에 모두 심적 영상이 외계 사물을 여실하게 대표하는 것이라고 결코 단정할 수 없다. 최후를 분석해 볼 때, 우리는 반드시 지식이 외계에 어필할 수 있다는 점을 가정해야 한다. 상응설을 수정하기 위해서는 반드시 부합설과 기능설을 채택해서 그것을 보충하여야 한다. 우리가 지각과 실물에는 관계가 있다고 믿는 것을 입증하는 것은 합리적이지 않은 일이 아니다. 경험 전체의 정황을 사용하면, 즉 그것을 입증할 수 있다. 만약 관념이 실물과 일치하지 않는다면, 즉 관념에는 실물에 있는 특성이 담길 수 없다. 부합설에서 보기에는, 관념이 갖가지 실물과 일치하는 것이 바로 관념의 확실성의 표현이다. 효용설에서 보기에는, 관념은 '앎'이라는 것이 생활 정황에 대처하는 효용성에 도움을 줄 때, 바로 관념과 실재계가 일치하는 표현이다.

2. 부합설(The coherence theory of truth)

부합설은 통상적으로 본체론에 있어서의 절대적 유심론에서 주장하는 것이다.

근래의 철학가, 이를테면 보즌켓(B. Bosanquet),[1] 로이스(J. Royce) 등은 헤겔이 천명한 일종의 진리설에 의존한다. 그들은 진리가 '심' 속의 개별적 사실의 모사에서 그치는 것이 아니라고 믿는다. 그들은 헤겔과 마찬가지로, 사유와 사물이 단지 관념에 있어서 다른 것일 뿐이라고 여긴다. 따라서 근본에 있어서 상응 여부의 문제가 발생하지 않는다. 자연은 바로 사유의 결과이고, 사유의 결과가 또한 바로 실재이다. 종합하면, 절대적 유심론에서 일컫는 진리의 부합설은 하나의 관념이 기타 이미 승인된 관념과 일치하면, 즉 진리인 것이고, 이미 승인된 이러한 관념들이 미치는 사안이 과거의 것이든, 현재의 것이든, 아니면 미래의 것이든 상관이 없다. 만약 하나의 관념이 우리의 지식 계통과 서로 합쳐질 수 없다면, 이 관념은 바로 거짓인 것이다. 그러나 여기서 일컫는 진리와 거짓은 도리어 일반적으로 말하는 것과 꼭 같지는 않으며, 바로 '완전'과 '편면'의 의미에 다름 아니다. 말하자면, 하나는 모순이 없는 것이고, 하나는 모순이 있는 것이다.

3. 효용설(The utility theory of truth)

효용설은 실용론자의 주장이다. 그들이 보기에, 우리의 관념의 진위는 실용적 결과에 의해 정해지는 것이다. 실용론자는 절대적 유심론에서 주장하는 진리의 초인간적 성질을 부인한다. 왜냐하면 실용론자는 다원론자이

1_ 1848~1923. 영국의 철학자, 정치학자. 선과 도덕을 객관적 유심론과 기능주의에 접목하면서 이상주의적 국가를 실현하고자 하였다. 옥스퍼드대학, 세인트앤드루스대학 등의 교수를 지냈다.

고, 경험론자이며, 진화론자이기 때문이다. 그래서 일원론, 이성론, 정靜적 진리(이를테면 부합설에서 말하는 진리)에 반대한다. 실용론자는 생물학, 심리학과 사회학적 관념에 서 있으므로, 시간성에 주의를 기울이는 반면, 부합설은 즉 대부분 영구성에 치우친다.

하지만 이 두 종류의 학설에는 또한 매우 중요한 공통점이 있다. 실용론(적어도 제임스에게 있어서)은 그들의 생활에 적합한 그러한 관념들에 대해 절대적 유심론이 유용한 것이라는 점을 승인한다. 절대적 유심론이 또한 개인 경험에 있어서로 결과가 나타나는 것이 바로 지식 계통과 상호 부합하는 것이라는 점을 승인한다.

제임스는 진리적 정황이 사람을 만족시키는 것은 심리적인 것이라고 여긴다. 하나의 참된 관념은 그것의 작용이 꼭 자연율과 부합할 수 있기 때문이 아니라, 그것이 인간의 도덕, 심미 혹은 종교적 흥취를 제고시킬 수 있기 때문이라고 여긴다. 제임스가 보기에, 하나의 관념의 진위는 대부분 개인적 기질에 의해서 옮겨지는 것이다. 인류의 지혜는 우리에게 보통 진확한 방향으로 보일 수 없기 때문에, 제임스는 우리에게는 '믿음을 구하는 마음'의 권리가 있다고 여긴다. 제임스는 말하길, "최초를 원하는 것-이를테면 원리, 범주 등-이 아니라, 바로 단지 최후를 추구하는 것-이를테면 결과, 결론, 사실 등-이 바로 실용론의 방법이다"라고 하였다. "참된 관념은 우리가 입증할 수 있는 것이고, 동화될 수 있는 것이며, 거짓된 관념은 즉 그러할 수 없는 것이다".

듀이(J.Dewey)와 제임스에게는 또한 중요한 다른 점이 있다. 제임스는 생활을 위해 지식을 얻고, 듀이는 지식을 위해 생활한다. 제임스는 참된 관념은 사유에 있어서의 곤란을 해결해 줄 수 있는 것이라고 여기고, 듀이는 즉 참된 관념은 환경 속의 문제를 해결해 줄 수 있는 것이라고 여긴다.

제 **5** 장
인식의 다원론

　인식의 다원론은 저자 자신의 주장이다. 본 장은 전적으로 저자 자신의 주장을 서술한다. 앞의 네 장은 인식론에 있어서의 모든 갖가지 문제와 갖가지 가능한 답안을 진술한 것이다. 하지만 반드시 이 장에 적절한 분량을 미리 남겨주어야 하므로, 앞선 네 장은 최대한 간결하게 개괄하지 않을 수 없었다. 다행히 독자들은 단지 인식론의 제재가 무엇인가를 알 수 있기만 하면, 한 걸음 더 나아가 깊은 연구를 진행할 수 있다. 앞선 네 장의 목적은 완전히 이 장을 위한 도입부에 다름 아니었던 것이다.

　인식의 다원론(Epistemological pluralism) 혹은 지식의 다원론(A pluralistic theory of knowledge)은 인식의 일원론과 다르고, 인식의 이원론과도 다르다. 나의 이 설은 아는 자(Knower)를 아는 것(Known)에 흡수시키지 않을 뿐 아니라, 아는 것을 아는 자 안에 병합시키지도 않는다(이러한 것들은 인식의 일원론에서 의도하는 것이다). 나의 이 설은 도리어 인식의 이원론과도 다른데, 왜냐하면 그것은 단지 아는 자와 아는 것의 대립을 승인할 뿐, 대체로 비교적 간단하기 때문이다. 나의 이 설은 물론 인식의 비판론 중의 한 종류이다. 하지만 앞 장에서 서술했던 그러한 몇 종류의 비판론과는 매우 중요하게 다른 점이 있다. 예컨대 비판적 실재론은 삼원론인데, 왜냐하면 그들은 아는 자(Knower)의 심心과 아는 것(Known)의 물物 외에

102　•제2부 인식론_1934 •

이른바 '내함(Essence)'이 있다고 주장하기 때문이다. 칸트의 비판 철학은 약간 모호하기는 하지만 여전히 이분법을 사용하는데, 왜냐하면 그가 '원료'와 '격식'을 분리한 것은 후자가 층차적으로 추진된다는 점을 말하기 위한 것에 다름 아니었기 때문이다. 나의 인식의 다원론은 대체로 여전히 칸트의 이러한 궤도를 따르는 것이라고 말할 수 있다. 하지만 중요한 면에 있어서는 도리어 다른 점이 있다. 바로 나는 격식을 순전히 주관적인 입법의 작용으로만 귀결시키지 않는다. 나는 칸트처럼 외계에 조리가 없다고 여기지도 않는다. 나는 칸트처럼 '부여되는 감각'을 지식의 질료로 삼지 않는다. 나는 감각이 우리에게 조리 있는 지식을 부여해 줄 수 없다고 주장하는데, 이는 비록 칸트와 서로 같은 것이지만, 나는 도리어 조리가 완전히 '심'의 종합 능력만으로 생겨나는 것이 아니라고 주장하는데, 이것이 칸트와 다른 부분이다. 따라서 내가 승인하는 것은 외계에 그 조리가 있고, 내계에 역시 그 입법이 있으며, 내계의 입법이 또한 두 종류로 나뉘는데, 하나는 직각에 있어서의 선험 격식이고, 하나는 사유에 있어서의 선험 격식(이러한 점은 칸트와 비슷하다)이며, 감각에 이르러는 즉 진정한 '존재자'가 아니라는 것이다. 그래서 나의 이 설에는 몇 가지 방면이 있으므로, 다원론이라고 이름한다.

1. 감각에 대한 인식의 다원론의 견해

인식론에 있어서는 어떠한 학설도 거의 모두 감각을 지식의 기본 재료로 삼는다. 즉 칸트에게는 또한 '다면적 드러남(The manifold)'이라는 하나의 용어가 있는데, 그것이 직각적으로 '부여되는 것(The given)'이라고 여긴다. 신실재론은 즉 그것을 '감각 자료(Sense-data)'로 이름한다. 그것을 '감각(Sensation)'이라고 이름하지 않고 '감각 자료(Sensum)'라고 이름하는 까닭은 즉 이러한 감각 내용이 독립적이라고 믿으려는 데 있다. 본 절에서 바로 이 점을 토론하려고 한다.

　인식의 다원론에서 보기에, 감각 자료는 비록 '부여되는 것'이지만, 도리어 결코 외계 사물을 여실하게 표시하는 것이 아니다. 그 자체가 결코 외계 사물로서의 '존재자(The existent)'가 아니다. 하지만 또한 '심' 안에 존재하는 것이 아니다. 그것은 하나의 중간물일 뿐, 세계에 존재하는 것이 아니다. 이는 마침 이른바 '환상(Illusion)'과 성질에 있어서 비슷하다. 우리 일반인들은 꽃이 빨간색이라고 보지만, 색맹인 사람은 보라색이라고 본다. 사실 이러한 감각은 본인에게 있어서는 모두 진짜이다. 현재 여전히 빛깔을 예로 삼아 한 걸음 더 나아가 설명을 하여 본다.

　드레이크(D.Drake)가 『마음과 그것의 자연적 지위(Mind and its Place in Nature)』(1925, pp.110~131)에서 든 예는 매우 흥미롭다. 그는 빨간색과 파란색의 체크 무늬의 옷감은 조금 멀리서 볼 때 기필코 보라색의 옷감으로 보인다고 말한다. 이는 바로 빨간색과 파란색이라는 두 빛깔이 상응하는 거리 아래에서 보라색으로 변할 수 있다는 점을 말한다. 다른 종류의 빛깔이 또한 이렇게 보일 수 있다는 점을 우리가 어찌 모르겠는가? 그래서 그는 모든 갖가지가 또한 이와 마찬가지인 것이 모두 여실하게 이러한 것이 있는 것이 아니라, 우리로부터 생겨나는 것이라고 말한다. 기왕 내적으로 생겨나는 것이고, 외계에 있는 것이 아니라면, 즉 우리는 감각이 외계 사물의 생김새가 아니고, 또한 외계 사물의 번역물인 것도 아니라, 바로 마침 얼마만큼 없던 것이 있게 되는 것과 같다는 점을 알 수 있다. 하지만 보라색은 비록 빨간색이 아니고 파란색도 아니지만, 만약 빨간색과 파란색이 없다면 즉 보라색이 역시 기필코 성립할 수 없다. 피차 간에 확실히 하나의 상관적 관계가 있다는 점을 알 수 있다. 비록 외계가 무엇인가를 우리는 알 수 없지만, 외계 사물과 우리의 감각기관 인상이 일정한 관계 아래에 놓일 때는 확실히 상관적 변화가 있는 것이다. 바로 우리의 감각기관에 홀연 변화가 있게 되면, 즉 우리는 기필코 외계 사물에 또한 변화가 있는 것이라고 말할 수 있다. 단지 이러한 상관적 변화에 있어서 우리 감각기관과 외계 사물에 여전히 상응이 있는 것이다. 그리하여 우리는 감각 내용이 사실 외계 사물과 별개의 것이며, 바꿔 말하면, 즉 완전히 외계 사물의 원래 모습이 아니라고 단언할 수 있다. 게다가 우리는 절대로 외계 사물의 원래 모습을 알 수 있는 방도는 없는데, 왜냐하면 가장 직접적으로 부여되는 것은 단지 감각 밖에 없기 때문이다. 감각은 비록 외계 사물과 별개의 것이고, 결코 꼭 같을 수가 없지만, 그 사이에는 도리어 하나의 상관적 변화가 있다. 그래서 이러한 점으로 말해서, 나는 비록 감각이 단지 부호일 뿐이라고 주장하지만, 도리어 안이 텅 빈 것이라고는 말하지 않는다. 나는 여기서 여전히 실재론의 태도를 취하기를 원한다. 하지만 신실재론과는 완전히 상반된다. 신실재론자, 이를테면 브로드(C.D.Broad)[1]는 매 하나의 감각 자료(Sensa)가 본체에 있어서 모두 그것의 지위를 지니며, 엄연히 하나의 '존재자(The existent)'라고 여긴다. 나는 모든 감각 내용은 전부 '비존재자(The non-existent)'라고 여긴다.

드레이크는 말하길, "의식으로 나타나는 성질은 존재적으로 여실한 것이 아니다(The qualities that appear to consciousness are not existentially real)"라고 하였다. 비판적 실재론이 확실히 신실재론보다 진보한 것이라는 점을 발견하기 충분하다. 감각 자료들이 '비존재자'라는 것은 생리학에 있어서도 입증될 수 있는데, 최근에 아드리안(E.Adrian)[2]은 전해지는 신경 흐름이 전부 마찬가지이며, 그 내부에서 빛깔, 소리, 냄새, 온도 등으로 나뉘는 것이 다르다는 점을 발견하였다. 결코 이상한 일이 아니다. 현재 나는 한편으로 감각 자료가 비존재자라는 점을 승인하며, 다른 한편으로는 또한

1_ 1887~1971. 영국의 인식론 연구자, 실재론 철학자, 심리학자, 윤리학자. 브리스틀대학, 케임브리지대학 교수를 지냈다.

2_ 1889~1977. 영국의 생리학자, 심리학자. 1932년 노벨 생리학·의학상을 받았다. 케임브리지대학 교수를 지냈다.

이러한 비존재자적 감각 자료가 그 배후의 것과 상응하는 상관적 변화를 갖는다는 점을 승인하지 않을 수 없다. 인식의 다원론은 그리하여 외계 존재가 감각 자료가 아니라, 바로 단지 이러한 상관적 변화에 다름 아니라고 주장한다. 여기서 나의 주장은 루이스(C.I.Lewis)[3]가 『마음과 세계 질서(Mind and the World-order)』(1929)에서 말한 것과는 서로 같지 않다. 그는 말하길, 부여되는 것은 단지 추상에 불과하고, 그 때의 전체 경험 속으로 짜여들지 않는 것이 없으므로, 결코 흩어진 채 성립하는 것은 없다고 하였다. 그는 칸트가 일컬은 '다면적 드러남(The manifold)'이라는 것이 단지 하나의 허구(Fiction)에 불과하다고 여긴다. 그는 부여되는 것이 그때의 전체 경험 속에 짜여들지 않는 것이 없다고 주장하였는데, 이러한 점은 원래 매우 맞는 것이다. 하지만 이는 감각 자료에 대한 것이며, 그 상관적 변화의 배후에 이르르는 그 확실성과 영구성이 도리어 감각 자료보다 훨씬 더 위에 있다. 그래서 인식의 다원론은 단지 이러한 상관적 변화에 있어서의 외계적 존재가 바로 우리의 '심' 위에서 현시될 수 있는 것이라고 주장한다. 이러한 상관적 변화는 질료가 아니라, 도리어 격식이다. 바꿔 말하면, 우리에게 부여되는 것은 내용이 아니라, 조리(즉 질서)이다. 상세히 말해서, 우리의 감각 내용은 부여되는 것이 아니라, 감각이 변화하는 까닭이 도리어 그것에 부여하는 것이다. 이렇게 말하면, 마치 신실재론과 근본적으로 다른 것 같다. 무릇 실재론에서 존재자로 믿는 것을 나는 비존재자로 믿는다. 무릇 실재론에서 잠재자(Subsistent)로 믿는 것을 나는 즉 존재자로 믿는다. 내가 기왕 잠재자인 것을 존재자로 믿는 바에야 즉 내가 일컫는 실재는 신실재론의 술어를 사용하면, 바로 일종의 잠재자에 다름 아니다. 이른바 잠재자라는 것이 단지 관계, 격식, 조리, 질서 등등에 다름 아니라는 점을 반드시 알아야 한다.

3_ 1883~1964. 미국의 철학자, 심리학자, 논리학자, 개념적 실용론자, 인식론 연구자. 하버드대학, 버클리대학, 웨슬리언대학 교수를 지냈다.

만약 이러한 설을 가지고 칸트와 비교해 본다면, 확실히 다른 점이 있다. 바로 인식의 다원론에서 주장하는 것은 감각 자료에 있어서 우리가 취득하는 것은 재료가 아니라, 바로 격식이라는 점이다. 왜냐하면 재료로서의 감각 자료들을 비존재자로 믿는다면, 이것은 중요한 것이 아니고 지위가 없는 것이기 때문이다. 어쩌면 누군가는 의혹을 가지면서, 만약 부여되는 것이 격식이라면 즉 외계에는 반드시 조리가 정연하고, 질서가 분명한 하나의 세계가 있어야 한다고 여길 수 있다. 나의 뜻은 도리어 이러하지 않다. 외계가 우리에게 부여하는 것은 확실히 격식이고, 조리이지만, 도리어 완전하게 부여되는 것이 아니며, 전체적인 것도 아니라는 점을 알아야 한다. 따라서 우리는 신실재론에서처럼 외계가 하나의 분명한 체계의 세계라고 믿을 필요가 없다. 이 점에 대해서 바로 아래에서 토론하여야 한다.

2. 외계에 대한 인식의 다원론의 견해

외계가 우리에게 부여하는 것은 비록 역시 격식이지만, 도리어 일체의 격식이 모두 외계에서 비롯되는 것은 아니다. 신실재론의 착오가 즉 이러한 점에 있다. 인식의 다원론은 내계에 또한 스스로 그 격식과 조리가 있다고 주장한다. 현재 우선 외계의 조리를 말하여 본다.

인식의 다원론은 모든 질서가 크게 네 종류로 나뉜다고 여기는데, 첫 번째는 외계에 여실하게 속하는 조리이다. 두 번째는 인식에 있어서 사전에 정해진 격식에 속하는 것이다. 세 번째는 논리에 있어서 사전에 정해진 조리에 속하는 것이다. 네 번째는 경험에 있어서로 총괄되는 결과이다. 이 네 종류는 각각의 성질과 범주가 있으므로, 절대 하나로 합병될 수 없다. 신실재론은 그 모든 것을 그 중의 첫 번째로 합병하기를 원하고, 칸트파는 이것들을 모두 그 중의 두 번째로 합병하기를 원하며, 실용론(가장 선명한 이는 이를테면 실러(F.C.S.Schiller)[4]-이다)은 이것들을 모두 그 중의 세 번째로 합병하기를 원한다. 전부 착오에 빠지는 것을 면할 수 없다. 그래서 나는 착실하게 각기 그 성질이 있다는 점을 승인할 뿐, 그것들을 합병시키지 않는다.

인식의 다원론은 외계에 그 본유한 조리가 있다는 점을 승인하지만, 이러한 조리들은 도리어 또한 매우 알기가 쉽지 않은 것이다. 그래서 반드시 세세히 분석을 해야 한다.

나는 이러한 순수한 외계적 조리(Genuine external order)에 대해 본래 매우 의심한다. 뒷날 나는 이러한 종류의 조리가 없지 않지만, 확실히 그것이 매우 적다고 생각되었다. 게다가 이러한 것은 매우 적기는 하지만, 도리어는 이러한 것이 있다는 점이 또한 아주 선명하다. 따라서 우리가 제대로 알기가 쉽지 않다. 나는 이제껏 적극적인 방면에는 세 가지가 있고 발견할 수 있는 것이며, 소극적인 방면에는 단지 한 가지만이 있다고 여긴다. 또한 어쩌면 이 세 가지에 그치는 것이 아니지만, 우리는 도리어 그것을 발견해 낼 방도가 없다. 그래서 부득이 나는 단지 세 가지가 있다고 말할 수밖에 없으며, 그 하나의 소극적인 방면에 이르러는 결코 조리가 아니고, 도리어 또한 외계에 본래 있는 일종의 성질이 아니라고 여긴다. 현재 나는 이 세 가지 조리를 해석하기로 하며, 소극적인 그 한 가지에 관해서는 조리로 보지 않으므로, 그 뒤에서 붙여 논해 보기로 한다.

세 가지 조리는 무엇일까? 나는 (1) 원자성(Atomicity), (2) 연속성(Continuity), (3) 창변성(Creativity)이라고 이름한다. 그 한 가지 소극적인 것은 내가 (4) 가소성(Plasticity)이라고 이름한다. 원자성이라는 단어에 대해서는 의미에 있어서 오해가 있기 쉽다. 사실 나는 절대로 외계에 여실하게 존재하는 원자가 있다고 주장하지 않는다. 물리학에 있어서의 원자론이 심리학에 있어서의 감각론과 같다는 점을 알아야 한다. 그것들은 모두 전체

4_ 1864~1937. 미국의 실용론 철학자, 언어철학자, 인식론 연구자. 영국 옥스퍼드대학, 미국 코넬대학, 서던 캘리포니아대학 교수를 지냈다.

가 부분으로부터 누적되어 이루어지는 것이라고 여긴다. 나는 이를 모자이크 이론(Mosaic theory) 혹은 자기 중심주의파(particularism)로 이름한다. 마치 한 더미의 모래가 있는데, 매 하나의 모래 입자들이 굳은 실체이고, 불변의 단위라고 말하는 것과 같다. 우리는 심리 방면에 있어서 이른바 감각 자료들의 독립적 존재를 승인하지 않는 바에야, 즉 우리는 물리 방면에서 역시 당연히 원자를 '실질의 조각들(Pieces of substance)'로 믿을 필요가 없다. 원자(atom)가 전자(electron)로 나뉠 수 있고 전자가 '파동 입자(Wave-particle)'로 나뉠 수 있는가 등에 관해서는 이를 논외로 하더라도, 이러한 것들은 단지 외계에 원자가 있다는 점을 표시하는 것으로 볼 수 있을 뿐이다. 이른바 원자성이 단지 구조(Structure)에 있어서의 '원자적(Atomic)' 성질에 다름 아니라는 점을 알아야 한다. 외계에 확실히 원자라는 그러한 사물이 여실하게 있다는 것을 결코 말하는 것이 아니다. 원자가 없을 뿐 아니라, 전자 역시 없으며, 파동 입자 역시 없다. 모든 것은 단지 외계적 구조에 있어서 몇몇 단위로 그것들이 나뉠 수 있는 가능성이 있는 것 뿐이다. 원자성은 단지 구조에 있을 뿐이지만, 원자, 전자, 파동 입자가 실질적 입자인 것과 흡사해 보이는 것이다. 나는 만약 상대성 이론의 원리를 물리학에서 충분히 흡수한다면, 바로 이러한 종류의 실질의 극히 미세한 입자가 있다고 주장해서는 안 된다고 여긴다. 이러한 한 차례의 변경은 원자성을 단지 구조 위로 제한하는 것에 다름 아니다. 바꿔 말하면, 즉 원자는 없고, 단지 원자성이 있는 것이다. 다시 바꿔 말해, 즉 실질에 있어서 미세한 입자가 있는 것이 아니라, 단지 구조에 있어서 하나의 이접(Disjunction)의 가능성이 있는 것 뿐이다. 이러한 방면을 설명하기에 가장 좋은 것은 화이트헤드(A.N.Whitehead)[5]의 말이다. 그는 이를테면 A와 B라는 두 가지 사건(Event)이 있으면, 그 사이의 관계는 네 종류로 나뉠 수 있는데, (1) A가

5_ 1861~1947. 영국의 철학자, 형이상학자, 수학자. 영국 케임브리지대학, 미국 하버드대학 교수를 지냈다.

B로 확장될 수 있고, (2) B가 A로 확장될 수 있으며, (3) A와 B가 그밖에 C라는 것으로만 확장되고 다른 것에는 미치지 않는 것이고, (4) A와 B가 완전히 분리될 수 있다(『자연에 관한 개념(The Concept of Nature)』(1920, p.75))고 말한다. 이 말 속에서 우리가 주목해야 할 것은 단지 (4)에 있다. 앞의 세 종류는 그가 접합(Junction) 혹은 연결성(Conjunction)으로 이름하였는데, 사실 바로 내가 일컫는 연속성이다. (4)는 즉 이접離接으로 이름하였다. 화이트헤드의 '확장의 추상적 방법(Method of extensive abstraction)'은 바로 이러한 이접성에 근거해서 생겨 나온 것이다. 예컨대 공간은 점으로 나뉠 수 있고, 시간은 순간으로 나뉠 수 있다. 이는 공간에 확실히 이접성이 있을 수 있다는 점을 나타내기 충분하고, 시간이 또한 이러하다. 요컨대, 우리는 한편으로는 즉 공간이 점이 집결되어 이루어지는 것이고, 시간이 순간이 이어져 이루어지는 것이라고 결코 믿을 수 없지만, 다른 한편으로는 도리어 또한 공간과 시간에는 확실히 이접 혹은 분단성의 가능성이 있다는 점을 승인하지 않을 수 없다. 이것이 바로 이른바 공간과 시간의 원자성(Atomic nature of space and time)이다. 공간과 시간이 이러할 뿐 아니라, 물질이 또한 이러하다. 물질의 방면에서 이러한 원자성을 표시하는 것은 파동 입자, 양자, 전자, 원자, 분자 등등이며, 이러한 양자와 전자 등은 단지 외계에 일종의 이접성이 있다는 표현인 것에 다름 아니고, 심지어 하나의 개인이 역시 모두 이러한 성질을 표시하는 것이라고 말할 수 있다. 그래서 원자성이라는 말은 '개체성(Individuality)'이라는 말과 분별이 없는 것이다. 유기계로 말하면, 하나의 세포가 바로 하나의 개체성을 지니는 것이며, 하나의 유기체(Organism)가 또한 하나의 원자성을 지니는 것이다. 무기물에 있어서 이러한 종류의 조리의 표현이 있을 뿐 아니라, 즉 유기물에 있어서도 이러하다는 점을 알 수 있다. 무릇 '물계'에 속하는 우리의 대상이 모두 이러하다. 이밖에, '심계'에서 순수한 주관이 시종일관 대상이 될 수 없듯이, 무릇 대상이 될 수 있는 것에는 모두 이러한

원자성의 구조가 있는 것이다. 이른바 '심리적 단계(Mental stages)'라는 것
이 또한 바로 이러한 것이다. 매 하나의 심리적 단계는 마치 하나의 단위인
것과 같다. 그리하여 우리가 알 수 있는 것은 무릇 우리의 대상은 물질에
제한되지 않으며, 생명, 심리가 결국 모두 이러한 원자성의 조리를 지닌다
는 점이다. 에딩턴(A.S.Eddington)[6]-에게 한 단락의 말이 있는데 나의 의견
과 같으며, 현재 다음과 같이 옮겨 보기로 한다:

"그렇다면 과연 외계에는 진정한 조리가 없는 것일까? 이러한 조리는 단지
사물의 기저에 부착되어 있을 뿐이고, 이러한 사물들이 우리의 '심心'의 입법
으로 인해 현상으로 변화하는 것일까? 우리는 궁극적 답안이 무엇인가를 예
단할 수 없다. 하지만 현재 우리는 몇 가지 조리가 외계적 자연에 있어서
그 지위를 지니는 것 같다는 점은 반드시 승인해야 한다. 그것들 중에서 가장
중요한 것은 비록 유일한 것은 아니지만 바로 원자성의 법칙이다. 공허와
구별되는 물질로서의 우주적 성질이 왜 단지 원자 또는 전자와 같은 모든
비교 가능한 질량으로서의 어떠한 결합물에서만 존재하는 것일까? 이러한
불연속은 어디에서 비롯되는 것일까? 현재로서는 이러한 불연속이 하나의
법칙으로서 '심'에서 세워지는 것이라고 믿을 만한 충분한 근거가 없는 것 같
다. 사실 우리의 '심'은 이러한 종류의 자연계에 있어서의 불연속에 대해 그것
을 연속적 지각으로 변화시키는 것이 또한 퍽 힘든 일이다(Are there then no
genuine laws in the external world? Laws inherent in the substratum of
events, which break through into the phenomena otherwise regulated by the
despotism of the mind? We cannot foretell what the final answer will be;
but, at present, we have to admit that there are laws which appear to have
their seat in external nature. The most important of these, if not the only
law, is a law of atomicity. Why does that quality of the world which
distinguishes matter from emptiness exist only in certain lumps called atoms
or electrons, all of comparable mass? Whence arises this discontinuity? At
present, there seems no ground for believing that discontinuity is a law due
to the mind; indeed the mind seems rather to take pains to smooth the

6_ 1882~1944. 영국의 천문학자, 물리학자, 철학자, 수학자. 케임브리지대학 교수를 지냈다.

discontinuities of nature into continuous perception)"(에딩턴,『공간, 시간과
흡인력(Space, Time and Gravitation)』(1921, pp.198~199))

그는 이어 말하길, "이러한 종류의 원자성의 법칙은 물질과 원자에 제한
되지 않는 것 같다. 이를테면 양자는 현대 물리학에 있어서 중요한 지위를
점하는데, 그것은 확연히도 바로 '활동에 관한 하나의 원자(An atom of ac-
tion)'이다. 그래서 우리는 물질에 대해 경계가 나뉘도록 자연계를 내버려
두는 '심'을 질책할 수 없는 것이다. 활동은 일반적으로 진정한 외계 사물계
속에서 가장 중요한 것으로 여겨진다. 하지만 우리의 '심'은 즉 그것에 영구
성이 부족하므로, 그것을 홀시한다. 대체로 활동에 관한 원자성은 보편적
법칙인 것으로 믿을 수 있으며, 원자나 전자의 현상은 어쩌면 바로 이에
기대어 나오는 것이다"라고 하였다. 그가 우리에게 일러주는 것은 상대성
이론(Theory of relativity)이 나온 뒤에는 단지 우리에게 물리계의 구조 방식
에 관한 지식을 부여해 줄 뿐, 그 '내용(Content)'에는 관여하는 것이 아니라
는 것이다. 그는 내용이 어쩌면 여전히 우리의 '심'이라고 주장하며, 그는 이
것을 '마음의 재료 혹은 우리 의식의 재료(Mind-stuff or the stuff of our
consciousness)'라고 이름한다.
　나 역시 이러한 주장에 찬성한다. 우리는 단지 위에서 서술한 드레이크
의 색각론에 좀 더 관심을 기울여보면 명료해진다. 우리의 모든 감각이
여실하게 외계에 존재하는 것이 아니라는 점을 알아야 한다. 그래서 우리
는 절대로 외계의 내용을 전부 알 방도가 없다. 바꿔 말하면, 즉 내용에
있어서 외계의 사물은 우리의 인식 내로 모두 진입할 수가 없다. 그리하여
누군가는 외계 사물의 내용은 불가지라고 여긴다. 나는 한 걸음 더 나아가
외계 사물은 본래 단지 하나의 구조 방식인 것에 다름 아니며, 본래가 내용
이 있는 것이 필요하지 않다고 주장하기를 원한다. 그래서 내용에 한번
이르게 되면, 바로 우리의 '심'에 속하는 것이 되는 것이다.

하지만 이러한 구조 방식은 물론 완전하게 외계 사물 자체에 속하는 것이 아니다. 그럼에도 그 중에서 최소한 몇 가지는 우리 인식의 입법으로 조성되는 것이 아니다. 이것이 바로 내가 원자성과 연속성 및 창변성을 거론하는 까닭이다. 우리가 원자성이 외계에 있다고 주장하는 것은 바꿔 말해, 즉 우리의 지각에 변화가 있는 것이 외계적 배경에서 비롯된다는 점을 승인하지 않을 수 없다는 것과 다르지 않다. 적어도 외계 사물이 우리에게 영사되는 변화가 외계 사물 자체의 이접 혹은 분단성의 가능성에서 나오는 것이라고 반드시 믿어야 하는 것이다. 이러한 종류의 가능성은 외계 사물에 본래 있는 성질이 표시되는 것이다. 에딩턴이 심리의 입법으로 조성되는 것이 아니라고 말한 것이 또한 바로 이를 가리킨 것이다. 독자들은 절대로 차츰 이러한 것이 바로 외계 사물 자체라고 오해해서는 안 된다. 사실 나는 실질로 말하면, 본래 바로 외계 사물은 없다고 말한다. 구조와 방식으로 말하면, 대부분의 방식은 여전히 인식 작용의 자체에 속하는 것이며, 바꿔 말해, 즉 주관에 속하는 것이다. 하지만 즉 이러한 가운데 바로 몇 가지의 방식(즉 조리)은 순수하게 주관에 속하는 것이 아닌데, 이것이 바로 우리가 원자성, 연속성, 창변성을 거론하는 까닭이다.

원자성을 논하였으며, 이어서 연속성을 말하여 본다. 사실 연속성과 원자성은 완전하게 분리될 수 없는 것이다. 나는 위의 글에서 화이트헤드의 말을 거론하면서, A와 B라는 것이 상호 확장될 수 있고, 게다가 제3자인 C로 파급될 수 있다면, 이것이 바로 연속성에 대한 하나의 해석이라고 말하였다. 나는 외계의 조리에는 당연히 이접이 가능한 원자성이 있지만, 동시에 또한 기필코 끊임없이 가능한 연속성이 있다고 여긴다. 전자는 하나의 물物이 작은 조각으로 나뉘는 것을 말하고, 후자는 비록 그것이 작은 조각으로 나뉘지만, 여전히 단지 전체적으로는 물物에 다름 아니라는 점을 말한다. 이에 대해서는 러셀이 한 말이 가장 적절하다.

그는 연속성은 수학에 있어서의 개념이라고 여긴다. 수학에 있어서는 이른바 '연속의 계수(Compact series)'가 있다. 바로 계수와 계수 사이에는 늘 하나의 제3의 계수가 끼어드는데, 이러한 것이 무궁무진한 것이다. 가장 좋은 예는 바로 분수(Fraction)이다. 두 분수는 설령 서로 극히 가깝다고 해도, 그 사이에 결국은 하나의 제3자가 끼어들 수 있다(러셀(B.Russell), 『철학의 과학적 방법론 영역으로서의 외부 세계에 관한 우리의 지식(Our Knowledge of the External World as a Field for Scientific Method in Philosophy)』(1914, pp.129~132)).

이러한 종류의 설명은 연속성의 특징을 매우 잘 설명해 줄 수 있다. 연속성이 계열(Series) 속에 존재한다는 점을 알아야 한다. 게다가 연속성과 무한성(Infinity)은 상호 연관되는 것이며, 또한 두 가지는 본래 하나라고 말할 수 있다. 연속성이 없으면 무한성도 없으며, 무한성은 기필코 물론 연속되는 것이다. 수학가의 연속성 개념과 무한성 개념은 어디에서 나온 것일까? 사실 수학의 공식은 여러 가지이지만, 그 가장 근본적인 기초 개념은 두 가지에 다름 아닌데, Unity and infinity, 즉 하나(혹은 단위)와 연속성(혹은 무한성)이다. 일체의 수학은 모두 이 두 가지의 기본 개념 위에서 건립된 것이다. 베르그송이 숫자의 개념을 또한 매우 적절하게 논하였다. 그는 말하길, "숫자(Number)는 단위의 집합으로 정의될 수 있지만, 하나와 여럿의 종합이라고 말할 수도 있다. 왜냐하면 매 하나의 숫자는 결국 하나인 것이지만, 그것은 우리에게 하나의 지각(혹은 직각)을 부여해주기 때문이다. 매 하나의 '하나'는 결국 여럿으로 나뉠 수 있는데, 왜냐하면 다수를 포함하지 않는 숫자는 하나도 없기 때문이다"(베르그송(H.Bergson), 『시간과 자유 의지: 의식의 직접적 자료에 관하여(Time and Free-Will: An Essay on the Imme-diate Data of Consciousness)』(1910, p.75))라고 하였다. 나는 이른바 '여럿(Multiplicity)'이 바로 연속성과 무한성으로부터 나오는 것이라고 여긴다. 그래서 연속성이 '여럿'의 기초이다. 수학에 있어서의 '하나(Unity)'는 원자성으로부터 이루어진다. 수학은 근본에 있어서 단지 이 두 가지 기본 개념이 있는 것에 불과하다는 점을 알 수 있다. 이 두 가지가 외계에 고유한 것이 아닐 경우, 수학은 곧 가능성이 사라진다. 나는 수학이 비록 일종의 추상적 과학(Abstract science)이지만, 수학은 논리학과 기필코 다른 점이 있다고 여긴다. 그 다른 점은 대체로 수학은 이러한 외계적 조리에 보다 치중하고, 논리학은 범주와 기준 자체 사이의 규율에 보다 치중한다는 점이며, 나의 이러한 주장에 비추면, 수학의 지위는 도리어 높아지는 것이다.

이는 아무래도 수학에 있어서의 연속성에 대한 개념이며, 이밖에 기타 방면에서도 얻어낼 수 있는 것이 있다. 베르그송은 그의 『창조적 진화(Creative Evolution)』(1911)에서 생물의 '개체성(Individuality)'은 믿을 만하지 않다고 항변하였다. 그는 말하길, "유기계에 있어서, 그것은 개체이거나 혹은 그렇지 않다고 결정하기가 매우 어렵다. 이러한 종류의 곤란은 동물계에서 특히 심각하지만, 식물계에서 역시 모면될 수 없는 것이다"라고 하였다. 그의 이러한 종류의 말에는 매우 이치가 담긴다. 생리라는 것은 그것의 생존이 완전히 그것의 사방의 질료에 기대는 것이라는 점을 알아야 한다. 그것의 생존은 또한 바로 단지 이러한 사방의 질료를 흡수하는 과정 속에 있을 뿐이다. 이러한 과정을 제외하면 다른 이른바 생명이란 것은 없다. 자급적이고 자존적인 생명은 없는 것이라는 점을 알 수 있다. 군거하는 하등한 생물이 특히 현저한 예다. 표면적으로 볼 때 마치 각기 개체인 것 같지만, 하나의 '군거(Colony)'로 인해 한데 연락을 이루기 충분하다. 이러한 군거 속에서 각기 영양을 흡수하는 것은 상호 소통을 하는 것이며, 마치 하나의 유기체와 서로 흡사하다. 이러한 종류의 현상은 생물계에서 생물은 개체적인 것이라고 말하기 매우 어렵다는 점을 입증하기 충분하다.

매 하나의 세포에는 또한 모두 분열의 가능성이 있으며, 세포는 만약 이러한 능력이 없다면 곧 죽은 사물로 변화하는 것이다. 그래서 개체성은 생물계에서 결코 상식에서 말하는 것처럼 그렇게 명백하게 드러나는 것이 아니다. 사실상은 그러한 듯하면서 그렇지 않은 현상이다. 이러한 점이 명백해지면 즉 생물계에 있어서 개체성은 연속성과 상호 병존되지 않을 수 없다는 점을 알 수 있다. 가장 현저한 예는 생식에서 나타나며, 생식과 생명이 역시 분리될 수 없는 것이다. 그래서 즉 순수한 추상적 개념에 있어서가 아니라, 사물에 있어서의 연속성의 존재가 역시 대단히 중요하다. 우리는 수리에 있어서와 실물에 있어서 모두 확실히 연속성이 있다는 점을 발견할 수 있는데, 이러한 연속성은 결코 우리 인식의 자립적 법도에서 머물러 있을 수 있는 것이 아니다.

왜냐하면 그것의 근저는 기필코 인식의 입법을 넘어서는 것이 되기 때문이다. 요컨대, 원자성과 연속성은 사실 하나의 사물의 두 가지 방면이다. 만약 원자성이 외계에 속하는 것이라면, 연속성이 또한 외계에 속하는 것이다. 만약 원자성이 사실 조리인 것이라면, 연속성이 또한 조리인 것이다. 우리는 위에서 원자성이 외계의 법칙으로 증명된 까닭을 단지 연속성에 응용하기만 하면 즉 그것이 외계의 조리라는 점이 성공적으로 증명될 수 있다.

세 번째는 이른바 창변성이다. 이른바 창변성은 신기함(Novelty)이 있게 발생되는 것이 있다는 점을 가리켜 말하는 것이다. 만약 이러한 세계에 절대로 신기한 것이 생겨 나오지 않는다면, 이러한 세계는 또한 기필코 변화가 없는 것이다. 그래서 어떠하든지 간에, 이러한 세계는 늘 거기서 변화하는 것이며, 이에 문제랄 것은 없는 것이다. 학자는 이러한 점에 대해 두 파의 의견으로 나뉜다. 한 파는 어떻게 변화하든지 간에 예전의 재료가 그 밖의 다른 것으로 다시 조직되는 것에 불과하다고 여긴다. 다른 한 파는 매 하나의 새로운 조직은 자체에 있어서 기필코 하나의 새로운 사물인 것이라고 여긴다. 우리는 비록 이 두 파의 장단점을 아주 상세하게 토론할 필요는 없지만, 우리는 외계에 실질이 있는 것이 아니라, 단지 구조가 있는 것에 다름 아니라고 여긴다면, 반드시 후자의 설을 택하여야 한다. 왜냐하면 전자의 설은 미세한 입자에 우주 본질의 지위가 담긴다는 주장에 서서 말하는 것이기 때문이다. 현대의 사조는 이러한 미세한 입자의 실질주의를 떠났으며, 물론 우리로 하여금 무릇 변화는 모두 얼마만큼의 창변성을 담는다는 점을 승인하지 않을 수 없게 한다. 그렇지 않다면 우리는 근본에 있어서 변화가 있다는 점을 결코 승인하지 않는 것이다. 그래서 우리가 한 종류의 조리를 따로 반드시 세워내 그것을 창변성이라고 이름해야 하는 까닭이 바로 이 때문이다.

이러한 종류의 조리가 기필코 외계에 속하는 이유가 또한 연속성과 일맥상통한다. 우리는 새로운 사물이 나타나는 것을 보면, 우리는 이러한 것에 대한 인식이 단지 그 위로 인식의 입법이 더해진 데서 비롯되는 것이라고 말할 수밖에는 없지만, 결코 그로 인해 이러한 신기함이 순수하게 우리의 주관적 구조에서 나오는 것이라고 말할 수는 없다. 따라서 우리는 반드시 새로운 것이 나오는 근본적 이유를 외계로 귀결하고 확실히 그에 상응하는 것이 있었다는 점을 승인해야 한다.

이렇게 상응하는 것이 바로 일종의 조리인데, 왜냐하면 이렇게 상응하는 것이 또한 단지 구조 방식에 있어서 있는 것이고, 그 내용에는 직접 관계되는 것이 아니기 때문이다. 그리하여 우리에게는 원자성과 연속성 이외에 이러한 창변성이 없을 수 없다. 사실 이러한 세 가지 조리는 바로 한데 연결되는 것이고 분리될 수 없는 것이다.

위에서는 전적으로 외계의 조리를 설명하였으며, 이러한 조리들이 외계에 있다는 것을 우리가 어떻게 아는가에 이르러는 여전히 인식론에 있어서 이러한 문제의 해결을 구하여야 한다. 나는 외계의 조리가 우리의 인식 위에 영사되는 것은 마침 안경을 끼고 사물을 보는 것과 같으며, 반드시 우선 안경을 통과해야 하는 것과 같은 것이라고 여긴다. 우리가 이러한 안경을 제거할 수 없다면, 즉 우리는 단지 안경 속에서 그 분석을 강구할 수밖에 없다. 즉 안경 속으로 나타나는 것이 또한 단지 안경 자체(주관)에만 속하는 것이라고 말할 수 없다. 그래서 나는 그것을 크게 두 종류로 나누는데, 한 종류는 비록 안경을 통과해서 안경 속으로 나타나는 것이지만, 여전히 그에 대응되는 외계 사물에 속하는 것으로 손색이 없는 것이다.

다른 한 종류는 안경 자체에 속하는 것이며, 바꿔 말하면, 무릇 안경이 기필코 이러한 격식들을 지니는 것이다. 후자에 또한 두 가지가 있는데, 한 가지는 지각과 유관한 것이고, 한 가지는 판단과 유관한 것이다. 요컨대, 외계 사물에 몇 가지의 조리가 있는가의 여부를 우리는 그야말로 알 수 없는 것이 마치 하나의 두꺼운 장막으로 태양빛이 안으로 투입되어도 전부가 투입되지는 못하는 것과 같다. 이러한 세 가지(즉 원자성, 연속성, 창변성)는 바로 마치 이러한 장막 위로 투입되는 미세한 빛들과도 같다. 이밖에는 사실 더 이상 투입될 수가 없다. 왜냐하면 더 이상 투입되면, 우리는 외계 사물 자체에 대해 전부 알 방도가 없게 되기 때문이다. 편리를 위한 견지에서 우리는 또한 이밖에는 결코 외계에 있는 것이 없다고 말할 수 있다.

독자들은 이러한 세 가지 조리를 '유물론(Materialism)'으로 합쳐 부르면서, 이러한 종류의 주장이 또한 물질(Matter)적 색채를 담는다고 여겨서는 안 된다. 근대 물리학은 이미 '질료로서의 물질(Matter as substance)'이라는 관념을 깨뜨렸으며, 단지 그것을 '구조로서의 물질(Matter as structure)'로 삼는다는 점을 알아야 한다. 나는 또한 확실히 외계적 물질이란 없으며, 단지 외계적 질서(조리)가 있을 뿐이라고 주장한다. 바로 구조로 말하면, 우리는 내계에 구조가 있고, 외계에 또한 구조가 있다는 점을 승인하지 않을 수 없다. 이 두 가지의 구조가 접해지면, 의미가 분명하지 않은 아주 많은 것들이 생겨난다.

하지만 내계의 구조는 우리 이쪽에 있지만, 외계의 구조는 우리 이쪽에 있지 않으므로, 우리는 외계의 구조에 대해 단지 아는 것이 매우 적을 수밖에 없다. 러셀은 비록 한 명의 실재론자이지만, 나의 주장과 퍽 서로 합쳐지는 구석이 있다. 그가 역시 감각 자료가 외계에 존재하는 것이 아니지만, 감각 자료 사이에는 변화가 수반되며 기필코 그 배후의 외계에 역시 변화가 있다는 점을 미루어 알 수 있다고 여긴다.

　이밖에는 전부 알 수 없다(러셀(B.Russell), 『철학 개론(An Outline of Philosophy)』(1927, p.159); 러셀, 『물의 분석(The Analysis of Matter)』(1927, p.227)). 따라서 그는 '질적 지식(Qualitative knowledge)'이 제거된 뒤에도, 양적 지식(Quantitative knowledge)은 아직 남는다고 여긴다. 이러한 양적 방면을 그는 '수학적 특성(Mathematical property)'이라고 이름하였다. 그는 이러한 종류의 '수학적 특성'이 외계 사물에 진정으로 구비된 것이라고 여긴다. 나의 뜻은 약간 다르다. 나는 이러한 종류의 수학적 특성은 외계를 표시하는 충분한 근거가 되지만, 여전히 외계 사물의 '내재적 특성(Intrinsic character)'에까지는 미치지 못한다고 여긴다. 왜냐하면 무릇 수학적 특성은 우리의 지식 작용으로 탐구하는 것을 떠날 수 없기 때문이다. 단지 이러한 종류로 얻어내는 지식이 퍽 외계의 조리에 상호 근접되는 것이라고 말하는 것에 다름 아니다. 대체로 이러한 점을 러셀이 또한 부인하지 않는다. 따라서 나는 수학적 특성을 외계의 조리로 열거하지 않으며, 단지 수학적 특성이 바로 원자성과 연속성 및 창변성에 근거해 나오는 것에 불과하다고 여긴다.

　외계의 조리가 우리의 인식에 영사되는 것은 이미 위의 글에서 서술하였는데, 마치 태양빛이 장막 속으로 투입되는 것과 같으며, 투입되는 것은 사실 매우 적고 적은 것이다. 이러한 듬성듬성한 투입들이 바로 위 글에서 말한 세 가지의 조리이다. 이밖에는 우리가 사실 보다 더 알 수 있는 방도가 없다. 그래서 나는 오늘날까지 단지 이 세 가지 조리가 있다고 여긴다. 내가 이밖에 네 번째 조리가 있다고 말하는 데 이른다면 이른바 가소성可塑性인데, 도리어 결코 일종의 조리는 아니다. 이러한 점은 특별히 주의해야 하며, 그렇지 않고 만약 가소성을 일종의 조리로 삼는다면, 기필코 외계에 가소의 가능성이 있다고 여기게 되는 것이다. 사실 이는 단지 하나의 소극적인 방면(Negative aspect)의 총칭에 불과하다. 바로 우리는 외계에 대해서 단지 몇 가지(세 가지의 조리를 가리킨다)를 제외한다면 절대로 알 방도가 없다는 점을 말한다. 이렇게 알 방도가 없는 것은 그야말로 마치 접촉이 될 수 없다는 것과 마찬가지이다. 이러한 점으로 말해서, 에딩턴의 말이 사실상 틀리지 않다. 그는 말한다:

> "우리 과학의 진보가 빠른 구석이 발견되기 충분할수록, 우리는 무릇 우리 가 자연계에서 취득한 것이 도리어 모두 우리의 '심'이 자연계에 가한 것이 라는 점을 알기 충분하다. 우리는 단지 우리가 알지 못했던 세계에서 여행 한 흔적을 찾아낼 수 있을 뿐이다. 우리는 의미심장한 학설을 세워내 하나 하나씩 그 본원을 해석한다. 하지만 그 결과는 단지 우리가 하나의 사업에 성공한 것인데, 바로 사람들이 남긴 족적을 개조한 것에 다름 아니기 때문이 다. 여전히 모두 우리 자신에 속해 있는 것이다(And, moreover, we have found that where science has progressed the farthest, the mind has but regained from nature that which the mind has put into nature. We have found a strange foot-print on the shores of the unknown. We have devised profound theories, one after another, to account for its origin. At last, we have succeeded in reconstructing the creature that made the foot- print. And Lo! it is our own)"(『공간, 시간과 흡인력(Space, Time and Gravitation)』 (1921, pp.200~201))

그리하여 우리는 명백해질 수 있는데, 이른바 가소성은 외계 사물 자체 를 우리가 임의로 좋을 대로 빚어낼 수 있다는 것을 말하는 것이 아니라, 바로 단지 우리가 수시로 우리가 남긴 족적을 수정해야 한다는 점을 말하는 것에 다름 아니라는 점이다. 우리에 의해 임의로 빚어지는 것은 여전히 우리가 이전에 남긴 흔적에 대한 것이다.

이러한 점에 관하여, 실용론자 중에서는 실러의 주장이 가장 많다. 현재 는 제임스(W.James)의 말을 다음과 같이 한 단락 인용하여 본다:

> "감각을 말하여 본다. 그 '이것'이라는 것은 물론 우리가 조종할 수 있는

것 밖에 있지만, 우리는 그것에 대해 오히려 기울어지는 바가 있고, 주의하는 바가 있는데, 즉 우리의 흥미가 소재하는 곳이다. 게다가 중점을 두는 곳이 다르기 때문에, 차츰 서로 다른 진리가 생겨난다. 워털루 전투(Battle of Waterloo)는 사건 자체는 고정적이지만, 영국인이 보기에는 성공이고, 프랑스인이 보기에는 바로 실패이다. 그래서 마찬가지의 세계도 낙관적인 철학가에게는 천국이라 불리고, 비관적인 철학가에게는 고해苦海로 부여된다. 우리가 실재에 대해 몇몇 설명이 있는 것은 전부 우리가 그것을 바라보고 그것에 가한 것에 기대는 것이다. 그 '이것'은 그것 자체인 것이고, 그 '어떠한가'는 '어떠한 것'으로 인해 그러한 것이며, '어떠한 것'은 즉 우리로부터 비롯되는 것이다. 감각에 있어서의 실재와 관계(즉 구조)에 있어서의 실재는 모두 스스로 말할 수 있는 것이 아니다. 단지 우리가 그것을 대신해 말하는 것이다……하나의 감각은 그야말로 마치 소송에 있어서의 위탁인과 같은데, 그는 요청하는 모든 것을 변호사에게 건넨 뒤 자신은 법정 위에 앉아 조용히 변호사의 진술을 들으며, 그가 말하는 것이 맞는지 맞지 않는지는 관여치 않는다……본래 존재하는 관계에 이르러도, 우리는 그것에 대한 지각이 또한 우리로 인해 자유롭게 귀결되고 자유롭게 이동된다. 우리는 그것을 한 종류 속에 혹은 다른 한 종류 속에 들여 놓을 수 있고, 그것의 순서를 자유롭게 뒤집을 수도 있다. 우리가 그것의 계통을 논리학, 기하학, 수학 등으로 제정하는 것에 이르러도 그 중의 조리와 격식은 도리어 모두 사람이 만든 것이라고 할 수 있다. 이밖에 우리는 늘 자신의 생활로 말미암아 새로운 실제 상황을 실재계에 가미하며, 게다가 우리의 사유를 또한 기존의 사유 속에 가미한다……그래서 감각과 관계라는 두 방면 속에서는 단지 가장 작은 일부분만이 우리와 관계가 없는 것이지만, 즉 이 작은 부분이 또한 즉각 우리의 것이 될 수가 있는데, 왜냐하면 이미 우리 속에 녹아 들어 있는 것이기 때문이다……만약 하나의 실재가 우리 사유 밖에 독립하여 있다면, 이는 사실 매우 찾아내기 어려운 것이라는 점을 알 수 있다. 어쩌면 즉 단지 막 경험에 들어선 뒤 아직 명칭을 얻지 못한 것을 가리켜 말하는 것이다. 사실 이는 단지 말로 표현될 수 없는 것에 불과하고, 모습을 이루고 있지 않은 것이며, 하나의 최대한도의 개념일 뿐이다. 우리는 보이지만 다다를 수는 없는데, 왜냐하면 무릇 다다를 수 있는 것은 모두 우리가 요리를 한 적이 있는 것이기 때문이다. 무릇 우리가 찾아낼 수 있는 것은 모두 우리의 붓칠과 분장을 한 차례 거친 것이다. 실러는 독립적 실재가 단지 우리로부터 빚어진 한 덩어리의 소태素胎에 불과하다고 일컫는데, 바로 이 뜻이다"(제임스(W. James), 『실용주의(Pragmatism)』(1907, pp.245~249))

제임스는 세 가지로부터 논하는데, 첫 번째는 감각이고, 두 번째는 관계이며, 세 번째가 사유(즉 진리에 관한 것)이다. 세 번째로부터 말하면, 물론 단지 인간이 제조한 제조품이다. 첫 번째와 두 번째에 대해, 그가 일컫는 '어떠한 것(Which)'은 선택(Selection)의 의미를 표시한다. 하지만 무릇 선택에는 기필코 피선택되는 전체가 있는데, 이를테면 여기 열 가지 사물이 있으면 나는 그 중 일곱 가지를 선택한다. 그는 비록 '독립적 실재(Independent reality)'가 없다고 말하였지만, 피선택되는 전체는 도리어 이러한 실재가 아닌 셈일 수 없다. 열 가지 사물에 대해서 이를테면 한 가지에서 아홉 가지 선택을 할 수는 있지만, 결코 열한 가지의 선택을 할 수는 없다. 이는 한 가지에서 아홉 가지까지 '가능한 대안(Possible alternatives)'이 있다고 말하는 것이다. 브로드(C.D.Broad)는 그의 『과학적 사상(Scientific Thought)』(1923)에서 생성설(Generative theory)을 주장하며 선택설에 찬성하지 않았다. 나는 즉 감각 자료(Sensa)에 있어서는 생성설을 채택하는 게 적절하고, 감각 자료로부터 경험이 조성되는 데 있어서는 선택설(즉 제임스의 설)을 채택하는 게 적절하다고 여긴다. 그래서 제임스의 주장은 맞는 것이지만, 단지 경험의 구성에 사용할 수 있을 뿐이며, 감각의 구성에는 사용할 수 없다. 감각은 일종의 비존재자이다. 하지만 이러한 종류의 비존재자는 도리어 또한 마치 우리를 강박할 힘이 있고, 우리로 하여금 자유롭지 않게 할 수 있는 것 같지만, 사실 도리어 결코 외계성은 없다. 그것들이 다시 경험 속에 편입되어 인식을 조성하는 것은 즉 확실히 우리가 인식의 입법을 사용해서 그것을 좌우한 것이고, 그것을 정리한 것이며, 그것을 선택한 것이다. 그래서 제임스의 설은 역시 제2층위의 선택설이다. 만약 제1층위의 감각 자료 생성설을 가지고 그것을 보충한다면, 그것이 완전해 질 수 있다. 이렇게 완전해 진 뒤는 즉 가소성이 무슨 의미인가를 알 수 있다. 다시 그것을 상세히 말하면, 즉 가소성은 진실로 외계 사물이 우리를 따라 개조될 수 있다고 말하는 것이 아니라, 바로 단지 우리가 우리의 이 두 가지 비존재자(즉 감각과 사유이다)에 대해 갖가지의 다른 가소법을 얻어 낼 수 있다는 것을 말하는 것이다. 따라서 가소성은 외계 조리의 명칭이 아니며, 즉 외계 조리의 일종이 아니라, 완전히 단지 하나의 소극적인 방면의 개념에 다름 아닌 것이다. 요컨대, 우리는 외계에 대해 사실 아주 많은 겹겹의 장막이 놓여 있다. 하지만 다행히도 장막의 틈 속으로부터 몇 가지가 투입될 수가 있다. 이러한 몇 가지가 즉 이른바 원자성, 연속성, 창변성이다. 이를 제외하면, 어떠한 것도 투입되지 않는다. 그래서 나는 사물은 그 자체가 절대적으로 불가지인 것이 아니라, 도리어 상대적으로 불가지인 것이라고 말한다. 이른바 가소성에 이르러는, 이는 장막에 관한 일이며, 외계와 관계되는 일이 아니다.

3. 인식의 입법에 대한 인식의 다원론의 견해

내가 장막을 비유 삼아 외계와 우리의 관계를 설명한 바에야, 현재 즉 이러한 장막으로 들어가 본다. 나는 여기서 두 가지 큰 종류로 나누는데, 하나는 직각과 유관한 것이고, 나는 대체로 칸트의 학설을 채택한다. 다른 하나는 논리와 유관한 것이고, 나는 대체로 루이스(C.I.Lewis)의 태도를 채택한다. 현재 우선 첫 번째 종류를 이야기하여 보자.

칸트는 그 선험적 직각(Transcendental aesthetic)에 있어서 우리가 하나의 사물에 대해, 오성悟性으로부터 그 성질, 그 힘을 변별하고, 감각으로부터는 빛깔이 있고 장애가 있다는 점 등을 아는데, 이밖에 그것의 광범함이 선험적 직각이라는 것에 귀결되지 않을 수 없다고 주장한다. 칸트는 이러한 종류의 선험적 격식을 두 종류로 나누면서, 한 종류는 감성에 있어서 있는 것이고, 다른 한 종류는 판단의 격식으로 인해 이루어지는 것이라고 여겼다. 나의 뜻이 또한 마침 비슷하다. 하지만 이른바 선험적 직각은 물론 공간과 시간이지만, 여기서 공간과 시간이라고 일컫는 것은 도리어 경험에 있어서의 구체적 범위나 앞뒤의 순서인 것이 아니며, 바로 단지 하나의 순수한 격식에 다름 아니라고 여겼다. 감성에 있어서 물론 이 두 격식이 있어야 하고, 즉 오성에 있어서도 그것들을 떠날 수 없다. 이러한 점에서 나는 칸트와 약간 다른데, 즉 오성에 있어서의 공시가 결코 감성에 있어서의 공시에서 그대로 취해지는 것이 아니라는 점을 알아야 하는 것이다. 바꿔 말하면, 우리는 감각으로 외계 사물을 감지하기 위해서는 반드시 공간과 시간이라는 두 격식을 경과해야 하지만, 우리가 사유로 외계 사물을 판단하기 위해서도 이 두 격식을 경과해야 한다. 칸트의 착오는 선험적 감성을 선험적 오성이 근거하는 재료로 잘못 여긴 데 있다. 사실 선험적 감성과 선험적 오성은 재료와 격식에 있어서 분별이 없으며, 바로 단지 병렬이 되는 것이다. 먼저 하나의 선험적 감성을 세운 뒤 다시 선험적 오성이 그 위에서 작용한다고 할 필요가 없다. 왜냐하면 근래 공간과 시간에 대한 우리의 관념에 약간의 변화가 생겼기 때문인데, 바로 공간과 시간이 꼭 먼저 직각이 된 뒤에야 비로소 개념이 이뤄지는 것이 아닌 것이다. 만약 칸트의 말을 따른다면, (1) 공간은 경험으로부터 귀납해서 얻어올 수 있는 것이 아니고, (2) 모든 경험은 꼭 그 발을 디뎠던 공간이 있어야 하지만, (3) 공간은 각 사물 관계의 비교로부터 독해되는 것이 아니고, (4) 공간은 무한할 수 있는 것이다. 이로부터 알 수 있는 것은, (가) 칸트의 공간은 사물의 성질과는 무관하고, 사물 사이의 관계와도 무관하며, (나) 칸트의 공간은 단지 하나의 격식(Form)에 다름 아니라는 점이다. 왜냐하면 우리는 눈을 크게 뜨면 단지 사물이 보일 뿐, 공간이 직접적으로 보이는 것은 아니기 때문이다. 또한 우리는 단지 두 가지 사물의 크기를 비교할 수 있을 뿐, 공간을 가져다 비교할 수는 없으며, 우리에게서 발견되는 사물 위로 부착되는 광범함은 무한한 것이 아니기 때문이다. 이는 당연히 직접적인 감지(Immediate aware)가 아니다. 기왕 직접적인 감지가 아니라면 즉 직각인 것이라고 이름할 필요가 없다. 공간과 시간은 직각에서 얻어오는 것이 아니며, 직관이 도리어 공간과 시간이라는 두 격식을 지니는 것에 다름 아니라는 점을 알 수 있다. 따라서 나는 칸트를 수정하면서, 공간과 시간은 직각과 관련이 있는 격식이지만, 직각에서 얻어오는 격식은 아니라고 여긴다. 바로 선험적 격식으로 말하면, 몇몇 것들은 직각과 유관하고, 몇몇 것들이 동시에 다뤄지는 바가 있지만, 반드시 선험적 감성을 부여되는 것(The given)에 전적으로 대응시키고, 선험적 감성을 선험적 오성에 부여되는 것으로 변화시킬 필요는 없다고 여기는 것이다. 이러한 점은 매우 중요한 것이다.

칸트를 대략 토론하였으며, 다시 루이스와 한번 비교하여 본다. 칸트가 일컬은 범주는 단지 '순수한 개념(Pure concept)'의 의미이다. 여기서 이른바 '순수한'은 여전히 경험이 혼합되지 않았다는 것을 가리키는 말이다. 루이스는 이러한 종류의 것에 대해 모두 그것을 '선험적인 것(The a priori)'으로 이름하였다. 하지만 그의 의미는 논리에 있어서 불가결하다는 것을 가리킨 것이며, 또한 논리학에 있어서 반드시 우선 이러한 것이 있어야 한다는 것을 말한 것이다. 그는 그것을 논리학적 우선(Logical priority)과 논리학적 불가결(Logical indispensability)이라고 이름하였다. 이러한 주장은 단지 논리의 범위 내에 있는 것이다. 결코 경험에 우선하는가 여부에는 개의치 않는 것이며, 단지 방법론에 있어서 그것을 우선으로 나열하지 않을 수 없다는 것이다. 그렇지 않다면 논리의 과정이 즉 진행될 수가 없다. 루이스의 의미가 칸트와 다르다는 점을 알 수 있다. 왜냐하면 순전히 칸트가 일컬은 범주로만 말하면 즉 물론 별다른 차이가 없지만, 칸트는 '선험적'이라는 말을 감성에 있어서 사용하였고, 칸트의 의미가 루이스보다 넓다는 점을 발견하기 충분하기 때문이다. 나는 여기서 칸트의 본 뜻에 찬성하는 것이다. '선험적인 것'이라는 말에 대해 응당 하나의 확정적인 의미 해석이 있어야 한다고 여긴다. "논리학에 있어서 반드시 우선하는 것"은 즉 "인식에 있어서도 반드시 우선하는 것"일까? 왜냐하면 이른바 불가결은 논리학에 속하는 것을 가리키지만, 논리학 이전에도 직각에 관해서 대체로 일종의 불가결한 것이 기필코 있었기 때문이다. 그래서 나는 이 두 종류의 불가결을 분별하고, 각기 하나의 전문적 용어를 붙이는데, 전자는 논리적 불가결(Logical indispensability)로 이름하고, 후자는 인식적 불가결(Cognitive indispensability)로 이름한다. 후자의 실례는 즉 칸트가 일컬은 공간과 시간이다. 이 공간과 시간이 즉 논리학에 있어서는 결코 직접적으로 불가결한 것이 아니라는 점을 알아야 한다. 논리학에 있어서는 A가 A라고 말하며, 별달리 공시의 관계가 없다. 논리학에 있어서는 공시를 불가결한 것으로 삼지 않지만, 인식에 있어서는 그렇지 않다는 점을 알 수 있다. 칸트가 선험적 감성과 선험적 오성으로 둘을 나눈 것은 까닭이 없지 않으며, 나 역시 그것들을 여전히 분리해야 한다고 주장한다. 바로 공간과 시간과 같은 것들로, 인식에 있어서 '우선 존재하는 조건(Preexistent condition)'이 하나의 종류로 나열되고, 논리에 있어서 불가결한 것이 또한 다른 하나의 종류로 귀결된다. 루이스는 선험적인 것을 논리에 있어서의 불가결로 바꾸었는데, 대체로 '선험적'이라는 말의 진정한 의미를 아직 제대로 알지 못한 것이다.

직각과 유관한 이러한 선험적 격식은 과연 무엇인 것일까? 나는 나열할 수 있는 것이 단지 세 가지 밖에 없다고 여긴다. 첫 번째는 공간이고, 두 번째는 시간이며, 세 번째는 주객 관계(Subject-object relation)이다. 앞의 두 종류는 그것을 합쳐 토론할 수 있는데, 우선 그 두 종류를 논하여 보자.

우리가 공시를 토론할 때 왜 반드시 선험을 격식으로 해야 하는가는 여전히 칸트를 토론의 근거로 한다. 왜냐하면 그의 논거는 오늘날에 이르러도 여전히 성립하기 때문이다. 그는 '공간'이라는 이러한 종류의 직각은 단지 주관에 귀결되고, 이것이 여전히 주관적 격식이며, 이것이 주관 방면에서의 감성적 조건이고, 이것이 아니면 외계 사물을 인지할 수 없으며, 공간은 사물 자체에 속하는 일종의 격식이 아니라고 하였다. 그는 게다가 공간이 색깔이나 맛과는 다른 것이라고 하였다.

비록 맛과 색깔은 모두 외계 사물의 본상이 아니고, 외계 사물을 감지하는 필수적 조건도 아니지만, 공간은 이러하지 않다고 하였다. 공간은 우리가 외계 사물을 감지하기 위한 필수적 조건이다. 따라서 그는 색깔과 맛 등을 Modification으로 이름하면서 이른바 직각(Intuition)과 서로 구별하였다. 이 단어는 '양태 변경' 혹은 '양태 수정'이라고 번역될 수 있는데, 즉 내가 일컫는 '비존재자'이다. 사실 공간이 역시 크게는 '선험적 양태 수정(A priori modification)'으로 이름되어 '경험적 양태 수정(Empirical modification)'과 구별될 수 있다. 왜냐하면 전자는 보편적인(Universal) 것이지만, 후자는 그러한 것이 아니기 때문이다. 그래서 비록 마찬가지로 주관에 속하는 것이지만, 성질이 다르고, 비록 마찬가지로 '비존재자'이지만, 성질이 또한 다르다. 이 점에 대해서는 칸트가 가장 잘 설명했다고 할 수 있다.

시간에 이르러, 우리는 위에서 공간을 서술할 때 한 말을 모두 시간 위로 가져가 사용할 수 있다. 칸트는 시간 역시 공간과 마찬가지로 주관적인 것이고, 격식적인 것이며, 필수적인 조건이라고 여겼다. 하지만 공간은 밖에서 비롯되는 사물에 대한 것이고, 시간은 안에서 비롯되는 직각에 대한 것이다. 그래서 하나는 외적인 감지(Outer sense)의 조건이고, 하나는 내적인 감지(Inner sense)의 조건이다. 비록 시간은 내적인 감지의 조건이지만, 외계 사물의 이동과 변천에 대해서 또한 반드시 시간을 우선 존재하는 조건으로 삼아야 한다. 바로 이러한 점으로 말해서, 시간은 공간과 마찬가지이다. 경험에 '가능성'이 있는 것은 완전히 그것들 두 가지에 기대이고 있는 것이다. 무릇 여기서 논하는 것은 조금이라도 칸트의 책을 읽어 본 사람이라면 모두 알 수 있는 것이고, 깊이 논할 필요가 없다. 근대의 새로운 물리학에 있어서의 상대성 이론에 있어서 또한 어떠한 부조화하는 구석이 있는 것이 아니다. 여기서 즉 한번 토론하여 본다.

아인슈타인(A. Einstein)[7]-의 상대성 이론이 나온 후에, 학자들은 두 파로 나뉘어 해석하였다. 대체 어느 파가 그것을 완전하게 해석하였는가는 현재 쉽게 말하기 어렵다. 한 파에서는 공간과 시간이 하나로 결합된 후에는 그것이 하나의 절대체로 변한다고 여기면서, 사방으로 향하는 절대 세계로 이름하였다. 다른 한 파에서는 공간과 시간이 상대적으로 변한 뒤에도 공간과 시간이 당연히 여전히 주관적인 것에 불과하다고 여긴다. 대체로 과학가는 전자를 좋아하고, 철학가는 후자를 좋아한다. 오직 스뮈츠(J.C.Smuts)[8]-장군이 말하길, "뉴턴(Newton)은 공시가 절대적이고, 유일적이며, 또한 균일적이고, 게다가 외계에 속한다고 주장한다. 칸트는 공시가 주관적이고, 격식적이며, 또한 보편적이고, 게다가 내계에 속한다고 주장한다. 상대성 이론에 이르러서는 "상호 결합되고 상호 협력되는 격식들이 내계와 외계 양쪽에 모두 속하는 것이 되(Conjoint co-ordinate forms belong both to the mind and to things)"며, 게다가 아인슈타인의 가장 큰 공적이 즉 내계에 속하는 것과 외계에 속하는 것을 방법을 마련해 나눈 데 있고, 바꿔 말해, 즉 상대적이고, 양태 수정적이며, 변화하는 공시적 경험과 절대적이고, 진정하며, 영속적인 공시적 구조로 둘을 나눈 것이다"(스뮈츠,『총체론과 진화(Holism and Evolution)』(1926, p.34))고 하였다.

　나는 이러한 말이 대체로 가장 수긍할 만하며, 어느 한 파에 치우치지 않은 것이라고 여긴다. 공정하게 그것을 논하면, 즉 공시가 상대적인 것이라고 인정하는 것은 바로 공시가 개인적 경험에 속한다고 승인하는 것이다. 칸트가 '주관적'이라고 일컫은 것이 본래 바로 이러한 의미이다. 바로 아는 자(Knower)에 속하고 아는 것(Known)에 속하지 않는 것을 가리켜 말한 것이며, 결코 어떠한 사람인가 어떠한 생김새의 사람인가로 인해 제한되는

7_ 1879~1955. 독일 출신의 물리학자, 일반 상대성 이론 연구자. 1921년 빛의 입자성에 관한 연구로 노벨 물리학상을 받았다. 1933년 나치에 항의하여 미국으로 이주하였으며 프린스턴 고등연구소 교수를 지냈다.

8_ 1870~1950. 남아프리카 출신의 영국 고위급 군인, 정치인, 철학자. 제1차 세계대전과 제2차 세계대전에서 군사령관으로 활약하였다. 1919년부터 1924년까지 그리고 1939년부터 1948년까지 남아프리카 연방 수상, 1948년부터 사망 전까지 케임브리지대학 총장을 지냈다.

것이 아니다. 설령 매 하나의 아는 자가 본 것이 모두 같은 것이라고 해도, 여전히 아는 자에 속하는 것으로 손색이 없다. 그래서 공시가 즉 상대적이라는 것은 바로 기필코 주관적인 것이라고 말할 수 있다. 주관적이고 상대적인 공시의 배후에 하나의 공통된 절대적 공시가 있는가에 이르르는 역시 퍽 해석의 여지가 있다. 하지만 나는 만약 경험을 출발점으로 삼는다면, 즉 우리에게는 단지 상대적이고, 개인적인 공시가 있을 수밖에 없다고 여긴다. 하나의 상대적 공시로부터 그밖에 하나의 상대적 공시로 이동되는 것에 이르르는 이것이 즉 이른바 로런츠 변환(The Lorentz Transformation)과 로런츠-피츠 제랄드 수축(The Lorentz-Fitz Gerald Contraction) 공식으로 표시되는 것이다. 내가 보기에, 표시되는 것은 개인 공간과 개인 공간 사이에서 이동되는 것에 다름 아니며, 그밖에 하나의 공통된 공간이 경험 공간 밖에 있다고 부르기에는 아직 부족하다. 에딩턴은 말하길, "우리가 아는 공간은 기필코 이러한 사물과 사물의 관계에 관한 추상적 개념일 뿐, 더욱 선험적인 어떠한 것이 아니다(Therefore it seems logical to conclude that space as known to us must be the abstraction of these material relations, and not something more transcendental)"(Ibid, p.8)고 하였다. 그래서 그는 공간이 단지 조건 또는 관습에 의한 것에 다름 아니라는 푸앵카레(H.Poincaré)[9]의 설에 찬성한다.

이른바 관습은 바로 영어의 Convention의 번역어이다. 이 단어는 정말로 번역하기 어려운데, 잠시 이처럼 번역하였다. 그는 공간이 단지 Convention이라는 것은 바로 칸트가 공간은 주관적이라고 말한 것과 조금도 다르지 않다고 말한다. 학자들이 모두 매우 많은 종류의 공간이 있다고 말하는 데 이르르는 나는 이것이 '공간'이라는 글자로 하여금 매우 많은 서로 다른 의미가 있게 한 데서 비롯된 것이라고 여긴다. 만약 공간이 단지

9_ 1854~1912. 프랑스의 철학자, 천문학자, 물리학자. 소르본대학 교수를 지냈다.

경험에 있어서의 광범함을 가리켜 말하는 것이라면, 결코 그것에는 그다지 많은 종류가 있을 수 없다. 예컨대 로바쳅스키적 공간(Lobatchewskian Space)과 리만적 공간(Riemannian Space) 등은 비유클리드적 공간(Non-Eclidean Spaces)으로 불리는데, 모두 우리가 보통 일컫는 공간과는 아주 다르다. 여기서도 비록 '공간'이라는 이 단어를 사용하지만, 그 의미는 도리어 우리 경험에 있어서 보통 일컫는 공간과 완전히 다른 것이라는 점을 알아야 한다. 수학에 있어서의 명사와 상식에 있어서의 명사에는 본래 서로 다른 의미가 있다. 명사적 혼란이 우리로 하여금 공간에 아주 많은 종류가 있다고 여기게 한 것인데, 사실 경험에 있어서는 도리어 단지 한 종류밖에는 없다. 따라서, 나는 우리 경험에 있어서의 공간을 단지 '공간'이라고 부를 수 있을 뿐, 그 나머지는 모두 '공간'으로 그것을 이름할 수 없으며, 그것을 '연속체(Continuum)'로 이름해야 보다 타당하다고 여긴다. 그리하여 나는 바로 사물계에는 확실히 이른바 '연속체'가 있고, 이러한 연속체의 구조가 또한 로바쳅스키적 공간, 리만적 공간, 혹은 가우스(Gauss)적 공간으로 제한되지 않지만, 대체 무엇인가는 연구를 기다려봐야 한다고 여긴다. 하지만 한 가지는 결정할 수 있는데, 즉 그것은 도리어 결코 우리의 경험에 있어서의 것을 말하는 것으로 제한되는 것이 아니며, 바꿔 말해, 그것은 바로 지각에 있어서의 공간을 말하는 것이 아니라는 것이다.

기왕 지각에 있어서의 공간이 사람마다에게 있고, 개인적(주관적)인 것이라면, 즉 그 배후의 모든 '공적'인 것은 도리어 꼭 모두가 진실로 '객관적(Objective)'인 것이 아니며, 단지 '각 주관 사이에서 전환되는(Trans-subjective)' 것에 불과하다. 그래서 우리는 만약 경험을 유일한 출발점으로 삼는다면, 즉 하나의 공적인 공시가 확실히 외계에 존재한다고 급히 단정하며 말할 수 없다. 모든 추측이 또한 단지 이러한 주관에 있어서 지각한 공시로부터 저러한 주관에 있어서 지각한 공시로 전환될 수 있는 것에 다름 아니다. 나의 이러한 말은 결코 연속체가 있다는 주장과도 결코 상호 충돌되지 않는다. 연속체는 당연히 유사 공시(Quasi-spatio-temporal) 혹은 유사 공간과 유사 시간(Quasi-spatial and quasi-temporal)의 성질을 갖는다는 점을 알아야 한다. 하지만 이는 도리어 경험에 있어서의 공시와 결코 하나로 섞어 말할 수 없다. 왜냐하면 일부 학자들은 시간을 공간에 합병하면서, 공간에는 매우 많은 차원(Dimensions)이 있지만 그밖에 이른바 시간은 꼭 필요하지 않다고 말하고, 또한 일부 학자들은 공간을 역시 시간에 합병하면서, 공간은 단지 갖가지 시간 계통이 교차해 생기는 것에 다름 아니라고 말하기 때문이다. 공간과 시간이 만약 우리의 경험을 떠난 것이고, 우리의 지각에 없는 것이라면, 즉 그 성질이 대체 어떠한 것인가를 바로 아직 단언할 수 없다는 점을 알 수 있다. 심지어 일부에서는 또한 이러한 것이 공시가 아니며, 공시와 유사한 그 밖의 한 종류의 것이라고 여긴다. 나는 이러한 이유에 근거해서, 공시를 지각에 있어서의 것과 경험에 있어서의 것으로 제한하기를 원한다. 이러한 종류의 연속체에 이르러, 나는 또한 확실히 있지만, 그 상세한 바를 우리는 도리어 잘 알 수 없다고 인정한다. 위의 글에서 말한 원자성, 연속성과 창변성이 또한 바로 이러한 연속체에 관한 것이다. 연속성으로 말하면, 대체로 공간과 상호 유사하다고 말할 수 있다. 바로 창변성으로 말하면, 시간과 상호 유사하다고 말할 수 있다.

하지만 나의 뜻은 즉 공간과 시간이 비록 단지 주관적 격식에 다름 아니지만, 그 배후에서는 도리어 기필코 외계의 모든 것과 일부 상응하는 바가 있다는 것이다. 하지만 오해를 하면서, 시간이 바로 창변성이고, 공간이 바로 연속성이라고 여겨서는 안 된다. 그것들 두 가지가 절대로 서로 같지 않다는 점을 알아야 한다. 지각에 있어서의 공간은 어떠하든지 간에 단지 삼차원 밖에 없으며, 게다가 방향 제한이 없다. 하지만 외계의 연속성은 삼차원에 의해 제한되지 않으며, 또한 방향 제한이 없는 것으로 한정되지 않는다. 지각에 있어서의 시간은 단지 일직선에 다름 아니지만, 외계의 차원성은 즉 일직선으로 제한되는 것도 아니다. 따라서 우리는 결코 이 네 가지를 하나로 섞어 논해서는 안 된다. 게다가 시간이 역시 연속성과 상응하는 바가 있다. 오그던(C.K.Ogden)[10]은 그의 『의미의 의미(The Meaning of meaning)』(1923)에서 말하길, 이를테면 시간은 바로 역사적 유래에 속하지만, 도리어 하나의 심리적 구조물이고, "사건은 결코 발생하는 것이 아니며, 바로 단지 우리가 그것들을 마주하게 되는 것이 발생하는 것(Events do not happen but we happen to come across them)"(p.216)이라고 하였다. 이에 비추어 말하면, 외계에는 단지 연속성이 있을 뿐, 도리어 시간은 없다. 요컨대, 공간과 시간은 단지 인식에 있어서 주관에 속하는 것이다. 바꿔 말하면, 즉 단지 아는 자(Knower)가 인식을 시행할 때 필수적인 조건인 것에 다름 아니다. 외계와는 단지 상관이 있을 뿐, 결코 일치하는 것이 아니다.

시간성은 성질이 본래 공간과 마찬가지이다. 알렉산더는 공간은 시간을 떠날 수 없고, 시간이 또한 공간을 떠날 수 없다고 하였는데, 그 까닭은 왜냐하면 공간이 없으면 즉 시간은 과거와 현재, 미래로 나눌 수 없고, 시간이 없어도 즉 공간에 중복이 있을 수 없기 때문이다. 따라서 공간과 시간은 상호 의존되는(Interdependent) 것이다. 기왕 이러하다면, 즉 공간에 관한 토론은 당연히 시간으로 옮겨져 토론될 수 있다. 하지만 시간 외에도 시간과 상호 유사한 것이 별도로 토론될 수 있다. 나는 이것은 바로 베르그송이 일컬은 '존속(Duration)'이라고 여긴다. 베르그송의 커다란 실수는 존속을 즉 시간으로 잘못 믿은 데 있다. 사실 존속은 단지 존속이고 시간이 아니다. 시간은 단지 앞뒤의 차례라는 점을 알아야 한다. 하지만 존속은 도리어 인식에 있어서로 나타나지 않는다. 베르그송은 우리의 '지혜(Intelligence)'가 단지 시간의 양쪽 끝을 변별할 수 있을 뿐, 그 사이를 알 수는 없다고 말한다. 이러한 말은 시간은 인식에 있는 것이고, 존속은 인식에 있지 않다

10_ 1889~1957. 영국의 언어심리학자, 철학자, 언론학자. 어의학語義學을 주로 연구하였다. ≪케임브리지잡지(The Cambridge Magazine)≫를 창간하고 편집인을 지냈다.

고 하는 것에 다름 아니다. 이밖에 화이트헤드 역시 말하였는데, 그의 의견은 베르그송과 마찬가지이지만, 그는 '자연의 통로(Passage of nature)'라고 그 이름을 고쳐 부르길 원하였다. 그는 이러한 자연의 통로가 또한 공간에서도 나타나며, 그것이 시간에서 나타나는 것과 마찬가지라고 여긴다. 게다가 그는 또한 감각과 지식으로 알 수 있는 것은 "단지 그것의 우연한 사이에 불과하다(Its only chance)"는 점을 승인한다. 그의 뜻은 물론 명백히도 자연의 통로는 측량할 수 없지만, 시간은 하나의 계열로 측량할 수 있다고 여긴 것이다. 여기서 일컫는 자연의 통로는 마침 우리가 위의 글에서 일컬은 창변성과 완전히 다르지 않다. 즉 이로써 시간과 존속이 하나의 것이 아니라는 점을 알 수 있다. 우리는 존속이 외계에 있는 것이고, 자연의 통로가 외계에 있는 것이며, 오로지 시간이 즉 인식을 할 때 아는 자(Knower)의 주관에 속하는 것이라고 말할 수 있다.

그리하여 우리는 응당 주체(Subject)와 객체(Object)의 관계를 토론하여야 한다. 이러한 점에 있어서는 심리학을 연구하는 사람들과 철학을 연구하는 사람들이 늘 다른 답안을 갖는다. 사실 나는 오해에서 비롯되는 것이라고 여긴다. 인류는 최초에 인식을 할 때 주객의 대립이 아직 나뉘지 않는다고 주장하는 이로 제임스가 있다. 그는 어린 아이가 처음에는 결코 '나와 외계 사물을 나누지 않는다고 주장한다. 그는 주객의 나뉨이 훗날에 일어나는 것이며, 처음부터 그러하지 않다고 여긴다. 즉 하나로 혼합된 것으로부터 그 가운데서 주체와 객체가 나뉘어져 나온다는 것이다. 이러한 종류의 주장은 대부분의 심리학자를 대표할 수 있다. 이밖에 철학가로는 칸트 이후로, 이를테면 드리슈(H.Driesch)[11]가 즉 기필코 처음부터 주체가 있다

11_ 1867~1941. 독일의 철학자, 생물학자, 심리학자, 무의식 연구자. 라이프치히대학 교수, 하이델베르크 자연과학연구소 교수를 지냈다. 량치차오梁啓超(1873~1929)가 발기한 강학사講學社 초청으로 중화민국을 방문하여 1922년 10월부터 1923년 6월까지 상하이, 난징, 우한, 베이징, 톈진 등지에서 장자썬張嘉森(1887~1969)과 취스잉瞿世英(1901~1976) 통역으로 자유 의지, 생기, 유기체 등을 주제로 순회 강연을 폈다. 모턴 프린스(Morton Prince,

고 주장한다. 이러한 구석에 있어서 나는 드리슈의 주장이 맞으며, 도리어 결코 제임스와 커다란 충돌이 없다고 생각한다. 드리슈의 설은 그 자신이 '질서론(Theory of order)'이라고 이름하였다. 그는 모든 질서가 하나의 가장 근본적인 것으로부터 나온다고 여긴다. 그리고 이렇게 가장 근본적인 것은 도리어 인식에 있는 것이다. 그는 이를 구문으로 나타냈는데, 바로 "나는 의식적으로 무언가를 갖는다(I consciously have something)"고 하였다. 그는 이것이 바로 삼위일체의 공식(Triune axiom)이라고 여기며, 또한 그것을 근본적 사실(The prime fact)이라고 부른다. 그 중의 '나(I)'가 그 중의 '무언가(something)'를 떠날 수 없으며, 무언가가 없으면 또한 바로 나가 없다는 점을 알아야 한다. 하지만 나와 무언가는 특히 '갖는다(have)'는 것으로 인해 한데 엮여진다. 이러한 '갖는다'는 즉 '존재한다(To exist)'는 의미이다. 같은 뜻으로, 즉 나는 '무언가'와 함께 존재하기 때문에, 하나의 '존재자'가 되는 것이다. 나는 드리슈의 이 설이 사실 맞다고 생각한다. 나는 아는 자(Known)와 아는 것(Known)이 하나의 존재자로서 포괄되지 않는 인식은 없다고 믿는다. 그래서 무릇 하나의 인식은 바로 자연스럽게 주체(Subject)와 객체(Object)가 그 가운데서 구비되는 것이다. 심리학가는 이에 대해 하나의 오해가 있다. 위에서 서술한 제임스의 설이 즉 이러한 파를 대표할 수 있다. 나는 인식에 있어서의 주체가 결코 심리에 있어서의 '자아'와 완전히 같은 것이 아니라는 점을 알아야 한다고 여긴다. 자아는 그 본능(Ego Instinct)이 아는 것(Known)으로 변화할 수 있다. 아는 자(Knower)에 이르러는 처음부터 끝까지 객체로 변화할 수 없다. 그래서 아는 자는 인식론에 있어서의 개념이고, 자아는 심리학에 있어서의 개념이다. 양자는 하나로 완전히 섞어서 말할 수 없다.

예컨대 어린 아이는 처음에 불을 보고 손을 내밀어 쥐려 한다. 심리학가

1854~1929)의 잠재의식(the Subconscious)설과 지그문트 프로이트의 무의식(the Un-conscious)설을 주제로 한 강연 활동도 가졌다.

의 해석에서는 어린 아이는 불 외에도 하나의 '나'가 있다는 점을 결코 알지 못하며, 단지 '불'이라는 것이 있을 뿐이라고 믿는다고 여긴다. 하지만 인식론에서 보기에는 즉 이러하지 않다. 그가 손을 내밀어 쥐려 하는 동작을 할 때, 바로 극히 선명하지 않은 가운데서도 주체와 객체의 분별이 있는 것이다. 기계론적 심리학에서는 모든 것을 전부 '자극'과 '반응'을 가지고 해석한다. 하지만 인식론 방면으로부터 볼 때, 무릇 반응은 모두 주체와 객체의 분별을 표시하는 것이다. 그래서 나는 주체와 객체의 분별이 도리어 근본적인 것이라고 여긴다. 반응에 이르러는 즉 일종의 표현인 것에 다름 아니다.

신실재론이 이에 대해 역시 일종의 오해가 있다. 이는 바로 그들의 '외재적 관계론(Theory of external relation)'에 기반한다. 저자는 관계의 종류에는 내재적과 외재적이라는 두 종류가 있으며, 또한 승인할 수 없는 것이 아니라고 여긴다. 이러한 것들은 공히 여기에서 토론하지 않는다. 하지만 일부는 내가 견지하고자 하는데, 바로 오직 인식의 관계에 있어서는 외재적 관계설로 그것을 해석할 수 없다는 점이다. 우리는 내가 이러한 것을 아는 것이 결코 일종의 외재적 관계라고 말할 수 없다. 그래서 나는 외재적 관계가 완전히 없다고 주장하지 않지만, 인지가 오직 외재적 관계인 것은 아니라고 여긴다. 신실재론의 착오는 즉 비유(Analogy)를 가지고 인지를 말하면서, 화살과 활의 관계를 가지고 아는 자(Knower)와 아는 것(Known)의 관계를 설명하는 것이다. 이러한 비유가 맞는 것이 아니라는 점을 알지 못한다. 왜냐하면 양자는 성질이 서로 같은 것일 수 없기 때문이다. 인식 속의 아는 자와 아는 것의 관계가 아는 것 속의 이것과 저것의 관계와 서로 절대로 같은 것이 아니라는 점을 알아야 한다. 왜냐하면 인지의 관계는 드리슈가 일컬은 근본적 사실인 것이고, 모두가 그것으로부터 나오는 것이기 때문이다. 그래서 그러한 종류의 비유를 가지고 그것을 설명할 수 없다. 이러한 점이 명백해지면, 주체와 객체의 존재가 외재적 관계설로 인해 훼손

될 수 없다는 점을 알 수 있다. 신실재론의 외재적 관계설은 인식론에 있어서의 주객관계와는 무관한 것이다.

　이 두 가지 오해가 해소되었으면, 즉 우리는 긍정적 의의에 있어서 분명히 또한 적지 않게 알게 된다. 이러한 점에 관해, 스피어맨(C.Spearman)[12]은 비록 심리학으로부터 연구하였지만, 도리어 두 방면에 있어서 모두 발명의 구석이 있다. 그는 지력(Intelligence)의 기초에 대해 세 가지 근본적 원리를 세워냈다. 첫 번째는 무릇 어떠한 경험이라도 기필코 즉시 아는 자와 아는 것에 있어서의 지식이 환기된다는 것이다. 두 번째는 무릇 어떠한 두 경험이 동시에 현현되면 기필코 즉시 그 사이에서의 '관계'라는 지식이 환기된다는 것이다. 세 번째는 무릇 어떠한 경험이라도 그 사이에 관계되는 것이 동시에 현현되면 기필코 즉시 그 관계되는 것에 대한 지식이 환기된다는 것이다. 그의 두 번째와 세 번째는 여기서 토론하지 않아도 된다. 오직 첫 번째를 나는 그에게 퍽 통찰의 눈이 있다고 여긴다. 그는 에빙하우스(H.Ebbinghaus)[13]의 말을 인용해, 무릇 우리는 사유에 있어서 혹은 감각에 있어서 몇 가지 경험이 있으면, 하나의 '경험한 자'가 그 속에 꿰어진다는 생각이 없을 수 없다고 여긴다. 그는 이러한 주관을 '주체적 매개체(Subject-carrier)'로 이름하였고, '경험자(Experiencor)'라고도 이름하였다. 내가 생각하기에 이러한 뜻은 매우 맞다. 하지만 우리는 하나의 성명이 있어야 하는데, 바로 이러한 주관적 존재가 도리어 선명한 것이 아니며, 명확히 분별되는 것은 아니라는 점이다. 나는 '나'가 있다고 자각되지 않지만, 여전히 '나'는 있는 것이다. 그래서 '나'의 자각이 한 가지 일이고, 주관적 존재가 또 다른 한 가지 일이다. 우리는 자아가 부자각된다고 해서 절대로 차츰 주관이 없다고 여겨서는 안 된다. 단지 객관이 있고 주관이

12_ 1863~1945. 영국의 철학자, 인지심리학자. 독일 라이프치히대학에서 분트(W.Wundt, 1832~1920)의 문하에서 연구하였다. 영국 UCL 교수를 지냈다.
13_ 1850~1909. 독일의 실험심리학자. 독일 베를린대학, 폴란드 브로츠와프대학 교수를 지냈다.

생겨나지 않았던 시대는 경험에 있어서 없었다고 말할 수 있다. 제임스는 이른바 '순수한 경험(Pure Experience)'을 일컫는다. 사실 바로 일종의 추리에 다름 아니며, 사실상은 이러한 하나의 지경이 꼭 있는 것이 아니다.

위에서 논한 것이 바로 인식을 토론하는 입법적 태도이며, 바꿔 말해, 즉 인식에 있어서의 선험적 격식이다. 상세히 말하면, 인식에 있어서는 무릇 직각이 있으며, 그 인식의 재료는 비록 감각 자료이지만, 도리어 우선 꼭 먼저 이러한 종류의 격식이 있어야 한다. 왜냐하면 이러한 종류의 격식이 없으면, 즉 감각 자료가 비록 우리에게 찍힌다고 해도, 경험으로 조직될 수 없기 때문이다.

4. 논리적 우선 존재성에 대한 다원적 인식론의 견해

우리는 위에서 서술한 선험적 격식이 단지 칸트의 선험적 감성과 같은 것이라고 여기는 것으로는 아직 부족하다. 칸트는 이밖에 선험적 오성을 더하였는데, 즉 인식의 다원론에서는 즉 그밖에 일종의 선험적 격식은 첫 번째, 논리학적으로 있는 것이고, 두 번째, 사유에 있어서와 분별에 있어서 있는 것이며, 그것이 직각에서 멎는 것이 아니라는 점을 승인하지 않을 수 없다. 그렇다면 그 첫 번째와 두 번째의 분별은 어느 구석에 있는 것일까? 나는 그 다른 점이 도리어 아주 크다고 감히 답한다. 이 두 종류의 선험적 격식은 성질에 있어서 즉 다른 점이 있다. 첫 번째는 '논리적으로 우선 존재하는 것(The logical a priori)'이고, 두 번째는 '인지적으로 우선 존재하는 것(The cognitive a priori)'이다. 그 까닭을 밝히려면, 무엇이 '논리(Logic)'인가를 반드시 먼저 설명해야 한다.

근래 나는 각 파의 논리학을 연구하였는데, 놀랍게도 실재론파의 기호적 논리학에도 오류가 있고, 관념론파의 형이상적 논리학에도 오류가 있으며, 실용론파의 도구적 논리학에도 오류가 있다는 점을 알게 되었다. 원래가 그들은 논리학이 무엇인가를 완전하게 짚어내지 못하였다. 나의 연구의 결과는 논리가 결코 '자연적 구조(Natural structure)'가 아니며, 사유적 활동 역시 아니라는 것이다. 바로 장기를 둘 때 사용하는 일종의 규칙과 마찬가지이다. 하지만 이러한 규칙은 장기를 두거나 공을 찰 때의 규칙과는 약간 다르다. 바로 그것은 결코 임의로 정하는 것이 아니다. 바로 부득이 이러하지 않을 수 없는 것이 그 속에 존재하는 것이다. 그렇다면 왜 이러한 규칙을 만들어 내려고 한 것일까? 말하자면, 바로 내심의 생각을 표출된 생각으로 바꾸게 하기 위함이었다. 상세히 말하면, 즉 다른 사람에게 일러줄 수 없는 생각을 다른 사람에게 일러줄 수 있는 생각으로 바꾸게 하기 위함이었고, 단지 자신이 아는 생각을 타인의 것으로 간주할 수 있는 생각으로 바꾸게 하기 위함이었으며, 또렷하지 않은 생각을 또렷한 생각으로 바꾸게 하기 위함이었고, 마음속에 함축되고 응집된 생각을 종이 위로 펼쳐지는 생각으로 바꾸게 하기 위함이었다. 이러한 목적에 도달해야 했기 때문에, 일종의 '필연'적 방법이 없을 수 없던 것이다. 이러한 방법은 바로 몇 가지 근본 원리를 포함한다. 이러한 근본 원리는 단지 이 목적에 도달하기 위해 세워진 것이며, 도리어 결코 다시 입증을 구할 수는 없다. 우리는 물리학에 있어서의 '좌표(Coordinate system)'를 하나의 비유로 삼을 수 있다. 예컨대 지금 하나의 사물이 여기 있는데, 우리는 그것이 동적인가 정적인가를 알고 싶으면, 즉 우선 두 개의 선을 긋거나 세 개의 점을 찍으면 그것의 위치를 측정할 수 있으며, 이로 인해 비로소 그것이 동적인가 정적인가를 알 수 있다. 물리학의 좌표는 여러 종류가 있으며, 우리의 논리학에 있어서 역시 갖가지 계통이 있다. 말하자면, 이는 모두 사람이 만들어 낸 것이다. 하지만 이렇게 만들어 낸 것은 도리어 마침 통일적 규격을 만들어 낸 것과 같다. 왜냐하면 만들어 낸 것은 구체적인 것이 아니라, 바로 일종의 방법인 것에 다름 아니기 때문이다. 방법은 추상적인 것이므로, 응용할 수 있다는 것으로 바로 그 가치를 잃지 않는다. 따라서 나는 자연계(외재적)와 심리계(내재

적) 외에 그밖에 하나의 논리계(Realm of logic or discourse)가 있다고 주장
한다. 이러한 논리계는 사물계를 모사한 것이 아니며, 또한 심리계에서 투
출된 것도 아니다. 게다가 이러한 논리계는 자체로 그 '본유한 규칙(Intrinsic
structure)'이 있다. 논리학을 연구하는 모든 사람들은 이러한 본유한 규칙을
연구한다. 현재 간명히 볼 수 있는 것은 바로 나 개인의 주장이며, 두 방면으
로 나누어 토론한다.

　나는 논리에 있어서의 근본 원리(즉 선험 격식)에는 두 방면이 있는데,
하나는 동적인 것이고, 하나는 정적인 것이라고 여긴다. 정적인 것은 한
세트 한 세트의 '기준(Postulates)'인 것이며, 혹은 '범주(Categories)'라고 칭
해도 알 될 것이 없다. 동적인 것은 이른바 '함의적 관계(Implicative
relation)'이다. 현재 우선 기준을 논하여 본다.

　제1세트: 동일-상이(identity-diversity)
　　　　　 유사-구별(similarity-dissimilarity, likeness-unlikeness)
　　　　　 하나-여럿(unity-multiplicity, oneness-manyness)
　　　　　 단순-복잡(simplicity-complicacy, homogeneity-heterogeneity)

　제2세트: 부분-전체(part-whole)
　　　　　 보편-특수(universality-particularity)
　　　　　 절대-상대(absolute-relativity)
　　　　　 완전-유한(perfect-finite)

　제3세트: 긍정-부정(positivity-negativity)
　　　　　 존재-비존재(being-non-being)
　　　　　 능동-피동(activity-passivity)
　　　　　 현실-잠재(actuality-potentiality or possibility)
　　　　　 초월-내재(transcendence-immanence)

제4세트: 질-양(quality-quantity)

실재-외견(reality-appearance)

형식-실질(form-matter)

본질-속성(substance-attribute)

구조-기능(structure-function)

질료-조직(stuff-structure of construction)

필수적-부수적(essentials-accidentals)

제5세트: 관계-자립(relation-independence)

인과-상호(causality-reciprocity)

필연-우연(necessity-contingence)

개연-확실(probability-certainty)

변화-영원(change-eternality)

원인-결과(cause-effect)

기제-목적(mechanism-teleology)

결정-자유(determination-freedom)

제6세트: 주관-객관(the subjective-the objective)

분석-종합(analysis-synthesis)

일치-모순(consistency-contradiction)

추상-구체(abstraction-concreteness)

제7세트: 자연-가치(nature-value)

진실-거짓(truth-falsehood)

선-악(good-evil)

미-추(beauty-ugliness)

이러한 세트는 바로 임의로 열거한 것이다. 첫 번째, 세트를 나눈 것은 완전히 임의적인 것이며, 결코 엄격한 분별을 가한 것이 아니고, 또한 그것에 십분 굳은 근거는 없다. 두 번째, 또한 결코 이러한 몇 가지로 제한되지 않으며, 이밖에 다른 것이 있다. 나의 목적은 대략적으로 나타내는 것으로 설명을 하려고 한 것뿐이다. 독자는 이에 대해 적어도 기준의 성질이 어떠한 것인가를 알 수 있다. 그 실제에 있어서 동일한 것이면서 결코 상이한 것일 수 없고, 하나이면서 결코 여럿인 것일 수 없으며, 긍정이 없으면 결코 부정이 있을 수 없다. 이른바 동일과 상이, 하나와 여럿, 긍정과 부정이 순전히 우리가 그러한 대상을 해석하기 위해 세운 규범이라는 점을 알 수 있다.

그러나 즉 이러한 세트 안에서 알 수 있는 것은 이러한 기준들에는 모두 '대조'가 있다는 점이다. 바꿔 말하면, 즉 매 하나의 기준은 모두 하나의 상반되는 것을 찾아낼 수 있다. 이러한 점은 도리어 기준의 특성이 아니라고 할 수 없다. 즉 이러한 종류의 대조성이 바로 기준에 구비되는 특성이라고 할 수 있다.

이러한 특성에 근거해 차츰 하나의 극히 중요한 점이 발생하는데, 바로 교체가 이뤄질 수 있다는 점이다. 루이스는 우리의 기준은 아주 많은 짝이 교체될 수 있다고 말한다. 우리는 이러한 세트의 기준을 가지고 해석할 수 있는데, 대상에 이따금 해석하기에 불편한 것이 있으면, 그밖의 세트로 그것을 해석할 수 있는 것이다. 그래서 기준은 비록 결국 유효한 것이지만, 또한 교체가 이뤄질 수 있는 것이다. 따라서 모든 기준은 비록 하나같이 유용하고, 효력을 잃는 적이 없지만, 도리어 편리하거나 불편하고 혹은 비교적 편리한 것으로 나뉠 수 있다. 나는 이러한 대조성과 이러한 교체성이 바로 기준이 논리의 범위에 속하는 까닭이라고 여긴다. 왜냐하면 대조성은 바로 논리학에 있어서의 특징이기 때문이다. 교체성은 즉 그것이 도구와 방법이 된다는 점을 입증하는데, 이러한 것들은 모두 사람에 의해 만들어진 것이다.

요컨대 기준에 갖가지 대조가 있는 것은 바로 그것이 교체가 될 수 있고 다른 것으로 대체가 될 수 있다는 점을 표시하는 것이다. 이러한 점에 있어서 외계의 조리 및 직각의 선험적 격식은 확실히 모두 이러한 것들과는 같지 않다. 바로 그것들에는 모두 교체성이 있지 않기 때문이다. 왜냐하면 그것들은 보편적이고 필연적인 것이며, 모두에게 그것이 함께 있는 것이기 때문이다. 결코 공간만이 있고 시간이 없을 수는 없고, 바꿔 말해, 결코 시간이 공간으로 교체가 될 수 있는 것이 아니다. 또한 원자성만이 있고 연속성과 창변성이라는 두 가지가 없을 수도 없는데, 바꿔 말해서, 즉 연속성으로 원자성이 교체가 될 수 있는 것이 아니다. 그래서 그것들은 성질에 있어서 논리에 속하지 않는다.

현재 동적인 방면을 토론하기로 하는데, 즉 함의(Implication)를 이야기하는 것이다. 나는 이것이 모든 판단의 기초이며, 또한 모든 추론(Inference)의 기초라고 여긴다. 함의가 없으면 즉 어떠한 구문(Proposition)도 성립할 수 없다. 왜냐하면 구문은 모두 함의적 형식을 표시하기 때문이다. 무릇 판단, 무릇 추론이 모두 함의에 기반한다. 우리가 보통 논리학에 있어서 일컫는 사유의 세 가지 근본율은 바로 (1) (가)는 (가)이다. (2) (가)가 (나)이면, 그것은 (나)가 아닌 것이 될 수 없다. (3) (가)는 (나)이거나 (나)가 아닌 것이며, 기필코 그 중 하나에 놓인다 등이다. 이 세 가지의 법칙은 모두 도표화(By diagrams)할 수 있다. (1)에서 첫 번째 (가)의 범위는 영구적으로 두 번째 (가)의 범위와 같다. (2)에서 (가)의 범위는 (나)의 범위 내에 있는 동시에, (나)가 아닌 것의 범위 밖에 있다. (3)에서 (가)의 범위는 (나)의 범위 내에 있을 수 있고, 어쩌면 그 범위 내에 있지 않을 수 있다. 요컨대, 모두 함의적 관계이다. 우리는 보통 거위가 하나의 조류라고 말하는데, 바로 거위를 조류의 범위 내에 두는 것이며, 또한 바로 조류로 하여금 거위를 함유하게 하는 것이다. 거위가 희다고 말하는 것이 또한 이러하다. 바로 거위를 희다는 범위 내에 두는 것이며, 바꿔 말해, 희다는 것이 거위를 함유하는 것이다.

하지만 이러한 종류의 상호 함유에는 네 종류가 있을 수 있다. 첫 번째,

상등한 상호 함유이다. 즉 두 가지의 범위가 마찬가지의 크기이며, 이를테면 '(가)는 (가)이다', '거위는 거위이다'이다. 두 번째, 크기가 상이한 상호 함유이다. 이를테면 '황인종은 사람이다'이며, 즉 사람의 범위가 크고, 황인종의 범위는 작으며, 큰 것이 작은 것을 함유하는 것이다. 세 번째, 부분적 상호 함유이다.

이를테면 '거위는 희다'인데, 흰 범위는 거위의 범위와 단지 일부분이 상호 합치된다. 왜냐하면 흰 것에는 눈, 꽃, 말 등 다른 것들이 있고, 거위에 또한 회색을 띠는 것이 있기 때문이다. 네 번째, 상반적 함의이며, 바꿔 말해, 즉 상호 함유되지 않는 것이다. 이를테면 '물은 불이 아니다'인데, 즉 물의 범위와 불의 범위는 상호 합치되지 않는다. 이렇게 상호 함유되지 않는 것은 대체로 상호 함유로 귀결할 수 없는 것 같지만, 실은 상호 함유라고 해도 안 되는 것은 아니다. 왜냐하면 상호 함유되지 않는 것은 상호 함유 속에서 파생되어 나온 것이기 때문이다. 그래서 상호 함유되지 않는 것 역시 상호 함유 속에 귀결되어 하나의 종류가 될 수 있다.

그래서 나는 함의가 논리학의 근본이라고 주장한다. 만약 함의가 없다면 논리는 바로 불가능한 것이 된다. 하지만 함의가 논리로부터 나오는 것은 아니며, 바로 논리가 함의로부터 이뤄지는 것이다. 우리는 함의가 논리에 우선 존재하는 기초라고 말할 수 있다. 이러한 기초는 다시 논리를 가지고 분석하고, 추론하고, 증명할 수 없다. 왜냐하면 모든 분석, 모든 추론, 모든 증명은 반드시 먼저 함의의 존재가 마련된 뒤에야 비로소 이뤄질 수 있기 때문이다. 존슨(W.E.Johnson)[14]이 그의 『논리학(Logic)』(1923)에서 역시 이와 유사한 논의를 하였다. 그는 논리학에 있어서는 이른바 최우선 원리(The first principles)가 있는데, 이러한 종류의 원리는 단지 이성으로부터 얻어낼 수 있는 것이라고 하였다. 그는 세 가지를 알 수 있다고 하였다.

14_ 1858~1931. 영국의 논리학자. 케임브리지대학 킹스 칼리지 특별연구원을 지냈다.

첫째는 전달률(Transitive Law)이다. 예컨대 만약 (가)가 (나)와 같고, (나)가 (다)와 같다면, 즉 (가)는 기필코 (다)와 같다. 둘째는 대칭률(Symmetrical Law)이다.

예컨대 만약 (가)가 (나)와 같다면, 즉 (나)는 기필코 (가)와 같다. 셋째는 재귀율(Reflexive Law)이다. 예컨대 (가)가 (가)와 같다고 말하는 것이다. 요컨대, 이에 비추어 우리는 함의를 몇 종류로 나눌 수가 있는데, 첫 번째 종류는 그것의 '전달성(Transition)'이다. 이 가운데는 세 가지가 있는데, 즉 존슨이 거론한 전달률, 대칭률, 재귀율이다. 두 번째 종류는 그것의 '연결성(Conjunction)'에 관한 것이다. 그 중에 또한 세 가지가 있다고 할 수 있다. 하나는 연결되는 것이고, 다른 하나는 연결되지 않는 것이며, 또 다른 하나는 교체되는(Alternative) 것이다. 첫 번째의 예는 '(가)는 (나)이다'이고, 두 번째의 예는 '(가)는 (나)가 아니다'이며, 세 번째의 예는 '(가)는 (나)이거나 혹은 (다)이다'(즉 (나)가 아니면 바로 (다)이다)이다. 합쳐서 우리는 여섯 가지의 양식을 얻어낼 수 있는데, 이 여섯 가지의 양식은 도리어 모두 함의를 표명하는 것이다. 나는 독자들의 눈과 귀를 또렷하게 하기 위한 견지에서 다시 이 여섯 가지를 각기 전문명사를 붙여서 아래와 같이 나열하여 본다:

1) 직접적 함의: 이를테면 (가)는 (나)이다.
2) 대칭적 함의: 이를테면 (가)가 (나)이면, 즉 (나)는 (가)이다.
3) 전달적 함의: 이를테면 (가)가 (나)이고, (나)가 (다)이면, 즉 (가)는 (다)이다.
4) 재귀적 함의: 이를테면 (가)는 (가)이다.
5) 교체적 함의: 이를테면 (가)는 (나) 혹은 (다)이다.
6) 비연결적 함의: 이를테면 (가)는 (나)가 아니다.

하지만 이 여섯 가지 외에 우리는 두 가지가 더 필요한데, 다음과 같다:

7) 비대칭적 함의: 이를테면 (가)는 (나)이지만, (나)는 (가)가 아니다. 예
 컨대 거위는 희지만, 흰 것이 도리어 거위는 아니라고 말하는 것이다.
 이는 바로 (나)의 범위가 커서 (가)를 함유하지만, (가)는 도리어 (나)
 를 모두 함유할 수 없는 것이다.

8) 비전달적 함의: 이를테면 (가)는 (나)이고, (나)는 (다)이지만, (가)는
 (다)가 아니다이다. 예컨대 호랑이는 고기를 먹는 자이고, 고기를 먹
 는 자는 서로를 헤치지만, 호랑이는 결코 서로를 헤치는 자가 아니다
 이다. 이는 바로 (나)가 (가)를 함유하고, (다)가 또한 (나)를 함유하지
 만, (다)는 도리어 (가)를 함유하지 않는 것이다.

위와 같은 여덟 가지의 양식은 함의의 갖가지 변화를 표시하는 것과 다
르지 않다. 현재의 목적은 이러한 변화의 양식들을 상세히 논하는 데 있지
않으며, 어떻게 변화하든지 간에 단지 그 근본은 여전히 하나의 함의란 것
에 다름 아니라는 점을 독자들에게 일러주는 데 있다. 단적으로 함의로
말하면, 우리는 사실 그것이 어디에서 나온 것인가를 발견할 방도가 없다.
부득이 우리는 단지 그것을 가장 근본적인 것으로 볼 수밖에 없는데, 바꿔
말하면, 즉 인식을 하고, 판단을 내리며, 분별을 하고, 사유가 이뤄지는 데
있어서 바로 우선 그것이 있지 않을 수 없는 것이다. 그것은 뒤에 출현한
것이 아니고, 가정된 것도 아니며, 만들어진 것도 아니다. 바로 선험적인
것이고, 기초적인 것이다.

무릇 함의에는 기필코 함의되는 것이 있다. 함의되는 것은 통상적으로
분자(Term 혹은 item)로 그것을 이름한다. 하지만 우리는 함의 속에 함의
되는 것이 고정된 것이 아니라는 점을 알아야 한다. 매 하나의 원자가 논리
학에 있어서 또한 매 하나의 입자(Particle)와 실질에 있어서 같은 것이고,
모두 불변하는 것이라고 말하는 것, 이것이 바로 신실재론자의 잘못된 주장
이다. 이러한 종류의 원자가 절대로 고립할 수 없으며, 단지 전체 속에 있을

수밖에 없다는 점을 알지 못하는 것이다. 그것이 하나의 개체가 될 수 있는 것은 바로 완전히 우리의 규정 혹은 획정에서 비롯된다. 예컨대 거위가 희다고 말하는 것이다. '거위'와 '희다'는 그 범위가 모두 우리가 규정한 것이다. 좀 과장해서, 우리는 백로와 오리를 모두 '거위'라는 하나의 명칭 아래 두기를 원한다면, 또한 꼭 안 될 것이 없다. 루이스는 그것을 확정된 것(The definitives)이라고 불렀다. 나의 뜻이 또한 마침 이러하다. 우리는 거위에 대해 이러할 뿐 아니라, 희다는 것에 또한 옅은 분홍색과 회색 등을 모두 하나의 단어 아래 귀결할 수 있다.

하지만 우리는 만약 원치 않는다면, 또한 그것들을 모두 떼어 놓아도 무방하다. 이러한 종류를 '분류 작용(Classification)'이라고 부른다. 이른바 분류는 단지 임의로 획정한 함의의 범위에 다름 아니다. (가)의 함의 범위를 좀 크게 획정하면 즉 (가)는 바로 (나)를 포함한다. (가)의 함의 범위를 좀 작게 획정하면 즉 (나)는 바로 (가)의 밖에 있게 된다. 예컨대 귤과 탱자, 고래와 물고기를 우리는 탱자가 바로 귤이고, 고래가 바로 물고기라고 말할 수 있지만, 우리는 또한 탱자는 귤이 아니고, 고래는 물고기가 아니라고 말할 수 있다. 이는 당신이 귤과 물고기에 대해 획정한 함의의 크기가 어떠한가를 보면 된다. 함의의 범위는 클 수 있고, 작을 수 있으며, 우리 자신으로부터 획정할 수 있는 것이라는 점을 알 수 있다. 기왕 이러한 바에야 함의되는 것에는 바로 고정된 형태가 없다.

우리는 이러한 이치에 근거하여 대담하게 주장할 수 있는데, 함의는 함의되는 것에 기대는 것으로 제한되지 않는다는 것이다.

5. 경험에 있어서의 개념에 대한 인식의 다원론의 견해

우리는 논리에 있어서 '불가결한 것' 즉 '반드시 우선 존재하는 것'이 기준(혹은 범주로 부를 수 있다)과 함의라는 점을 알지만, 우리는 절대로 이러

한 것들이 또한 바로 이른바 개념이라고 오해해서는 안 된다. 현재 몇 가지 예를 아래와 같이 들어 본다:

1) 제1로 높은 개념으로 형이상학에 속하는 것이다.
   본체(Substance), 실재(Reality), 사물(Matter), 마음(Mind), 힘(Force) 및 기타이다.
2) 제2로 높은 개념으로 물리학에 속하는 것이다.
   활동(Motion), 입자(Particles), 질량(Mass), 에너지(Energy), 관성(Inertia) 및 기타이다.
3) 제2로 높은 개념으로 심리학에 속하는 것이다.
   자각(Consciousness), 인격(Personality), 자신(Self), 의지(Will) 및 기타이다.
4) 제2로 높은 개념으로 생물학에 속하는 것이다.
   생명(Life), 유기체(Organism), 진화(Evolution) 및 기타이다.
5) 제2로 높은 개념으로 논리학에 속하는 것이다.
   명제(Proposition), 추론(Inference), 귀납(Induction), 연역(Deduction), 추상(Abstraction) 및 기타이다.
6) 제2로 높은 개념으로 윤리학에 속하는 것이다.
   최고선(The summum bonum), 자유 의지(Free will), 불후(Moral immortality) 및 기타이다.

위에서 나열한 것이 또한 예를 든 것에 다름 아니며, 이밖에도 많이 있다. 이를테면 미학에 있어서의 개념은 '조화(Harmony)' 등이고, 화학에 있어서의 개념은 '친화력(Affinity)' 등이다. 개념은 결코 기준인 것이 아니며, 바꿔 말해, 즉 개념과 기준은 기필코 매우 크게 구별된다는 점을 반드시 알아야 한다. 첫 번째로 구별되는 점은 바로 개념은 경험적(Empirical)이지만 기준은 경험적인 것이 아니라는 점이다. 이러한 말은 의문의 여지가 있으며, 어쩌면 적잖은 사람들이 형이상학의 가장 높은 개념이 또한 경험적인 것이 아니라고 여길 수 있다. 여기서 대략적인 설명을 덧붙여야 한다. 이른바 경험의 계수(Series)가 기필코 경험으로부터 개괄되는 것이라면, 세상에는 추상적 공상共相(Abstract universals)으로 경험될 수 있는 것이 과연 있느냐는 질문이 가능하다. 그리하여 우리는 두 번째로 다시 구별을 가해야 하는데, 바로 개념은 개괄 작용(Generalization)으로 이루어지지만, 기준은 도리어 그러한 것이 아니라는 점이다. 이러한 점으로부터 세 번째 구별이 또한 파생될 수 있는데, 바로 기준은 논리학적 전제(Logical preassumption)인 것이지만, 개념은 즉 논리학적 추리(Logical consequence)에 다름 아니라는 점이다. 상세히 말하면, 즉 우리는 처음 착수를 할 때 기준이 없을 수 없지만, 개념은 즉 연구에 힘써서 끝날 때에 그것을 얻는 것이다. 이러한 세 가지 구별에 있어서 차츰 또한 하나의 가장 주요한 구별이 발생하는데, 바로 위에서 이미 말한 것처럼, 기준은 단지 교체가 될 수 있을 뿐 결코 거짓으로 변할 수 없지만, 개념은 즉 효력을 잃으면, 완전히 방기되는 데 이를 수 있다는 점이다. 이것이 또한 개념은 단지 결론(Conclusion)인 것에 다름 아니지만, 기준은 즉 그러한 것이 아니라는 점에서 비롯된다. 논리학적 전제는 변환이 될 수 있을 뿐 없어지지 않지만, 논리학적 결론은 즉 전제와 추론이 서로 맞지 않을 경우 완전히 실패될 수 있다.

여기까지 토론하면서, 루이스가 말한 것과 한번 비교해보지 않을 수 없다. 공평히 논해서, 루이스의 『마음과 세계 질서(Mind and the World-order)』(1929)는 현대에 있어서 한 권의 극히 중요한 저술이다. 나는 그가 말한 것에 대해 매우 찬성을 표하며, 단지 네 가지에 동의할 수 없다. 첫 번째는 바로 그가 개념과 기준 사이에 하나의 틈을 두면서도 그것을 분별하지 않은 점이다.

그는 스스로 '개념의 실용론(Conceptual pragmatism)'이라고 불렀다. 그는 우선 '개념'이라는 단어에 대해 해석을 내리면서, 그것에는 세 가지 의미가 있는데, 그 세 번째 의미가 논리학에 대한 것이라고 여겼다. 즉 '하나의 단어의 논리적 내포 혹은 함축(Logical intension or connotation of a term)'을 가리켜 말한 것이다. 대체로 그는 개념에 대해 이러한 세 번째 종류의 의미를 취한다. 그는 말하길, "경험에 있어서 우리 마음이 마주하는 것은 단지 혼돈인 것에 다름 아니다. 하지만, 우리는 적응하고 제어하기 위한 관심에서 바로 고정된 조리를 그러한 혼돈 위에 가함으로써 그러한 구별된 항목들을 통하여 그것들을 미래적 가능성에 관한 기호들로 변화시킬 수 있다. 우리가 방법을 마련해 세워내는 그러한 구별과 관계의 패턴들이 바로 우리의 개념이다(In experience, mind is confronted with the chaos of the given. In the interest of adaptation and control, it seeks to discover within or impose upon this chaos some kind of stable order, through which distinguishable items may become the signs of future possibilities. Those patterns of distinction and relationship which we thus seek to establish are our concepts)"(p.230)고 하였다.

그는 또한 말하길, "그리하여 만약 그러한 것들이 결국 모든 지식이 될 수 있다면, 몇몇 지식은 기필코 선험적인 것인데, 즉 몇몇 명제는 그것이 진리가 되는 것이 필연적인 것이고 미래적 경험의 특정한 성격에서 독립적인 것이다(Thus if there is to be any knowledge at all, some knowledge must be a priori; there must be some propositions the truth of which is necessary and is independent of the particular character of future experience)"(p.196)고 하였다. 우리는 그의 이러한 말들 속으로부터 알 수 있는데, 그는 단지 '부여되는 것과 선험적인 것(The given and the a priori)'으로 두 가지를 나눈 것이며, 다른 종류는 없는 것이다. 무릇 개념이 모두 선험적인 것이라면, 그리하여 개념과 기준에는 바로 분별이 없게 되는 것이다. 그에게는 비록 '순수한 개념(Pure Concept)'이라는 단어가 있지만, 그가 내린 정의는 도리어 칸트와는 같지 않다.

그는 말하길, "일종의 의미가 두 사람의 마음 속에서 본질적이고 등가적으로 사용되어 공통적일 수 있는 것은 피차 서로 알 수가 있기 때문인데, 글자로 그것을 표시하면, 이것이 바로 이른바 '순수한 개념'이란 것으로 정의될 수 있다(We shall define the pure concept as "that meaning which must be common to two minds when they understand each other by the use of a substantive or its equivalent")"(p.70)고 하였다. 그는 뒤에 가서는 다시 '순수한(Pure)'이라는 단어를 빼버리고, 대체로 무릇 개념은 모두 순수한 것이라고 할 수 있다고 하였다. 나의 주장은 이러하지 않다. 나는 개념은 기준을 포괄할 수 있는 것이 아니라고 여긴다.

왜냐하면 개념에는 가장 높은 급이 있고, 이를테면 형이상학에 있어서의 '본체'와 같은 것이지만, 또한 가장 낮은 급이 있는데, 이를테면 일상적 상식에 있어서의 '탁자'와 같은 것이기 때문이다. 우리가 상식에 있어서 사용하는 대부분의 것이 개념이라는 점을 알아야 한다. 이러한 탁자, 저러한 의자 외에도, 무릇 탁자와 의자라고 말하는 것이 바로 모두 개념이다. 탁자와 의자가 이러할 뿐 아니라, 즉 한 걸음 더 나아가, '붉고 네모진 탁자' '검고 둥그런 의자' 역시 모두 개념이며, 붉고 네모진 탁자는 이러한 하나와 저러한 하나에 그치는 것도 아니다. 개념은 매우 많은데, 만약 개념이 선험적이라면, 즉 우리 지식 속에는 선험적인 부분(즉 성분)이 너무 많은 것을 피할 수 없다는 점을 알 수 있다. 그래서 나는 개념은 결코 선험적이 아니라고 생각한다. 개념은 경험에 있어서 기준을 사용해 총괄이 성공된 데서 비롯되는 것이다. 하지만 기준은 개념을 만들기 위해서 사용하는 것이다. 그래서 개념은 내용(Contents)이지만, 기준은 즉 조건(Conditions)인 것이다.

만약 경험에 대한 해석을 가지고 말한다면, 우리는 개념은 '해석으로부터 이루어지는(From interpretation)' 것이고, 기준은 '해석을 위해서 사용하는 (For interpretation)' 것이라고 말할 수 있다. 그래서 기준은 대상이 되지 않으며, 오직 개념이 대상이 되는 것이다. 따라서 우리가 직접적으로 아는 것은 단지 개념에 불과하다. 기준에 이르러는 비록 그것이 사용되더라도 도리어 경험적인 것이 아니다. 게다가 나는 개념은 경험적인 것일 뿐 아니라, 총괄로 인해 이루어지는 것이며, 게다가 단지 일종의 기호 혹은 '상징(Symbol)'에 다름 아니라고 여긴다. 이러한 점에 대해 나는 좀 더 설명을 하기를 원한다.

이른바 '상징'은 바로 일종의 '종속명사(Class-name)'를 말하는 것에 다름 아니다. 그 중에는 아주 많은 특수한 것들이 포괄된다. 하지만 이러한 특수한 것들(Particulars)은 결코 꼭 하나의 공통적 속성(Common attribute)을 구비하는 것은 아니다. 단지 우리가 이러한 것들에 대해 비슷한 응답(The similar response)을 내놓으면, 즉 우리가 바로 이러한 것들을 하나의 명사로 총괄할 수 있다. 이러한 점에 관해 나의 뜻은 완전히 실용론(Pragmatism)과 마찬가지이다. 그래서 이러한 종류의 종속명사는 결코 외계 사물의 진정한 분류를 대표하는 것으로 한정되는 것이 아니며, 여전히 우리들의 '자유 분류(Free classification)'이다. 따라서, 이러한 것들은 실제에 있어서는 '비존재자(Non-existents)'이다. 신실재론자는 '실존자(The subsistents)'라고 일컫는데, 바로 일종의 오해이다. 이에 비추면, 우리는 바이힝거(H. Vaihinger)[15]-의 말을 빌려와도 무방한데, 모든 개념을 전부 '집합적 허구(Summational fictions)'에 다름 아닌 것으로 믿는 것이다. 이러한 점에서 볼 때, 개념은 결코 선험적인 것일 수 없다.

이밖에도 다른 점이 두 가지 있다. 바로 루이스는 칸트가 경험을 가능하게 한다고 말한 선험적 격식을 승인하지 않는다. 그는 말하길, "칸트적 대답으로는, 지식의 대상은 독립적 실재가 아니라 단지 현상인 것일 뿐이며, 인간 감수성의 방식에 의해서 제한되는 것이다. 그리고 이러한 상황적 성

15_ 1852~1933. 독일의 철학자, 칸트 연구자. 스트라스부르대학, 마르틴루터 할레비텐베르크 대학 교수를 지냈다.

질이 미래적 경험을 열어내는 것이다. 이러한 대답은 사실 필요하지 않은 것인데, 왜냐하면 훨씬 간단한 대답이 우리 앞에 놓여 있기 때문이다. 즉 개념의 힘을 넘어서는 상상 가능한 경험 혹은 실재라는 것은 없다는 하나의 명제가 바로 그것이다(The Kantian answer is that the object of knowledge is not independent reality but phenomena, which are limited by human modes of receptivity, and that these, in the nature of the case, will hold for all future experience. This answer is unnecessary because we have a much simpler one before us; it is an identical proposition that no conceivable experience or reality is beyond our powers of conception)"(p.219)라고 하였다.

그리하여 '경험의 가능성(Possibility of experience)'이라는 하나의 용어가 바로 그에게서는 의미를 잃고 말았다. 왜냐하면 우리는 경험 자체의 한계에 대해서 사실상 알 수 있는 방도가 없는 것이기 때문이다. 그래서 그는 말하길, "모든 미래적 경험을 빚어내는 어떠한 한계로서의 선험성이 있는가를 우리는 어떻게 알 수 있을까? 대답은 즉 이러한데, 우리에게는 결코 그러한 지식이 있을 수 없다는 것이다("How do we know a priori that there are certain limits which will characterize all future experience", the answer is that we can have no such knowledge)" (p.220)고 하였다. "선험의 원리는 단지 실재를 제한하는 것이 요구될 뿐, 그것들이 경험을 제한하는 것이 요구되는 것은 아니다(A priori principles……are required to limit reality; they are not required to limit experience)"(p.222)고도 말하였다. 그는 이러한 이유에 근거하여 차츰 실용론에 찬성하면서, 최후의 진위의 분별은 아무래도 실제에 유용한가 여부가 시금석인 것이라고 여긴다. 이러한 점에서 그는 확실히 칸트보다 한 걸음 더 나아간 면이 있다. 하지만 우리는 칸트에 대해 또한 오해가 있어서는 안 된다. 칸트는 결코 현재적 경험으로 미래적 경험을 담보한 것이 아니지만, 현재 경험에 구비된 몇몇 선험적 격식이 즉 미래에도 기필코 버려지지 않는다고 여긴다. 버려지지 않는다고 말한 것은 미래적 경험이 구속을 받는다는 것을 말한 것에 다름 아니다.

이러한 점에 관해, 나는 칸트의 설에 찬성한다. 나는 이것이 마침 외계 사물(부여되는 것)과 내심(인식)이 상호 독립적이라는 점을 표명하는 것이라고 여긴다. 루이스는 한편으로 부여되는 것과 식별이 두 가지로 독립적이라고 주장하지만, 다른 한편으로는 즉 상호 제한을 받지 않는다고 주장한다. 나는 만약 부여되는 것이 인식의 제한을 받지 않는다면, 즉 어떻게 부여되는 것이 독립적이라는 점을 입증할 수 있는가를 묻고 싶다. 그래서 칸트의 설은 비록 결점이 있기는 하지만 관대히 용인할 수 있다. 루이스가 그렇게 주장한 것은 여전히 기준과 개념의 분별을 설정하지 않은 데서 비롯된 것이다. 개념으로 논하면, 당연히 현재적 경험 위에서의 개념이 미래적 경험 위에서도 변화가 없는 것이라고 꼭 담보할 수 없다. 하지만 이는 개념과 경험의 가능성의 관계에서만 그치는 문제가 아니다. 개념 외에도 선험적 격식이란 것이 없을 수 없다. '경험의 가능성'은 완전히 인식의 선험적 격식 위에 있는 것이다.

상세히 말하면, 즉 어떠한 경험도 '공간과 시간'과 '주관과 객관'을 떠날 수 없다. 그래서 이러한 것들이 처음부터 끝까지 경험을 제한하는 것이며, '경험의 가능성'은 바로 그 위에서 구축되는 것이다. 상세히 말하면, 즉 지금 미래적 경험을 담보할 수 있으려면, 반드시 이러한 종류의 격식 내로 끼워져야 한다. 따라서 나는 이러한 가능성이 결국은 있는 것이라고 주장한다.

세 번째는 루이스의 외계에 관한 의견이다. 여기서 그는 칸트와 서로 같다고 부를 수 있다. 그는 외계 자체에는 조리가 없다고 주장하는데, 모든 질서가 전부 외계에 대한 해석과 식별이라는 것이다. 칸트가 일컬은 '다면적 드러남(The manifold)'이 본래 조리를 함유하는가는 바로 그 밖의 하나의 문제이다. 하지만 나는 만약 외계에 절대로 구조가 없는 것이라면, 즉 기필코 매우 많은 곤란이 따른다고 여긴다. 페퍼(Stephen C.Pepper)[16] 교수가 전적으로 한 편의 문장(「범주: 관계 문제에 있어서의 연구(Categories: in Studies in the Problem of Relations)」)을 통해 루이스가 소홀히 다루었던 구석을 교정하였다. 그는 루이스의 매우 많은 말을 거론하면서, 그가 결코 절대로 조리가 없다고 주장한 것은 아니라는 점을 입증하였다. 교정하려는 방면에서 대체로 아주 힘을 기울였다. 하지만 그 속에 도리어 역시 완전하지 않은 구석이 있다. 그는 루이스는 어떠한 개념도 당시의 한 때에서는 활용될 수 있지만, 이후의 경험이 어떠한가를 다시 봐야 하는데, 이것이 바로 시간에 있어서의 연장이 필요한 까닭이라고 말한 것이라고 하였다.

만약 이후의 경험이 결국 개념과 상호 부합되지 않는다면 이러한 개념은 바로 다시 사용할 수 없다는 것이다. 나는 이러한 말이 너무 단순한 것이라고 생각한다. 예컨대 나는 무릇 에너지의 보존(Conservation of energy)을 믿지만, 나는 뒷날 물리 현상의 연구에 있어서 도리어 아주 꼭 맞지 않는 구석도 있다는 점을 발견하였다. 에너지가 멸하지 않는다는 원칙은 한때는 적용되지만, 도리어 그 항시적 적용을 보증할 수는 없다. 그래서 그는 실제에 있어서 우리의 지식(경험에 있어서 지식)은 결국 단지 '개연적(Probable)'이라고 부를 수 있을 뿐, 결코 필연적 관련이 있는 것이 아니라고 말한다. 이러한 말 속에서, 페퍼는 바로 선험성이라는 개념이 실제에 있어서 성공적으로 시행될 수 있는가 여부를 묻고 있는 것이다. 그는 선험성이라는 개념이 실제 사물에 적용되어 유효할 수 있는가 여부는 루이스가 단지 개념에 구비된 성질과 외계 사물에 구비된 성질이 상호 부합되는가 여부를 보면 된다고 주장한 것에 다름 아니라고 여긴다. 그래서 루이스는 단지 개념을 그 위로 적용(Applicability)할 수 있게 하는 어떠한 것이 있을 뿐이

16_ 1891~1972. 미국의 철학자, 미학자, 가치론 연구자. 하버드대학 철학박사. 버클리대학 교수, 철학과 학과장, 문학원 원장을 지냈다.

며, 단지 이러한 대상(Object)만이 초월적으로 존재한다고 본 것이라고 하였다. 하지만 이러한 대상 자체가 만약 루이스에게서처럼 제대로 분별될 수 없는 것이라면, 즉 곤란이 기필코 발생한다.

따라서 페퍼는 루이스가 그렇게 주장한 것은 외계에 '딱딱하게 굳은(Rigid)' 조리가 있는 것을 우려한 것에 다름 아니라고 말한다. 이러한 생각은 내가 생각하기에 또한 틀린 것은 아니다. 왜냐하면 만약 외계에 딱딱하게 굳은 질서가 있는 것이라면, 사실상 우리가 외계에 대한 지식의 가소성을 설명할 방도가 없는 것이기 때문이다. 하지만 반대로 만약 외계에 완전히 질서가 없다고 말한다면, 즉 기필코 우리 세계를 또한 완전히 '마술'로 변화시키는 것이다. 따라서 나의 뜻은 이러한 우리 세계가 대부분 Modification, 즉 양태 수정에 다름 아니지만, 도리어 꼭 양태 수정으로 한정되지 않는다는 데 찬성하는 것이다. 바꿔 말해, 양태 수정의 배후에 기필코 몇 가지의 근거가 있다고 여긴다. 따라서 나는 외계에는 딱딱하게 굳은 조리가 없지만, 도리어 조리가 완전히 없는 것은 아니라고 말한다. 학자의 오점은 왕왕 외계를 '재료(Stuff)'로 믿는 데 있다. 사실 외계는 단지 감각 자료의 배후이고, 직접적 재료는 바로 단지 감각 자료에 다름 아니다. 그래서 나는 외계가 또한 단지 하나의 '구조(Structure)'인 것에 다름 아니라고 주장한다. 게다가 이러한 구조는 단지 우리 내계의 구조 속에서 그것을 볼 수 있을 뿐이다. 이를 제외하면 절대로 알 수 없다. 우리는 단지 이러한 유일한 질서 속에서 방법을 강구해 그것을 분석해서, 그 몇 가지가 외계에 속하고, 그 다른 몇 가지는 내계에 속한다는 점을 알 수밖에 없다. 우리의 작업은 단지 이러할 수 있을 뿐이다. 상세히 말하면, 즉 단지 감각 자료를 기반으로 해서, 무릇 이러한 기반 위에서 조성되는 건물을 모두 '조성물(Construction)'이라고 이름하는 것이며, 우리는 단지 이러한 조성물 속에서 그 어떠한 부분이 외계에 속하고, 그 어떠한 부분은 내심에 속한다고 여길 수밖에 없는 것이다.

네 번째는 바로 우리 지식이 공동의 것이 되는 것에 관한 루이스의 견해이다. 그는 물론 그것은 우리 각 사람의 성질과 욕구 등이 대체로 서로 같은 데서 비롯되는 것이지만, 도리어 또한 사교의 까닭에서도 비롯된다고 여긴다. 사실 그의 이러한 설은 공동의 내원을 '의견 교통(Communication)' 위에 건립하는 것에 다름 아니다. 나는 이러한 설이 실로 칸트를 보충해주기 충분하다고 여기지만, 도리어 칸트를 뒤집어 그것으로 대체할 수는 없다고 여긴다. 칸트는 개인에게는 보편적 의식(Bewusstsein überhaupt, Consciousness in general)이 있다고 주장하였다. 루이스의 이 설이 역시 이를 승인하지 않을 수 없다. 사실 나의 분별에 따르면, 각기 다른 점이 있고 서로 합병되지 않는다고 해도, 여전히 칸트의 이 설을 용납할 여지가 있다. 루이스의 설은 단지 개념에 대해서만 그것을 말할 수 있다. 여기 하나의 탁자가 있으면, 내가 탁자라고 믿고, 당신이 또한 탁자라고 믿는 것이다. 이는 자연히 '사회적(Social)' 관계에서 비롯되는 것이다. 하지만 내가 이것이 탁자라고 여길 때는 기필코 공간이 있고, 당신에게 또한 기필코 공간이 있다. 이러한 선험적 격식으로서의 '공간'은 도리어 지식의 교통에서 생겨나는 것이라고 귀결할 수 없다. 우리는 부득이 여기서 여전히 하나의 '보편적 의식(Bewusstsein überhaupt, Consciousness in general)'이 있다고 주장하는 것이 필요하다. 이러한 점에 관해 나는 루이스가 비록 공헌이 있지만, 단지 칸트를 보충한 것에 다름 아니라고 여긴다.

루이스의 설과 나의 주장을 이미 대략 비교하였으며, 그것을 다시 귀납하여 본다. 공평히 말해서, 인식이 외계의 조리에 달렸는가, 경계의 감각에 달렸는가, 내계의 격식에 달렸는가 및 경험에 있어서의 개념에 달렸는가를 토론하는 것은 본래 하나의 연환적 동그라미이다. 〈그림 5-1〉과 같은 그림으로 나타내도 무방하다.

〈그림 5-1〉에서 무릇 화살표로 표시한 것은 모두 '환원성(Reducibility)'의 해석으로 삼을 수 있다. 바로 감각이 외계 사물로 환원될 수 있고, 개념이

감각으로 환원될 수 있는 것을 말한
다. 그런데 나는 모든 오해 역시 전부
이러한 점으로부터 비롯된다고 여긴
다. 이러한 환원 아래의 추세는 기필
코 주이부시周而復始와 영무지기永無止
期이다. 그리하여 학자는 바로 이러한
불가분의 연환 속에서 그것을 강제로
나눈다. 경험론은 감각을 출발점으로
해서, 감각으로부터 내계로 미루고,
내계로부터 다시 외계로 미룬다. 실

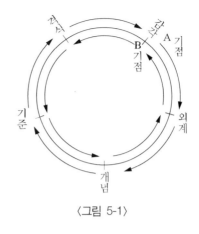

〈그림 5-1〉

재론은 외계를 출발점으로 해서, 외계로부터 감각으로 미루고, 감각으로부
터 다시 내계로 미룬다. 유심론은 격식과 기준을 출발점으로 해서, 이로부
터 미루어 가는데 여전히 한 바퀴를 돌 때까지이다. 요컨대, 그것들은 모두
이러한 한 바퀴를 직선으로 고쳐 삼으려는 것이므로, 그리하여 바로 처음과
끝이 있다. 근본에 있어서 바로 한 바퀴를 도는 것이 아니라면, 즉 환원이라
는 것도 있을 수 없다. 나는 근본에 있어서 다섯 종류의 상호 독립적인
것이 있다고 여긴다. 감각으로부터는 외계 사물을 알 수 없고, 격식으로부
터는 감각을 알 수 없으며, 기준으로부터는 격식을 알 수 없고, 개념으로부
터는 기준을 알 수 없다. 이것이 바로 나의 주장이 이제껏 있던 인식론에
있어서의 갖가지 학설과 다른 까닭이다. 그들의 학설은 인식론에 있어서
일원론 혹은 인식론에 있어서 이원론(Epistemological monism or episte-
mological dualism)이라고 말할 수 있고, 나의 이 설은 즉 그것을 이름하여
인식론에 있어서 다원론(Epistemological pluralism)이라고 말할 수 있다.
왜냐하면 감각, 격식, 기준, 개념은 각기 내원이 있는 것이고 합병될 수
있다고 승인하지 않기 때문이다. 현재 또렷한 인식을 기하기 위해, 다시
네 종류로 나누어 각각의 성질을 아래 표로 나타내보기로 한다:

조리(Order)	격식(Form)	기준(Postulate)	개념(Concept)
자연적이고 내재적 (Natural and Immanent)	인식적으로 선험적 (Epistemically transcendental)	논리적으로 선험적 (Logical transcendental)	경험적 (Empirical)
객관적(Objective)	주관적(Subjective)	주관적(Subjective)	상징적(Symbolic)
분명하지 않은 (Implicit)	분명하지 않은 (Implicit)	분명한(Explicit)	분명한(Explicit)
고유한(Unique)	고유한(Unique)	교체될 수 있는 (Alternative)	여러 가지의 (Various)
간접적(Mediate)	간접적(Mediate)	직접적(Immediate)	직접적(Immediate)
유효한(Valid)	유효한(Valid)	유효한(Valid)	무효할 수 있는 (Invalid)
구조(Structure)	조건(Condition)	방법(Method)	결론(Conclusion)
부여되는 것(The given) 속에서 잠존함(Subsists in the object)	대상과 공존함 (Co-exists with the object)	대상에 대처함 (Approach to the object)	대상에서 얻어냄 (Derives from the object)

요컨대, 나의 이러한 의견은 위에서 서술한 순환론에서 탈피한 것이다. 그러한 종류의 순환론이 사실 인식론에 대해 일종의 위협이 될 수 있기 때문이다. 즉 빛깔을 다시 예로 들어보자. 물리학가는 우리에게 외계는 결코 빛깔이 없으며, 단지 파장(Wave-length)이 있다고 일러준다. 하지만 우리에게 보이는 것은 도리어 빛깔이다. 그렇다면 우리에게는 어떠한 것이 믿을 만한 것일까? 묻자면 어떻게 빛깔이 단지 파장이라는 점을 알 수 있을까? 즉 실험에 의한 것에 다름 아니다. 실험은 스스로가 또한 말을 하지 않는다. 그리하여 기필코 해석을 기다려야 한다. 그렇다면 이른바 파장은 단지 실험을 해석한 일종의 학설에 다름 아니다. 우리는 동일한 결론에 다다를 수 있는데, 바로 감각이 꼭 믿을 만하지 않은 것처럼, 이론이 역시

이러하다는 점이다. 그래서 우리는 바로 순환론으로 빠져들면서, 물계의 파장으로 경험적 색각을 설명하고, 또한 경험을 재료로 추론하여 물리적 학설을 얻어낸다. 앞의 절반의 고리에서 물계는 마치 굳건하게 존재하는 것 같고, 뒤의 절반의 고리에서 물계는 우리 사유의 구조물로 변화하며, 개조될 수 있고, 변화될 수 있는 것 같다. 이는 색각을 설명할 때 즉 우선 파장이 있다고 여기는 것이며, 파장을 설명할 때는 즉 또한 논리학에 호소하지 않을 수 없게 되면서 차츰 일종의 추론의 결과로 변화하는 것이다. 이러한 종류의 순환론은 사실 완전히 맞는 것이 아니다. 그래서 나는 우리가 만약 이러한 점을 깨뜨리지 않는다면, 즉 인식론이 바로 더 이상 나아갈 수 없다고 여긴다. 나의 이러한 방법은 바로 감각, 격식, 기준과 조리를 각각의 출발점으로 믿는 것이며, 그 하나를 다른 것으로 환원할 수 없다는 것이다. 이것이 바로 내가 감히 위에서 서술한 순환론을 깨뜨리고자 하는 까닭이다.

6. 행위와 지식의 관계에 대한 인식의 다원론의 견해

현재 지식이 행위를 떠날 수 없는 까닭을 한번 토론하여 본다. 나의 생각은 여기서 완전히 실용론(Pragmatism)에 찬성한다.

우선 '부여되는 것(The given)'으로부터 말하여 본다. 실용론은 우리에게 이제껏 여실하게 이러한 것은 없다고 일러준다. 무릇 부여되는 것은 기필코 우리의 심리 태도 속에 끼워져 있는 것이다. 그리하여 가장 선명한 것은 이른바 '과거 흔적으로 부여되는 것(Mnemonic given)'이다. 만약 내가 하나의 푸른색의 덩어리를 본다면, 나는 바로 한 그루의 나무라는 점을 안다. 왜냐하면 나는 일찍이 나무가 이러하다는 것을 본 적이 있기 때문이다. 이번에 나는 자세히 볼 필요가 없이, 단지 푸른색이 나를 한번 일깨워주기만 하면, 즉 나의 마음속에서는 자연스럽게 나무 전체가 찍힌 영상이 용솟아 나온다. 이러한 종류의 연상이 바로 이른바 기억이고, 또한 바로 과거에 찍힌 영상이 다시금 용솟아 나오는 것이다. 러셀은 그것을 '과거 환기의 인과율(Mnemonic causation)'이라고 이름하였다. 이는 또한 과거의 것에 속하는 것이다. 장래에 속하는 또 한 종류의 것이 있는데, 바로 루이스가 일컫은 '예견(Prediction)'이다. 왜냐하면 우리의 매 하나의 인상은 그 밖의 하나의 인상을 예기하지 않는 경우가 없기 때문이다. 가령 그 밖의 하나의 인상이 마침 내가 예기하는 바와 같다면, 이러한 하나의 인상은 바로 정확한 것이 된다.

예컨대 내가 이러한 것이 귤이라고 말한다면, 즉 나는 많은 귤이 지니는 성질을 모두 이러한 것 위로 가져가는 것에 다름 아닌데, 둥그렇고, 누런 빛깔이며, 먹을 수 있고, 달콤하며, 땅에 심을 수 있고, 냄새를 맡을 수 있으며, 사람에게 선물할 수 있다는 것 등등이다. 내가 그것을 먹기 시작할 때가 되면, 도리어 아주 쓰고 떫다는 생각이 들 수도 있다. 그리하여 나는 또한 그것이 귤인 것이 아니라고 말할 수도 있다. 내가 그것이 귤이라고 말할 때는 굳이 결코 먹어봤거나, 냄새를 맡아봤거나, 땅에 심어봤던 것일 필요가 없는 것이라는 점을 알 수 있다. 이러한 것은 바꿔 말하면, 즉 그 모든 성질은 하나하나가 차츰 누군가에게 경험이 되었던 것이라는 점이다. 우리는 보통 하나의 것에 대해 늘 단지 그것의 일종의 성질을 경험하기만 하면 그것이 어떠한가에 대해 판단을 내릴 수 있지만, 이러한 판단에는 도리어 이러한 것에 있는 다른 경험하지 못한 아주 많은 성질이 포괄된다. 이것이 바로 이른바 예견이다. 또한 일종의 생략적으로 부여되는 것이라고 말할 수 있으며, 나는 그것을 '생략적 소여', '생략적으로 부여되는 것(Elliptical given)'으로 이름한다. 보통 우리가 어떠한 것을 볼 때는 대체로 모두 이러하다. 게다가 이러한 것에 대해서는 과거의 (스스로 친소 경험한) 경험이 환기될 뿐 아니라, 또한 이러한 것에 대해서 익히 들은 해석이 환기된다. 이른바 '전설(Tradition)'이 바로 이러한 것 중의 하나이다.

예컨대 번뜩이는 빛을 보면, 우리는 번개라는 것을 아는 동시에, 또한 기필코 무섭다고 생각된다. 이것은 바로 번개가 사람을 타격하는 것이 생각된 데서 비롯된 것이다. 그래서 부여되는 것으로 말하면, 이른바 '부여되는 것'은 바로 하나의 극히 복잡한 작용이다. 위에서 서술한 기억과 예견 외에도, 지각과 개념의 작용이 그 사이에 끼어든다. 예컨대 우리는 거울을 비추면, 우리에게 직접적으로 보이는 것은 단지 거울 속의 영상이지만, 우리는 동시에 도리어 그것이 거울 속의 것이고, 진짜가 아니라는 점을 안다. 이것이 바로 지각과 개념이 그 사이에 끼어든 것이다. 왕왕 어느 산골 사람은 큰 거울을 보면, 머리를 부딪쳐 거울을 깨는 데 이를 수도 있다. 그에게 부여되는 것은 여전히 우리와 마찬가지지만, 우리는 이밖에도 거울에 대한 지각과 빛의 반사 등의 개념이 동시에 구비되어 있어, 우리는 바로 머리를 부딪치는 데 이르지 않는 것이다. 내가 다시 하나의 비유를 들어본다.

예컨대 어린 아이가 『시경詩經』을 암송한다. 선생이 우선 '물새들 노래하네關關雎鳩'라는 한 구절을 읽으며 학생을 일깨운다. 그리하여 학생은 바로 이어서 "강언덕에서在河之洲, 요조숙녀와窈窕淑女, 군자는 짝을 이루길 좋아해요君子好逑" 등의 구절을 암송해간다. 부여되는 것이 우리의 지식에 있어서 또한 이러하게 외계 사물의 원형이 흡취되는 것이다. '물새들 노래하네'와 '강언덕에서'는 본래 한 묶음이다. 단지 한번 머리를 끄집어내면 자연스럽게 이어져나간다. 내가 '물새들 노래하네'를 가지고 '부여되는 것'에 비유했다면, 그것에 끌려 나온 '강언덕에서' 등은 무엇인 것일까? 자연히 한 묶음의 개념이다. 이러한 개념 속에서는 지각, 기준 및 기억 등등이 은연 중에 포함된다. 이러한 개념들이 대외적 핍진이 아닌 바에야, 즉 그 작용은 어디에 있는 것일까? 나는 이러한 개념들의 작용의 용도가 전적으로 자신에게 있다고 여기는데, 바꿔 말하면, 즉 전적으로 아는 자(Knower) 자신이 아는 것(Known)을 다루는 편리한 계산인 것에 다름 아니다. 그래서 개념은 외계 사물에 대한 핍진이 아니라, 도리어 자신이 외계 사물을 다루는 총결적 행위이다. 매 하나의 개념은 즉 아주 많은 행위를 대표하는 것이다. 이러한 행위가 연결되어 하나의 세트를 이룬다. 매 하나의 세트는 총적인 명칭이 있는데, 바로 개념이다. 보통 사람의 의견은 공교롭게도 나의 이러한 설과 상반된다. 그들은 매 하나의 개념은 아주 많은 외계 사물을 대표하는 것이라고 여긴다.

예컨대 귤을 보통 사람은 이러한 개념이 아주 많은 특수한 것을 대표해서 하나의 명사 아래로 총괄된 것이라고 여긴다. 하지만 나는 이렇게 여기지 않는다. 바로 단지 그러한 것을 다루는 우리의 아주 많은 태도를 대표하는 것에 다름 아니다. 이러한 태도들은 경험으로부터 이루어진다. 따라서 나는 그것을 경험적 태도(Experience-attitude)라고 이름한다. 바로 경험이면서 또한 태도인 것을 말한다. 그래서 매 하나의 개념은 단지 아주 많은 경험적 태도가 엮여져 이루어진 하나의 세트(A set of experience-attitudes)인 것이다. 만약 심리학에 있어서의 말로 바꿔 말한다면, 즉 반응의 세트(A set of responses)라고 할 수 있다.

예컨대 귤이라는 하나의 개념은 바로 '손으로 쥘 수 있고' '먹을 수 있으며' '냄새를 맡을 수 있고' '단 맛이 나며' '선물할 수 있고' '탁자 위에 올려놓을 수 있으며' '입체 원형을 대표할 수 있고' '즙을 짤 수 있는' 등의 행위에 있어서 다뤄지는 것을 대표한다. 이렇게 다뤄지는 반응들을 떠나면, 개념은 곧 의미를 잃어버린다. 그래서 개념은 외계 사물의 기호를 대표하는 것이 아니라, 바로 우리가 외계 사물을 다룰 때의 아주 많은 행위적 기호를 대표하는 것이다. 보통의 일상생활에서의 것이 이러할 뿐 아니라, 즉 과학에 있어서의 개념이 역시 그것의 '운영(Operation)'을 봐서 정해진다. 물리학에 있어서의 이른바 '속도(Velocity)', '질량(Mass)', '에너지(Energy)', '전류(Electricity)' 등등 개념이 모두 운영의 한 세트(A set of operation)에 다름 아니다. 이러한 종류의 운영은 바로 실험(Experiment)과 기술적 효용(Technical utility)을 위한 것이다. 미국의 물리학자 브리지먼(P. W. Bridgman)[17]-이『현대 물리학의 논리(The Logic of Modern Physics)』(1927)에서 처음으로 이러한 학설을 창립하였다. 그의 이러한 주장은 상대성 이론과도 결코 충돌되지 않는다. 우리의 일체의 개념이 모두 한 세트의 행위를 대표하는 것이라는 점을 알 수 있다. 하지만 이러한 것들이 한데 연결되어 하나의 세트를 이루는 데는 도리어 자체적으로 또한 까닭이 있다.

이러한 점에 관해 두 가지 상반된 의견이 있다. 한 파는 무릇 개념은 모두 하나의 명사이며, 이러한 명사 아래 포괄되는 특수한 것을 우리가 수시로 넣고 뺄 수 있다고 여긴다. 예컨대 우리는 어떠한 종류의 네 다리의 동물을 말이라고 이름하면, 즉 무릇 말을 닮은 것, 이를테면 작은 말은 나귀로 이름할 수 있고, 이를테면 보다 큰 말은 노새로 이름할 수 있으며, 이를테면 Zebra는 얼룩말이라고 부를 수 있다. 이렇게 하면, 우리는 한 필의 비교적 작은 말을 만나면, 즉 그것을 말이라고 부르지 않고 나귀라고 부를 수 있다. 또한 한 필의 나귀를 만났는데 크기가 좀 크면 그것을 나귀라고 이름하지 않고 노새라고 부를 수 있다. 명사는 임의로 사용할 수 있는 것이라는 점을 알 수 있다. 기호로 그것을 비유하여 본다. 만약 (가)라는 개념이 A, B, C, D, E 등 특수한 것을 포괄한다고 쳐 보자. 우리는 그밖에 F, G, H 등을 안에 더할 수 있고, 또한 다시 뺄 수 있으며, 이러한 (가)라는 개념은 여전히 불변한다. 우리는 또한 그 중의 C, D, E를 모두 밖으로 빼버리고, 그밖에 하나의 개념 (나)에 귀결할 수 있다. 그리하여 (나)라는 개념은 바로 C, D, E, F, G, H를 포괄할 수 있다. 하지만 우리는 또한 그 중의 E, F, G, H를 다시 그 밖의 하나의 개념 (다)로 세울 수 있다. 그래서 이렇게 나아가면, 그 결과는 매 하나의 개념이 되며, 그 중에 포함되는 특수한 것에 결코 고정된 수량은 없다. 그리하여 개념은 바로 하나의 '여지를 지닌 이름(empty name)'이 된다. 이러한 것을 Nominalism, 즉 유명론唯名論이라고 일컫는다. 이밖에 다른 한 파는 분류가 우리로부터 임의로 이루어지는 것이 아니라, 자연계의 사실에 근거하는 것에 속한다고 여긴다. 자연계 속에

17_ 1882~1961. 미국의 물리학자, 과학철학자. 하버드대학 물리학과 교수를 지냈다. 1946년 노벨 물리학상을 받았다.

• 제5장 인식의 다원론 • 163

이른바 자연의 종류(Natural kinds)가 있다고 여긴다. 바꿔 말하면, 즉 자연계 자체에 갖가지 종류가 있으며, 결코 우리의 획분으로부터 이루어지는 것이 아니라는 것이다. 잠시 이러한 종류의 학설을 Realism, 즉 실재론이라고 이름해도 무방하다. 실재론과 유명론이 각기 그 근거가 있다는 점을 알아야 한다. 나의 뜻은 즉 양자 사이에서 절충을 하기를 원하는 것이다. 원래 자연의 종류설은 결코 자연계에 확실히 그러한 종류가 있다고 주장하는 것은 아니다. 하지만 분류의 근거가 자연계에 있지 우리의 주관에 있지 않다고 여긴다. 예컨대 말과 노새와 나귀라는 세 가지를 우리는 말이라고 통칭할 수 있다. 하지만 노새는 비록 말로 지시될 수 있지만, 실제에 있어서 노새가 지닌 갖가지 '성질'은 도리어 그것이 말로 이름되는 것에 의해 없어지지 않는다. 바꿔 말하면, 즉 노새의 성질은 결코 바뀌는 것이 없다. 종류의 귀결이 외계의 고유한 성질과 아주 꼭 관계되지 않을 수 있다는 점을 알 수 있다. 즉 단지 외계에 있는 성질이 이리로 옮겨오고, 저리로 옮겨갈 수 있는 것에 다름 아니다. 즉 이러한 종류 속으로 옮겨오고, 혹은 저러한 종류 속으로 옮겨가는 것이다. 하지만 도리어 허공에 기대어서 없던 것에서 있던 것으로 변화하고, 또한 허공에 기대어서 있던 것에서 없던 것으로 변화하는 것은 아니다. 예컨대 노새는 본래 사람을 잡아먹을 줄 모르므로, 이러한 점에서 볼 때 호랑이 종류 속에 귀결할 수 없다. 설령 당신이 억지로 귀결해 넣는다고 해도, 노새는 여전히 사람을 잡아먹을 줄 모르고, 결코 이로 인해 사람을 잡아먹을 줄 아는 것으로 변화할 수 없다. 내가 생각하기에 이러한 주장은 쉽게 부인될 수 없는 것이다. 바로 우리가 분류와 귀결을 비록 그것을 임의로 할 수 있지만, 그 근거가 도리어 또한 결코 완전히 두절될 수 없다는 점을 말한다. 이러한 점에 관해서 특히 하나의 증명이 있다. 바로 논리학에 있어서 일컫는 '유한한 변화의 원리(The principle of limited variety)'이다. 이러한 원리는 쉽게 이해된다. 예컨대 주사위를 여기서 두 개 던져보면, 합쳐서 가장 적은 것은 2이고, 합쳐서 가장 많은 것은

12이며, 어찌됐든 2보다 적을 수 없고, 어찌됐든 12보다 많을 수 없다. 이것이 바로 이른바 유한하다는 것이다. 그 중의 변화는 즉 2, 3, 4, 5, 6, 7, 8, 9, 10, 11, 12까지이다. 우리는 주사위를 던져보면, 합쳐서 3이 될지, 4가 될지, 5가 될지, 6이 될지 모르지만, 결국은 2보다 적을 수 없고, 12보다 많을 수 없다는 점을 안다. 이러한 원리에 근거하여, 우리는 사물의 종류에 사용할 수 있다. 예컨대 고양이는 결코 하나하나 똑같지 않으며, 큰 것이 있고, 작은 것이 있으며, 검은 것이 있고, 흰 것이 있으며, 심지어 개를 닮은 것도 있다. 개가 역시 하나하나 똑같지 않으며, 큰 것이 있고, 작은 것이 있으며, 검은 것이 있고, 흰 것이 있으며, 심지어 고양이를 닮은 것이 있다. 하지만 고양이는 비록 개를 닮을 수 있지만, 결국 여전히 고양이이고, 개는 비록 고양이를 닮을 수 있지만, 결국 여전히 개이다. 이것이 바로 유한한 변화를 일컫는다. 바꿔 말하면, 즉 고양이는 비록 아주 많고 많은 이상한 생김새가 있을 수 있지만, 여전히 고양이라는 큰 종류 속에 있다. 이러한 큰 종류의 제한은 넘어설 수 없는 것이고, 마침 두 개의 주사위가 합쳐서 2보다 적을 수 없고, 12보다 많을 수 없는 것과 같다. 이러하면 외계에는 확실히 '질량의 구별(Mass-distinction)'이 있다고 말하는 것과 다르지 않다. 바로 단지 질량에 있어서 결국 차이(Difference)가 있는 것에 다름 아니며, 그 종류 내에서는 개별적으로 즉 크게 차이가 없다는 것을 말한다. 어쩌면, 당신이 설사 개를 닮은 어떤 고양이를 개의 종류 속에 귀결한다고 해도, 결코 모든 고양이를 개의 종류 속에 귀결할 수는 없다. 종류의 귀결은 사실 통계적 수단(Statistic mean)인 것에 다름 아니라고 말할 수 있다. 바꿔 말해, 즉 통계적 수단을 가지고 그 방법을 구하기만 하면, 여전히 그러한 방법을 얻어낼 수 있다. 이에는 적극적 의미와 소극적 의미가 동시에 그 속에 담긴다. 우선 소극적 의미로 보면, 외계에는 결코 자연의 종류가 없다고 말하는 것과 크게 다르지 않다. 고양이와 개가 결코 사실상 다른 종류가 아니라고 쳐 보자.

그러나 고양이에는 각양각색이 있고, 개에 역시 각양각색이 있지만, 양자의 각양각색 사이에서 그 분별되는 점을 배열해 보면 기필코 그 차이가 드러난다. 만약 그 중간의 서로 비슷한 부분을 배제하고, 전적으로 두 가지에 서로 차이가 가장 큰 점을 가지고 비교해 보면, 자연히 두 가지로 종류가 드러나는 것이다. 그 다음, 적극적 의미로 볼 때, 또한 우리에게 일러주는 것은 설령 그러하지만, 우리의 모든 분류에는 전부 사실상 얼마만큼의 근거가 있다는 점이다. 분류와 귀결이 완전히 임의적이지는 않다는 점을 알 수 있다. 하지만 그 근거가 십분 굳건한 것은 아니라는 것에 다름 아니다. 전자로 보면 유명론에 이치가 있다는 점을 입증하기 충분하고, 후자로 보면 또한 실재론이 역시 이치가 있다는 점을 입증하기 충분하다. 이러한 분석은 퍽 우리를 돕기에 충분하다. 하지만 나는 이른바 근거가 외계의 자연적 성질 자체에 있는 것이 아니라, 바로 단지 우리가 그 사물을 다루는 경험적 태도에 있는 것에 불과하다고 여긴다. 우리의 경험적 태도에는 갖가지 종류의 세트가 있다. 매 하나의 세트가 하나의 새로운 것이라고 해도, 가령 두 세트가 서로 같거나 비슷하면, 즉 우리는 바로 이러한 우리의 행위들을 일으키는 그러한 두 가지 세트를 한 종류로 나열한다. 그래서 두 가지 사물이 하나의 종류 속에 있는 것은 그것의 고유한 자연적 성질이 서로 같기 때문이 아니라, 바로 그 두 가지에 대한 우리의 경험적 태도가 서로 같기 때문이다. 예컨대 붓과 먹은 실제에 있어서 매우 다른 것이지만, 우리는 모두 문구로 믿을 수 있는데, 바로 왜냐하면 두 가지에 대한 우리의 태도가 비슷하기 때문이다. 하지만 붓을 만드는 사람과 먹을 제조하는 사람에게 있어서 그들의 관념은 도리어 또한 우리와 같지 않다. 그래서 우리가 외계 사물을 다루는 경험적 태도는 매 하나의 세트가 '특별한(Unique)' 것이지만, 우리가 외계 사물을 다루는 태도가 결코 또한 허공에 기대는 것은 아니라는 점을 알 수 있다. 예컨대 우리는 굴을 먹는 것으로 다루는데, 만약 굴을 닮은 하나의 돌을 잘못 가져다 씹으면, 기필코 이빨이 손상된다. 즉 하나의 사물에 대한 우리의 경험적 태도에는 바로 이른바 '호환성(Compatibility)'의 문제가 발생한다. 이러한 호환성의 문제는 바로 또한 그러한 사물에 대한 우리의 '유효한 작동성(Workability)' 여부이다. 만약 호환(Compatible)된다면, 즉 유효한(Workable) 것이다.

바꿔 말해, 이러한 문제는 바로 우리가 외계 사물을 다룰 때, 우리가 왜 어떠한 것은 수용하고, 어떠한 것은 수용하지 않는가(혹은 거절하는가)? 이렇게 수용하거나 거절하는 것(Acception or rejection)은 대체 외계의 사물 자체와 어떠한 관련이 있는 것인가? 등을 묻고 있는 것이다. 이러한 문제에 대해 일반적으로 실용론자는 대체로 비교적 홀시한다. 나는 실용론은 여기에 이르러 이미 그것의 한계에 이른 것이라고 여긴다. 여기서는 실재론을 흡수하지 않으면 해결할 수 없다. 이른바 수용하거나 거절하는 것이 바로 여전히 우리와 외계 사물의 관계를 표시하는 것이라는 점을 알아야 한다. 현재 무어의 이론을 가져다 그것을 '관계적 특성(Relational property)'이라고 이름하여 본다(무어(G.E.Moore), 『철학적 연구(Philosophical Studies)』(1922, pp.281~282 참조)). 예컨대 우리가 귤을 먹을 때는 바로 귤에 일종의 관계적 특성이 있을 수 있는데, 이름하여 '맛있다'이다. 우리는 돌을 먹을 수 없는데, 즉 '먹을 수 없다'가 또한 바로 돌에 있는 일종의 관계적 특성이다. 우리는 절대 이러한 종류의 관계적 특성이 바로 외계 사물(이를테면 귤과 돌)의 본성인 것이라고 믿을 수 없다. 이 관계는 단지 관계 자체 속에 존재하는(Exists in the relation itself) 것이다. 무릇 관계적 특성의 발생은 기필코 두 가지 혹은 두 가지 이상의 관계자(Relata) 및 관계라는 세 방면이 합성되는 하나의 전체적 정황(A whole situation)에서 생겨나는 것이다. 그래서 그 중의 하나라도 빠지면, 혹은 변화가 생기면 기필코 전체적 정황에 영향을 끼치며, 관계적 특성에 또한 변화를 가져온다. 따라서 귤이 먹을 수 있는 것은 기필코 귤의 본성과 일부가 상관되고, 돌이 먹을 수 없는 것이 또한 결코 허공에 기대는 것이 아니다. 하지만 우리는 도리어 귤이 먹을 수 있는 것이 바로 그것의 본성이라고는 결코 말할 수 없다. 우리는 많아야 단지 굴에 일종의 가능성(Possibility) 혹은 불가지한 어떠한 성질(A certain unkn-own quality)이 있어 우리로 하여금 '먹을 수 있다'는 관계적 특성을 발생시키기 충분하다고 말할 수 있을 뿐이다. 따라서 나는 외계에 결코 절대로 조리가 없지 않다는 점을 승인한다. 하지만 외계의 조리는 도리어 아주 선명하지 않으며, 바로 겹겹의 덥혀짐 속에 있는 것에 다름 아니다.

나의 주장은 비록 일종의 실용론이지만, 도리어 그들의 것과는 또한 약간 다르다. 나는 개념(즉 관념)의 구성(The formation of Concept)이 행위에서 비롯되는 것이며, 우리는 매우 많은 행위를 하나하나의 세트로 엮은 뒤 차츰 하나하나의 개념으로 이루어낸다고 여긴다. 그래서 매 하나하나의 개념은 한 세트의 반응 행위를 대표한다. 이러한 종류의 행위적 세트는 습관으로 인해 비교적 고정되게 변화하며, 차츰 한 세트의 행위적 패턴(Behavior-Pattern)을 구성시킨다. 매 한 세트의 패턴은 단지 그 전부를 불러일으키는 약간의 자극이 되는 개념이 필요할 뿐이다. 이른바 관념의 지도 작용은 이러한 것에 다름 아니다. 그 작용은 완전히 중복(Repitation)에서 나온다. 이를테면 나는 굴을 보면, '굴'이라는 개념이 나오지만, 이러한 개념의 사용은 오직 두 번째 세 번째로 굴을 볼 때이고, 어쩌면 굴과 서로 유사한 것을 본 뒤이다. 만약 경험에 중복이 없다면, 즉 일체의 개념이 모두 그 효력을 잃어버린다. 그래서 개념 자체는 결코 미래가 어떠할 것인가를 담보하는 것이 아니다. 바꿔 말해, 즉 그것의 지도 능력은 매우 유한한 것이다. 이러한 점은 마치 실용론자가 꼭 중시하는 것이 아닌 것 같다. 따라서 나는 나의 실용론을 '과거에 관한 실용론(Pragmatism of the past)'이라고 이름한다. 그들의 것에 대해서는 즉 미래에 관한 실용론(Pragmatism of the future)이라고 이름한다. 상세히 말해서, 즉 나는 개념 자체의 구성은 효용(Utility)에서 비롯되는 것이지만, 이 개념 자체의 효용은 미래에 있어서 결코 담보가 있는 것이 아니라고 주장한다. 그들은 마치 개념 자체의 진실과 거짓이 전적으로 장래의 효용에 기대는 것이라고 주장하는 것 같다. 하지만 나는 즉 개념 자체의 구성이 한 가지 일이고, 개념 자체의 실증(Verification)이 또 다른 한 가지 일이라고 여긴다. 바꿔 말해서, 즉 나는 개념 자체의 진실과 거짓은 단지 그것이 실제에 유효한 가 여부를 봐서 정해지는 데서 그치는 것이라고 주장한다. 미래에 관한 실용론이 우리의 인식은 바로 행위를 위한 도구에 불과하며, 인식이 바로 행위를 위해서 있는 것이라고 여기는 것과는 같지 않다. 솔직히 말해서, 우리의 지식은 단지 행위를 위해서 있는 것이라기보다는, 결코 행위를 떠날 수 없다는 것에 다름 아니다.

7. 주관 능력에 대한 인식의 다원론의 견해

칸트의 비판주의는 본래 '다원론적'이라고 말할 수 있다. 왜냐하면 그는 하나의 사물이 그 자체로 외계에 있고, 그밖에 하나의 주관적 선험 격식이 내계에 있을 뿐 아니라, 바로 게다가 하나의 선험적 종합 능력이 있다고 인정하였기 때문인데, 즉 이른바 '통각의 선험적 통일(Transcendental unity of apperception)'이 이러한 것이다. 선험 격식 외에, 또한 종합 능력이 있다고 주장한 것은 칸트가 아직 '자아(The ego)'를 완전히 버리지 않았다는 점을 입증하기 충분하다. 하지만 이러한 자아는 절대로 경험의 대상은 아니며, 단지 하나의 기저가 되어, 대상을 연결시켜 통합해내는 것에 다름 아니다. 나의 다원적 인식론은 즉 우리가 대체로 이론에 있어서 이 '통각'을 가정할 필요는 없다고 여긴다. 왜냐하면 우리의 매 '하나의 간단한 인지(A simple apprehension)'가 모두 '하나의 전체(A whole)'인 것이기 때문이다. 게다가 '하나의 연속적인 전체(A continuous whole)'이다. 이러한 전체 속에서는 자체로 관계성이 있는 것이므로, 또한 '하나의 관계적인 전체(A connected whole)'라고도 말할 수 있다. 그래서 나는 인식은 전체 속에서 '분화(Differentiation)'를 일으키는 것이라고 주장한다. '다면적 드러남'으로부터의 종합이 아니다. 칸트에게는 우선 다면적 드러남이 있은 뒤에 종합을 가하는 것이다. 나에게는 즉 우선 전체가 있은 뒤에 분화가 있는 것이다. 그리하여 칸트는 반드시 우선 통각의 선험적 통일 능력이 있다고 가정하여야 했다. 왜냐하면 통일 능력이 우선 있지 않다면 바로 다면적 드러남을 통합시킬 수 없기 때문이었다. 하지만 우리는 먼저 다면적 드러남이 있다고 승인하지 않는 바에야, 즉 당연히 먼저 통각의 선험적 통일 능력이 있다고 가정할 필요가 없다.

나의 이 설은 표면적으로 볼 때는 대체로 신헤겔학파와 마찬가지이다. 신헤겔학파의 주장에 따르면, 순수한 유심론은 결코 이른바 독립적으로 존재하는 외계적 조리가 있다고 인정할 수 없다. 그렇다면, 나의 이 설은 자체로 이야기가 통할 수 없는 모순된 구석이 있는 것은 아닐까? 나는 독자가 응당 이러한 의문을 가질 수 있다고 생각한다. 하지만 나는 이에 대해 또한 하나의 해석이 있다. 바로 내가 일컫는 '하나의 전체적인 인지'는 본래 '부여되는 것(The given)'을 안에 포함한다는 점이다. 외계적 조리는 부여되는 것 속으로 영사되는데, 인지로부터 말하면, 그것은 본래가 내재적이다. 그래서 매 하나의 인지는 비록 하나의 독특한 사실이지만, 도리어 다시 분석이 불가한 것이 아니다. 우리는 인지에 대해 분석을 가하면, 바로 그것이 일종의 '합성적 산물(Joint product)'이고, 그 가운데에는 외계로부터 영사되어 나온 조리가 있고, 내계로부터 자체로 구비된 격식이 있으며, 또한 중립적 성질로 본래 비존재자인 감각 자료도 있다는 점을 알게 된다. 우리는 단지 인식 이후에 인식을 분석할 수 있을 뿐, 결코 인식 이전에 인식을 창조할 수는 없다. 따라서 우리는 의연하고 결연하게 선험적(초험적) 종합 능력으로서의 통각을 꼭 가정하지 않아도 무방하다.

이러하게 되면 그 결과는 철학에 있어서 도리어 매우 큰 영향이 있다. 바로 자아의 초월계에서의 기저를 가정하지 않아도 되는 것이다. 나는 앞선 글에서 말한 바 있는데, 두 가지였으며, 하나는 초월적 외계이고, 하나는 초월적 자아였다. 외계가 불가지라면, 자아가 역시 절대로 불가지이다. 외계는 그 자체가 비록 불가지이지만, 그 조리는 도리어 인지에 있어서 투사되므로, 또한 상대적 불가지이고, 절대적 불가지는 아니라고 말할 수 있다. 내계의 자아에 이르러는 즉 자체로 그러하게 구비된 선험, 직각, 격식과 예견, 변별, 기준 외에는 인식론에 있어서 다른 것은 없다. 칸트의 주장대로라면, 이러한 것들 외에도 다시 하나의 선험적 종합 능력이 있어야 하는데, 즉 이러한 능력은 대체로 경험계에 있어서 초월적 자아를 지나치게 드러내는 것이 된다. 그 결과는 기필코 외계가 불가지이지만, 내계는 도리어 상대적인 가지인 것이라고 일컫는 것이 된다. 나는 마침 이와 상반된다. 나는 내계가 불가지인 것은 사실 외계보다 더하다고 여긴다. 이렇게 초월적 자아의 경험계에서의 기저를 가정하지 않는다면, 바꿔 말해, 즉 우리는 바로 완전히 스스로가 경험계에 있어서로 제한될 수 있다. 칸트가 순수 이성이라는 한 방면에서 통각을 간직한 것은 원래 그가 실천 이성이라는 한 방면에서 '이성적 세계(Intelligible world)'가 있다는 점을 입증하기 위해서이었다. 우리는 오늘 단지 인식론을 논하며, 장래에 도덕론을 논하기 위한 걸음을 미리 남겨둘 필요는 없다. 그래서 우리는 통각의 존재를 여기서 주장할 필요가 없다.

요컨대, 인식의 다원론은 인식에 있어서 주체와 객체의 상관성이라는 문제에 주안점을 둔다. 그리고 주관적 능력에 대해 여전히 경험적 관점을 취하지만, 너무 많은 가정은 원치 않는다. 그래서 통각설을 채택할 필요는 없다고 믿는다. 하지만 한 가지 보충해야 할 점이 있는데, 즉 인식의 다원론은 비록 매 하나의 인지가 모두 하나의 연속적인 전체인 것이지만, 도리어 이러한 전체 속에서 분화가 일어날 때, 꼭 이미 있던 관계가 다시 한 차례 배치되지 않는 것은 아니라는 점을 인정하지 않을 수 없다. 이렇게 '다시 배치'되는 것이 마치 바로 종합 능력과 같다. 사실 무릇 앞에 있는 대상에 대해 변별을 가하는 것은 그 가운데의 관계를 발각하는 것과 다르지 않다. 게다가 그 관계에는 끊기거나 연속되는 성질이 있으므로, 그리하여 바로 원래 (가)가 (나)와 상관되던 것이 (가)가 (다)와 상관되는 것으로 변화할 수 있다. 이러한 종류의 배치와 교체가 바로 지식의 본성이다. 너무 멀리까지 추론할 필요 없이, 이러한 하나의 근본적인 종합 능력이 그 배후에서 그러한 기저가 되는 것이다. 그것을 말하자면, 나는 여기서 또한 러셀 일파 사람들의 태도를 채택하면서, 분석적 판단과 종합적 판단은 성질에 있어서 근본적으로 중대하게 다른 어떠한 점이 있다고 승인하지 않는다. 종합적 판단이 분석적 판단과 크게 다른 점이 없는 것은 즉 교체성과 관련성의 배합이 본래 지식 그 자체의 성질인 데서 알 수 있는 것이고, 그밖에 그 배후의 초월적인 까닭까지를 구할 필요는 없는 것이다.

8. 결론

여기까지 논술하면, 대체로 이미 완비된 것이다. 현재 다시 하나의 총결을 해 보며, 즉 결론이 된다.

1) 지식의 유래에 대한 문제

인식의 다원론에서는 그것을 광범하게 말하는 것이 타당하지 않다고 여긴다. 지식은 바로 감각 자료와 격식 및 기준 등의 '합성적 산물(Joint product)'이다. 감각 자료를 떠나면 지식이 없고, 격식을 떠나도 지식이 없으며, 기준을 떠나도 지식이 없다. 하지만 감각 자료가 있으면, 즉 그 배후에 기필코 조리가 있는 것이다. 그래서 인식의 다원론은 이성주의와 경험주의의 논쟁에 별다른 의미가 없다고 여긴다. 현재 그것을 명백히 하기 위한 견지에서 이러한 요소들을 다음과 같이 나열하여 본다:

(1) 부여되는 것에 속하는 것
    가. 직접적인 것-감각 자료
    나. 배후의 것-조리

다. 심리적인 것

　　ㄱ. 과거의 환기로 부여되는 것-연상

　　ㄴ. 지각에 있어서 부여되는 것-예견

　　ㄷ. 개념에 있어서 부여되는 것-관습적 해석(Traditional inter-
　　　　pretation)

(2) 자립적 법도에 속하는 것

　가. 인식에 있어서 우선 존재하는 것-공시와 주객

　나. 논리에 있어서 우선 존재하는 것-갖가지 기준

(3) 경험에 속하는 것

　가. 개념

　나. 결과-즉 실증(Verification)

　　그리하여 지식의 성질로 말하면, 즉 우리에게는 아래에서 나열하는 주장
이 있을 수 있다: 즉 이에는 두 방면이 있는 것이며, 또한 하나의 중간이
있다. 한 방면은 알 수 있는 '아는 자(Knower)'이고, 다른 한 방면은 알고자
하는 '아는 것(Known)'이다. 양자가 서로 연결되는 그 부분은 바로 중간이
다. 이러한 중간은 보통 존재하는 것이 없다고 믿으며, 바꿔 말하면, 즉 마치
빈 것과 같다. 그래서 아는 자와 아는 것이 직접적으로 관계가 발생할 수
있다. 나는 즉 이러한 중간 내에 도리어 아주 많은 것이 있다고 여기며, 바꿔
말하면, 즉 복잡한 것이다. 두 방면은 모두 간단하고 중간이 오직 복잡하다.
게다가 절반이 투명한 것이며, 전부 투명한 것이 아니(물론 불투명한 것은
아니다)라고 말할 수 있다. 이러한 중간은 절반이 투명한 것이기 때문에, 아
는 자가 아는 것에 미치는 것은 마치 하나의 빛이 몇 층의 색깔 있는 유리를
거친 뒤에, 밖의 그러한 것의 자체 위로 다시 절사되는 것과 같다. 나의 작업
은 바로 중간이라는 이러한 부분을 분석해서, 그 공유하는 약간의 층 및 각
층이 어떻게 상호 작용하는 것인가를 밝혀내는 것이다. '아는 자'와 '아는 것'

이라는 두 방면의 배후에 이르러는 즉 완전히 우리가 알 수 있는 방면을 넘어 선다. 그리하여 우리는 '아는 것'의 한 방면에는 절대적으로 알 수 없는 외계 사물이 있고, 또한 상대적으로 알 수 있는 외계(즉 이른바 원자성, 연속성, 창변성과 같은 조리이다)가 있으며, 아는 자의 한 방면에는 절대적으로 알 수 없는 자아가 있고, 또한 상대적으로 알 수 있는 내계가 있다고 말할 수 있다. 우리는 편리를 위한 견지에서, 절대적으로 알 수 없는 그 두 가지를 없는 것과 같다고 믿을 수 있다. 이렇게 하면, 우리는 바로 본체에 있어서의 이원론의 흔적이 있을 필요가 없다. 이러한 의미를 다음의 표에 나타내 본다:

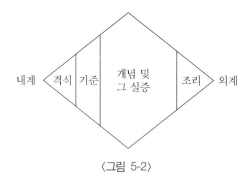

〈그림 5-2〉

2) 지식의 성질에 대한 문제

인식의 다원론은 지식이 극히 복잡한 것이라고 승인한다. 바로 아주 많은 요소가 혼합되어 이루어지는 것이다. 물론 이러한 점으로 판정할 때, 이러한 문제는 이미 지식의 유래를 말하면서 언급하였으며, 여기서는 많은 서술을 하지 않아도 된다. 하지만 한 가지는 밝혀두어야 하는데, 즉 인식의 다원론은 비록 실용론의 설을 채택하지만, 도리어 지식이 행위를 위해서 생겨나는 것이라고는 주장하지 않는다는 점이다. 지식을 행위의 도구로 삼는 것은 실용론의 너무 극단적인 구석이다. 지식은 물론 행위와 분리될 수 없고, 더욱 게다가 행위로 인해 제한되는 것이지만, 지식의 자체는 도리어 행위를 위해서 생겨나는 것은 아니며, 또한 전적으로 행위를 위한 도구로 삼을 수도 없다. 나는 지식과 행위에는 밀접한 관계가 있다고 주장하지만, 행위가 지식을 흡수할 수 있다고는 승인하지 않는다. 나의 이러한 설은 '관련설'로서 말하는 것이지만, 그들은 '도구설'로서 말하는 것이다. 양자에는 현저하게 다른 점이 있다. 독자들은 이 점을 주의하여야 한다.

3) 지식의 표준에 대한 문제

인식의 다원론은 상응설과 부합설, 효용설의 세 가지가 조화될 수 있다고 여긴다. 상응설(The correspondence theory of truth)은 단지 지각적 지식(Perceptual knowledge)으로 제한된다는 점을 알아야 한다. 만약 다소 추상적이 되어 개념과 개념의 관계에 미치는 것이 되면, 그것은 바로 기능을 잃고 만다. 부합설(The coherence theory of truth)은 비록 상응설을 흡수할 수 있지만, 지각 방면에 있어서 도리어 그러한 '상응'이 얼마만큼 있다는 점을 부인할 수 없다. 그래서 부합설은 비록 상응설보다 넓을 수 있지만, 여전히 그것을 완전히 대체할 수는 없다. 따라서 우리는 여전히 상응설을 간직할 여지가 있다. 효용설(The utility theory of truth)에 이르러는 역시 단지 행위 방면으로 제한되고, 특히 그 미래에 대한 것이다. 이러한 점은 부합설과 결코 크게 충돌이 있지 않을 수 있다. 그래서 나는 이 세 가지 표준을 한데 합치는 것을 주장한다. 즉 상세히 말하면, 무릇 하나의 진리는 기필코 대응에 있어서 상응이 되고, 계통에 있어서 부합이 되며, 미래에 있어서 유용한 것이다. 만약 단지 하나의 표준만이 적용된다면, 즉 이러한 진리는 바로 불완전한 것이다.

4) 우주론에 대한 이러한 인식의 다원론의 공헌

위에서 서술한 주장에 근거해서 즉 철학적으로 아래에 나열하는 결과를 얻어낼 수 있다.

(1) 인식의 다원론은 위에서 서술한 명의에 근거하여, 기필코 근본에 있어서 '본질(Substance)'을 부인한다. 본체론에 있어서 유심론과 유물론, 이원론이 모두 맞지 않는다고 여긴다.

(2) 인식의 다원론은 조리를 진정한 외계인 것으로 믿으며, 즉 외계는 기필코 단지 안이 굳건하게 차지 않은 구조에 다름 아닐 뿐, 실질은 없다고 본다. 그리하여 본체론에 있어서 바로 '포괄적 구조주의(Pan-structuralism)'이다.

(3) 인식의 다원론은 감각 자료를 '비존재자'인 것으로 믿으며, 감각 자료는 기필코 본체에 있어서 지위가 없는 것이고, 즉 '본체론적 지위(On-tological status)'가 없다고 본다.

(4) 인식의 다원론은 직각에 있어서 선험적 격식이 있다고 믿으며, 기필코 이른바 '보편적 의식(Bewusstsein überhaupt, Consciousness in general)'이 있다고 믿는다. 이는 형이상학에서 보기에, 적어도 '심'은 독립적인 것이고, 생장 번식되는 것이 아니라고 말할 수 있다.

(5) 인식의 다원론은 기준은 비록 도구적 성질을 지니는 것이지만, 도리어 여전히 그 본유한 규율을 가지며, 즉 물론 이러한 규율의 근거가 '심'에는 '사회적' 성질이 있다는 데서 비롯되는 것이라고 주장한다. 그리하여 감각 자료만을 놓고 보면, 우리는 그것이 어디서 비롯되는 것인가를 물을 수 없다. 좀 억지로 해석하면, 단지 '생리적'인 것일 수밖에 없다. 하지만 이는 여전히 일종의 해석인 것에 다름 아니다. 직각에 있어서의 격식이 또한 억지로 말하면 '생리적'인 것이다. 기준에 이르러는 즉 '문화적' 혹은 '사회적'이라고 말하지 않을 수 없다. 왜냐하면 그것이 직각에 있어서의 격식(즉 공시와 주객)과 다른 점은 즉 공시와 주객은 어떠한 '아는 자(Knower)'에게도 불가결한 것이지만, 기준은 즉 갖가지 민족의 문화를 봐서 증가 혹은 변화가 있는 것이기 때문이다. 그래서 기준은 '문화적'인 것이고, '생물적'인 것에

는 귀결할 수 없다.

여기까지는 갖가지를 귀납한 것이다. 아래 단락에서 나의 우주관에 대한 의견을 다시 서술하여 보는데, 왜냐하면 이 사이에 관련되는 것들이 있기 때문이다. 나는 일찍이 다른 곳에서 아래와 같은 말을 한 적이 있다:

"우리는 현재 '물物', '생生', '심心'이라는 세 종류로 나누어 토론하여 본다. 첫째 이른바 '물'은 대체 무엇일까? 모두들 이미 공인하는 것은 감각에 있어서의 색깔, 향기, 소리, 크기 등에 다름 아닌데, 이러한 것들은 주관에 치우친 것이라는 점을 알아야 한다. 그리하여 우리가 일컫는 '물'은 바로 그것의 질량, 그것의 유인력, 그것의 속도 등을 가리켜 말하는 것이다. 이는 '물'을 단지한 세트의 물리학에 있어서의 공식으로 변화시키는 것에 다름 아니다. 이는 바로 우리에게 단지 '물리(Physical law)'가 있는 것이고 '물(Matter)'은 없는 것이다. 혹은 바꿔 말하면, '물'이 즉 물리가 되는 것이다. 하지만 이러한 물리는 모두 '관계'(즉 하나의 '물'과 다른 '물'의 관계이다)로부터 나타나고, 결코 직접적으로 하나의 '물'의 자체에 관한 것이 아니라는 점을 알아야 한다. 바꿔 말하면, 즉 물리는 단지 '물'의 관계를 다루고, '물'의 실질을 다루지 않는다. 그리하여 질량, 속도, 관성, 밀도 등등이 모두 관계를 표시하는 일종의 양식이다. 그렇다면 우리는 어떻게 그것을 알 수가 있는 것일까? 또한 수리로 추산하는 것에서 비롯되고, 여전히 논리에 근거하는 것에 다름 아니다. 물론 단지 우리가 논리에 있어서 추론해 얻는 것은 결코 직접적으로 감각 자료에 찍히는 것이 아니다. 이러한 물리는 매 하나가 즉 하나의 개념이라는 점을 알 수 있다. 이러한 개념들이 합쳐져 다시 하나의 비교적 높은 개념이 되는 것이 바로 이른바 '물'이다.
현재 다시 '생'을 토론하여 본다. '생'이란 무엇일까? 생물학가에 따르면, 생물에는 생명이 있으므로, 무생물과 다른 점에 네 가지가 있는데, 첫째는 조직이고, 둘째는 기능이며, 셋째는 생장 능력이고, 넷째는 적응 능력이다. 이 네 가지에 대해 도리어 물리학을 가지고는 완전히 해석할 수 없다. 원래 우리가 물리학과 화학을 가지고 무기물을 다루는 것이 또한 그것에 대한 일종의 측량(Measurement)에 다름 아니다. 우리는 무생물을 측량하는 물리학적 방법을 가져다 생물을 측량하면 기필코 일부가 사용하기에 충분치 않다고 생각된다. 그리하여 반드시 물질을 해석하는 개념 외에, 다시 몇몇 새로운 개념을 더하여야 한다. 예컨대 '유기성', '발전성', '자구성' 등등이다. 바로 밀도, 속도, 질량, 관성 등 외에 다시 이러한 것들을 더하여야 한다. 하지만 새롭게 더하는 이러한 것들은 도리어 그 이미 있던 것들을 좌우할 수 있는데, 바꿔 말해, 이미 있던 것들이 새롭게 더하는 것들에 의해 결국 지배되는 것이다.

'심'에 이르러도 역시 이러하다. '심'의 성질에는 확실히 생리 작용과 다른 구석이 있다. 바꿔 말하면, 즉 생명을 해석하는 그러한 개념들을 가져다 '심'을 해석하는 데 사용하면 기필코 일부가 사용하기에 충분치 않다. 예컨대 '의식(Consciousness)'이 바로 하나의 독특한 특징이다. 그래서 그밖에 새로운 개념을 또한 더하지 않으면 안 된다.

총괄해서 한 마디로 말하면, '물'은 '물'의 아주 많은 물리 개념에 관한 하나의 총개념이고, '생'은 생명 현상의 아주 많은 특점으로 인해 개념이 만들어진 뒤 다시 결국 하나의 총개념이 되는 것이며, '심'이 역시 이러한 것이다"

나의 당시의 뜻은 이른바 '물'이 없으면, 또한 이른바 '생'이 없고, 또한 이른바 '심'이 없다고 여긴 것이다. 그것에는 도리어 확실히 약간의 구조(Structure)가 있다. 이를테면 질량은 일종의 구조이고, 밀도와 속도 및 유인력이 모두 일종의 구조이다. 현재 인식의 다원론에 비추어 말하면, 나는 이러한 것들이 사실 구조이지만, 완전히 외계에 여실하게 존재하는 구조는 아니라고 여긴다. 바로 그것은 단지 우리의 내계 위에 영사되는 것이고, 즉 위에서 서술한 그러한 중간의 한 부분을 경과한 것이다. 바꿔 말하면, 즉 우리는 이러한 구조들의 구성에 대해 기필코 인식에 있어서의 갖가지 격식과 규율 작용을 또한 주판 위로 집어넣은 것이다. 우리는 밀도와 유인력 등 구조를 개괄해 하나의 '물'이라는 명사로 세울 수 있다. 이러한 '물'은 단지 '여지를 지닌 이름(empty name)'에 다름 아니며, 결코 '하나의 전체(A Whole)'적 존재자가 그것에 상응되는 것이 아니다. '생'과 '심'이 역시 이러하다. 그래서 엔텔레키(Entelechy)와 스피리트(Spirit)와 같은 이러한 단어들은 꼭 사용하지 않아도 되며, 즉 라이프(Life)와 마인드(Mind)가 또한 꼭 모두 사용하지 않아도 되는 것이다. 무릇 하나의 물질이 있고, 혹은 하나의 생명 혹은 하나의 정신(즉 큰 생명과 큰 심령)이 있다고 주장하는 것은 내가 보기에 모두 하나의 개념을 하나의 실물로 잘못 간주하는 것이다. 왜냐 하면 우리는 명사를 만들어낼 때 하나의 습관이 있는데, 바로 그 '물'이 없 는 것을 그 '물'이 있는 것처럼 바꾸고, 본래는 다면적으로 드러나 한 덩어 리가 될 수 없는 것을 한 덩어리의 전체로 바꾸기 때문이다. 예컨대 '바람' 은 이러한 명사가 있기 때문에 마치 하나의 구체적 존재자가 있는 것 같지 만, 사실은 즉 기체의 흐름과 활동에 다름 아니다. 또한 '숲'은 이러한 명사 가 있기 때문에 바로 마치 하나의 사물을 가리키는 것 같지만, 사실은 단지 아주 많은 나무가 있는 것에 다름 아니다. 명사가 사람을 오해하게 만든다 는 점을 알 수 있다. 유물론자가 범하는 오류가 어쩌면 바로 여기에 있다. 그들은 하나의 전체적인 덩어리의 실질이 있고, 그것이 바로 이른바 물질이 라고 여긴다. 생명론자의 철학 내지 유심론이 역시 모두 이러하게 오류를 범한다. 이러한 오류를 제거하지 않는다면, 철학 사상에 있어서 결코 한 걸 음 더 나아갈 수 없다. 이러한 점으로부터 볼 때, 나의 주장은 유심론이 아닐 뿐 아니라, 유물론도 아니며, 생명파의 철학은 더욱 아니다.

우리가 물리로 '물'을 대체하는 것은 바로 마침 생리(Biological princip- les)로 '생'을 대체하고, 심리로 '심'을 대체하는 것과 같다. 바로 물리가 있 는 것이지 물질이 있는 것이 아니고, 생리가 있는 것이지 생명이 있는 것이 아니며, 심리가 있는 것이지 심령이 있는 것이 아니다. 이는 또한 바로 모든 것이 구조이고, 실질에 의한 것이 아님을 말한다. 하지만 구조는 도리어 우리의 인식을 떠날 수 없다. 바로 마치 거울 속의 꽃과 같은데, 비록 꽃의 형태와 색깔은 손색이 없지만, 도리어 거울 속에 있는 것이다.

우리는 여기서 물질로부터 생명이 생겨나고, 생명으로부터 또한 심령이 생겨나는 것이라고 오해해서는 안 된다. 사실은 물질이 있는 것이 아니라, 단지 물리가 있는 것이라는 이러한 틀의 물리학에 있어서의 원리와 공식은 바로 이른바 물리가 있을 뿐, 다른 '물'이란 것은 없다는 것이다. 하지만 생물에 대해 우리는 이러한 틀의 물리학에 있어서의 원리와 공식을 가져다 그것을 해석하면, 도리어 확실히 일부는 사용하기에 충분치 않다. 그리하여 우리는 한두 가지의 그 밖의 원리와 공식을 더하지 않을 수 없다. 마음의 현상을 해석하는 데 이르러도 역시 이러하다. 바로 이른바 심리학에 속하는 공식과 원리가 있다. 이는 단지 원리와 공식이 차츰 더해지는 것이며, 결코 어떠한 것이 진정으로 생겨나는 것은 아니다. 우리는 물리적 공식과 원리를 ABC로 일컬으면, 생물학에 있어서의 원리를 더할 경우 바로 ABCDE가 된다. 이러한 DE는 비록 생물학에 속하는 것이지만, 도리어 물리에 속하는 그러한 ABC를 떠날 수 없다. 그리하여 이에 더하여 심리학에 있어서의 원리와 공식은 바로 또한 ABCDEF가 된다. 이러한 F가 또한 DE와 마찬가지로, 기필코 앞머리와 연결이 닿으면 바로 '창발품(The emergent)'이라고 말할 수 있다.

모건(C.Lloyd Morgan)은 창발품은 결코 실물적 해석이 되지 않으며, 단지 구조적 연관성에 있어서 하나의 새로운 종류(A new kind of relatedness)가 발생한 것이라고 우리들에게 일러준다. 결코 새로운 것이 발생한 것이 아니지만, 과거에 있던 구조 위에서 몇몇 새로운 '구성 요소(Constituent)'가 더해지는 것이라는 점을 알 수 있다. 매 하나의 새로운 구성 요소가 과거에 있던 전체 속으로 들어가면, 바로 이러한 구조의 총체로 하여금 다시 또한 하나의 새로운 종류로 변화하도록 만든다. 이러한 의미들이 모두 창발적 진화론의 근본적 요점이다. 인식의 다원론으로부터 볼 때, 이러한 새로운 종류는 또한 단지 하나의 새로운 개념인 것에 다름 아니다. 개념은 순전히 외계의 영사인 것이 아니다. 여전히 내계의 입법 작용이 그 사이에 끼어든다. 그 배후의 기저를 어느 정도 외계로 귀결할 수 없다. 따라서 더해지는 것이 무엇인가로 인해 도리어 제한되는 것이 아니다. 또한 우리의 사유에 따라 변화가 생겨난다. 외계의 조리가 우리에게 영사되는 것은 여전히 매우 적을 따름이라는 점을 알 수 있다. 요컨대, 우리의 이러한 우주는 결코 본질이 있는 것이 아니라, 단지 한 틀의 구조가 있는 것이다. 이러한 구조의 구성은 완전히 자연적인 것이 아니며, 기필코 우리의 인식 작용이 그 속에 끼어든다. 하지만 우리는 인식으로 미루어내는 것으로써 이러한 구조의 본래 면목을 완전히 뚫어낼 수는 없다. 그러나 이러한 구조는 인식 속에서 비록 본상이 아니지만, 또한 그 본성을 결코 모두 빼앗기지는 않는다. 그래서 우주는 여전히 하나의 구조라고 말할 수 있다.

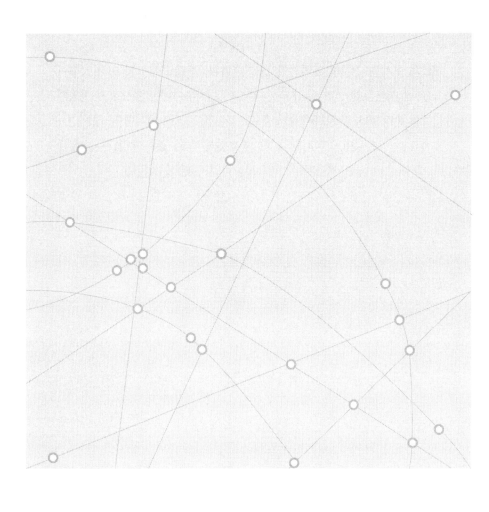

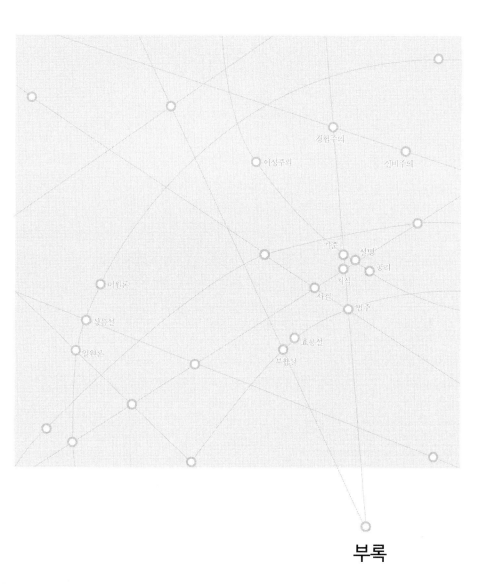

부록

인식의 다원론을 다시 진술함(1937)

본 글은 일찍이 ≪동방잡지≫[1] 제33권 제19호에 실렸던 것이며 병이 나은 뒤 쓴 것으로 바삐 완성되어 아주 잘 뜻을 담아내진 못했다. 그 뒤 보태야 할 구석이 적지 않다고 생각했으나 수업이 바빠 미뤄둘 수밖에 없었다. 왕윈우王雲五[2] 선생이 장쥐성張菊生[3] 선생의 칠순 생신 기념논문집을 내기로 했다며 원고를 청해왔다. 그리하여 이 글을 다시 찾아 읽어 보았다. 무릇 부족한 점에 하나하나 내용을 보충하였다. 원래의 글에 1/3이 보태졌다. 비록 신작은 아니지만, 또한 감히 옛글을 올리는 것은 아니므로, 쥐성 선생께서 양해해주실 것이라고 생각한다.

중화민국 25년(1936년) 10월 30일

베이핑北平 서교西郊 길영장吉永莊 왕씨포중王氏圃中의 신축新築에서

1_ 1904년 3월 상하이에서 창간되어 1948년 12월까지 월간, 격월간으로 발행된 학술적 시사지. 총 44권 819기가 상무인서관에서 발행되었다.

2_ 1888~1979. 중화민국의 출판가, 교육인, 정치인. 1930년부터 1946년까지 상하이 상무인서관 사장을 지냈으며 상무인서관을 떠난 뒤 국민정부 경제부장, 재정부장을 역임하였다. 1949년 타이완으로 이주하였으며 고시원 부원장, 행정원 부원장 등을 지냈다.

3_ 1867~1959. 중화민국의 출판가, 교육인. 1903년 상하이 상무인서관 창설에 참여한 뒤 편역소 소장을 지냈으며 1917년부터 상무인서관 사장, 이사장 등을 지냈다. 대륙에 남아 1949년 정치협상회의 위원을 지냈다.

一.

　나는 5년 전에 한 편의 문장을 지었는데, 제목은 「조리條理, 범주와 기준
範疇與設準」이었다. 이 문장 속에서 나는 인식론에 있어서의 하나의 주장을
제기하였다. 나는 이러한 주장이 전에 없던 것이라고 자신한다. 왜냐하면
중국철학은 이제껏 지식 문제에 주의를 기울이지 않았기 때문이다. 중국에
서는 예전에 나와 같은 이러한 주장이 나오지 않았다. 하지만 즉 외국에서
라고 해도, 내가 알기로 또한 나와 똑같은 논의가 있던 것은 아니다. 나는
비록 창조적 견해라고 감히 말하지 않지만, 적어도 나는 확실히 몇 가지가
나 스스로 생각해 낸 것이라고 밝힐 수 있다. 하지만 나의 창조적인 구석은
그 중의 그러한 점이 내가 새롭게 만들어 낸 데 있는 것이 아니라, 그러한
상관된 갖가지를 종합해서 전에 없던 하나의 전체적인 것으로 변화시킨
데 있다. 바꿔 말하면, 즉 나의 이 설이 새로운 것은 그 중의 어떠한 일부분
에 있는 것이 아니라, 단지 각 부분 사이의 배합과 종합에 있는 것이다.
종합은 새로운 것이기 때문에, 따라서 그것으로 얻어낸 결과가 또한 새로운
것이라고 말할 수 있다.

　나의 이 문장은 뒷날 「인식의 다원론認識的多元論」으로 제목을 바꾸어 내
가 제자 왕광샹과 함께 펴낸 『인식론認識論』(1934) 속에 끼워 넣었다. 뒷날
다시 제자 장중잉張中楹이 영어로 번역하였다. 지인들 중에서 차츰 많은 사
람들이 관심을 가졌고, 따라서 몇 편의 비평 문장이 나왔다. 나는 또한 이러
한 문장들을 한데 모아 제자 잔원쉬詹文滸[4]에게 건네어 그로부터 다시 한
권의 단행본이 편집되어 나오게 하였다. 제목은 『다원인식론 및 그 비평多
元認識論及其批評』(1936)이며, 세계서국世界書局에서 민국 25년 5월 출판되었

4_ 1905~1973. 상하이 광화光華대학 철학과를 졸업한 뒤 미국 하버드대학에서 석사학위를 취득
　　하였다. 상하이 세계서국 편역소 소장을 지냈으며 중국 국민당 기관지 중앙일보中央日報 부사
　　장, 중국 국민당 난징 중앙정치학교(타이완 국립 정치대학 전신) 신문학과 교수를 지냈다.

다. 본 글은 다시 서술한 것이므로, 무릇 그 책 속의 서술법이 일괄적으로 갱신되었다. 무릇 단지 이 글을 보고 그 책을 보지 못한 사람은 다시 그 책을 찾아 보지 않아도 된다. 나의 주장은 대체로 결코 변경은 없다. 하지만 서방학자의 저술에는 왕왕 '재진술(restated)'의 경우가 있으며, 현재 즉 그것에 따라 이 글이 이루어진 것이다. 하지만 또한 몇몇 구석은 예전에 비해 보충이 되었다. 그래서 이미 나의 예전의 저작을 봤던 사람들 역시 여전히 이 글 속에서 진일보한 이해를 얻어낼 수 있기를 희망한다.

본 글의 서술법은 비교를 골간으로 삼았다. 그 중 특히 칸트와의 비교가 주요한 부분이다. 이따금 칸트로 인해 다른 구석들까지 다루었다.

二.

나의 이 설은 대체적으로 '수정적 칸트주의(revised Kantianism)'라고 말할 수 있다. 따라서 대부분은 칸트와 서로 비슷하며, 특히 추세에 있어서 동일한 방향을 취하였다. 우선 이러한 점을 말하며, 취향에 관한 것에 다름 아니다.

나는 이러한 구석에서 칸트의 방향을 따라 간다. 바로 인식론을 '우선 순위에 놓이는 것(primacy)'으로 삼는 것이다. 왜냐하면 전통적 철학은 형이상학을 우선 순위에 놓이는 것으로 삼았으며, 기필코 우선 형이상학이 있은 뒤 지식론, 도덕론 및 우주론 등이 있었기 때문이다. 영국의 로크가 지식 문제를 제기한 뒤, 칸트는 바로 예전의 형이상학(즉 이른바 독단적 형이상학)을 타파하면서, 도리어 또한 그의 인식론으로부터 다시 그밖에 하나의 새로운 형이상학적 가능성의 통로를 열어놓았다. 로크에서 칸트에 이르기까지, 이러한 '우선 순위에 놓이는 것'의 문제가 확정된 것이라고 말할 수 있다. 이른바 우선 순위에 놓이는 것은 바로 '우선 존재한다'는 의미이다. 상세히 말하면, 바로 지식을 연구하는 것이 첫 걸음의 작업이 되는 것이다. 이러한 작업은 무엇을 기다려야 할 필요가 없다. 다른 작업은 도리어 반드시 이러한 작업이 끝나기를 기다려야 한다. 이는 예비적 작업이라고 말할 수 있다. 이러한 예비적 작업을 거치지 않으면 결코 경솔하게 철학의 본 부위의 연구로 들어설 수 없다. 무릇 칸트의 책을 읽어본 사람이라면 모두 이러한 의미를 알 수 있으므로, 다시 세세하게 말하지 않는다.

나는 예전의 그 문장 내에서 일찍이 하나의 명사를 제기하였는데, '방법론에 있어서의 인식론주의'라고 하였다. 여기서 방법이라고 일컫는 것은 또한 바로 '우선순위에 놓이는 것'을 가리켜 말하는 것이다. 즉 인식론을 우선순위에 놓이는 것으로 두는 방법을 말한다. 하지만 이러한 방법은 도리어 매우 중요한 결과를 발생시킨다. 바로 기필코 인식론으로 형이상학을 대체하는 데 이르는 것이다. 이러한 점은 철학의 역사에 있어서 칸트의 가장 큰 공적이었다고 말할 수 있다.

하지만 칸트는 비록 인식론으로 형이상학을 대체하였지만, 뒷날 도리어 인식론에 있어서 하나의 뒷문을 열어 놓았으며, 그리하여 형이상학이 또한 바로 하나의 새로운 영역 속에서 성립하게 되었다. 단지 그가 뒷날 다시 두 개의『비판』을 지은 것을 보면, 바로 입증이 될 수 있다. 그래서 칸트의 세 개의『비판』[5]을 합쳐서 보면, 우리는 그가 결코 완전히 인식론으로 형이상학을 대체한 것이 아니며, 바로 단지 인식론을 형이상학의 '서론' 혹은 '전주곡'으로 삼은 것이라고 말할 수 있다. 이러한 점에서 나의 주장은 바로 완전히 같은 것이 아니다. 칸트가 그『순수이성 비판』속에서 채택한 태도는 자연히 지식의 제한으로 초월적 형이상학을 뒤집은 것이다. 하지만 뒤의 두 개의『비판』속에서는 도리어 또한 그 밖의 방면으로부터 하나의 활로를 열어 놓았다. 그래서 나는 칸트가 인식론과 형이상학의 관계에 대

5_『순수이성 비판(Kritik der reinen Vernunft)』(1781), 『실천이성 비판(Die Kritik der praktischen Vernunft)』(1788), 『판단력 비판(Kritik der Urteilskraft)』(1790)이며, 영문판으로는 『Critique of Pure Reason』, 『Critique of Practical Reason』, 『Critique of Judgment』이다.

해 여전히 전통적 견해를 택하였는데, 즉 형이상학을 인식론 밖에 둔 것이라고 여긴다. 나의 이곳에서는 도리어 이러하지 않다. 나는 형이상학 속의 본체론을 근본에 있어서 완전히 취소한다. 그리고 단지 우주론을 남겨 둔다. 하지만 이러한 우주론이 도리어 선명하지 않게 인식론 속에 들어 있다. 이는 바로 말하자면, 우리는 인류의 지식을 연구하는 것으로써 즉 우주의 구조를 대체적으로 탐측해 볼 수 있다는 것이다. 왜냐하면 우주의 구조는 비록 지식 속에서 완전하게 드러나는 것이 아니지만, 적어도 이 두 가지에는 약간의 상응되는 면이 있기 때문이다. 그래서 우리는 즉 지식 속에서 드러나는 우주 구조에 근거해서 추론을 가할 수 있고 그것을 확대할 수 있으며, 바로 하나의 우주론이 된다. 따라서 나의 인식론은 동시에 바로 일부분의 우주론이다. 바꿔 말하면, 즉 동시에 바로 일부분의 철학이다. 다시 상세히 말하면, 즉 나의 설에 의하면, 인식론은 철학을 대체하여 우선적으로 길을 열어가는 것이 아니라, 인식론 속에 즉 철학(즉 형이상학)이 함유되는 것이다. 이것이 나와 칸트가 다른 구석이다. 이러한 다른 점은 바로 학설의 내용에 근거한다. 왜냐하면 칸트의 인식론 속에는 새로운 형이상학이 새롭게 발생할 수 있는 여지가 있지만, 나의 이 설은 즉 자족적인 것이고, 달리 다른 여지를 남겨두는 것은 아니기 때문인데, 독자들은 아래 글을 읽다보면 스스로 알 수 있게 된다.

三.

칸트가 인식론의 말미에 형이상학의 여지를 남겨둔 것은 로크 이래의 감각에 대한 견해를 받아들인 데서 비롯된 것이다. 칸트가 가장 주의를 기울인 것이 '통일'과 '종합'이었다는 점을 알아야 한다. 그는 판단을 일종의 종합 작용으로 믿었다. 또한 '앎'을 즉 판단으로 믿었다. 따라서 그는 '재료'가 통일에 사용되는 데 공급된다고 가정하지 않을 수 없었다. 우리가 보기에, 그의 이러한 점은 여전히 '마음'을 두 가지로 나눈 것이라고 보지 않을 수 없는데, 즉 한 방면은 외래한 재료이고, 다른 방면은 그러한 재료들을 종합하는 일종의 '능력'이다. 이러한 능력과 재료가 대립되는 것이 바로 로크 이래의 전통적 견해이다. 그리하여 또한 이러한 재료에는 조리가 없고, 질서가 없는 것이라고 우선 가정하지 않을 수 없었다. 왜냐하면 '종합'이 완전히 능력이라는 한 방면으로 귀결되었기 때문이다. 즉 재료라는 한 방면은 자체적으로 바로 종합과 통일이 있을 수 없는 것이다. 그래서 재료에 조리가 없다는 것은 즉 그가 '다면적 드러남'이라고 일컬었는데 즉 잡란하지 않을 수 없는 것이다. 마치 우리가 한 폭의 그림을 보는 것과 같은데, 붉고 푸르고 검고 흰 색깔을 볼 때, 이것이 바로 이른바 '다면적 드러남(The manifold)'이다. 당신이 붉은 것이 꽃이고, 푸른 것이 잎이며, 흰 것은 여백이라는 것을 변별할 때가 되면, 이는 바로 종합 작용의 '이해(under-standing)'가 그 능력 위에서 시행되는 것이다. 그리하여 재료와 능력의 대립이 또한 다면과 통일의 대립으로 전환된다. 게다가 다면은 외래한 것이고, 통일은 주관적인 것이다. 또한 다시 외재적으로 '부여되는 것(given)'과 내재적으로 '타고난 것(innate)'의 대립으로 전환된다. 무릇 이는 모두 자기도 모르게 로크의 전통을 받아들인 것이라고 말할 수 있다. 우리가 현재 만약 화이트헤드의 말을 빌릴 경우는 바로 이것은 일종의 교차 혹은 '분기 이론(Bifurcation theory)'인 것이라고 말할 수 있다.

나의 주장은 즉 우선 이러한 분기 이론의 선입견을 버려야한다고 여기는 것이다. 근대 심리학은 감각이 독립적으로 자존하는 것이 아니라는 점을 일찌감치 입증하였다. 제임스가 이러한 점의 논술에 있어서 특히 정교하다. 그가 이러할 뿐 아니라, 즉 현대 게슈탈트학파(Gestalt School)[6]에서 또한

6_ 막스 베르트하이머(Max Wertheimer, 1880~1943), 쿠르트 코프카(Kurt Koffka, 1886~1941), 볼프강 쾰러 등에 의해 독일에서 1930년 전후로 탄생한 심리학 분파. 인간이 지각적으로 완전한 모형의 형태를 추구한다는 가설을 세웠다. 이러한 점은 미학 등 분야에도

한 걸음 더 나아가 입증을 하였다. 예컨대 쾰러(W.Köhler)[7]는 즉 감각에 대한 자극의 항상률을 깨뜨렸다. 그래서 심리학에 있어서 감각이 재료가 되어 지각을 구성한다는 설은 오늘날에 와서는 이미 얼마만큼 그다지 승인을 받지 못한다. 하지만 이러한 논조는 도리어 심리학에서 출발한 것이다. 우리는 인식론을 연구하면서 물론 역시 심리학에서 재료를 취하여 온다.

그러나 인식론이 도리어 심리학에 의해 제한되고, 결정될 필요는 없다. 그래서 나 또한 비록 이러한 분기론에 반대하지만, 도리어 근래의 심리학에 근거하는 것에 의해서만 제한되는 것이 아니다. 나는 인식론을 연구하는 데는 응당 우선 한 가지 일을 정해야 한다고 여기는데, 즉 이른바 '인식론적 관점'이다. 무엇을 인식론적 관점이라고 부를까? 이는 여전히 나의 이른바 '방법론에 있어서의 인식론주의'에 근거한다. 상세히 말하면, 즉 인식론을 일종의 독립적 연구로 여기는 것이며, 이러한 연구 위에서는 인식을 기점 (즉 출발점)으로 삼는 것이고, 그것을 종점으로 삼는 것이 아니다. 그것은 다시 말하자면, 즉 우선 심리학으로부터 착수하지 않고, 또한 우선 형이상학으로부터 착수하지도 않으며, 더욱이 우선 논리학으로부터도 착수하지 않는 것이다. 직접적으로 그것 자체로부터 착수하는 것이다. 이른바 '인식'은 즉 유일한 재료가 '최소한의 사실'이지 다른 과학에서 얻어낸 결론이 아니라고 믿는다. 이러한 태도는 내가 그것을 인식론적 관점이라고 이름한다. 하지만 이러한 관점이 결코 완전히 심리학, 논리학과 형이상학을 배척하는 것은 아니며, 단지 이러한 과학들을 출발점으로 여기기에 적합하지 않다고 여기는 것에 다름 아니라는 점을 알아야 한다. 이러한 과학들에서 빌려올 구석은 여전히 최대한 그것을 채택하는 것은 무방하다.

내가 재료와 능력의 대립과 다면과 통일의 대립을 반대하는 까닭은 즉

영향을 끼쳤다.

7_ 1887~1967. 독일의 심리학자. 게슈탈트심리학의 창시자 중 한 사람. 1935년 나치에 항의하여 미국으로 이주하였으며 스와스모어대학, 다트머스대학 교수를 지냈다.

왜냐하면 나는 이러하면 바로 인식론적 관점이 아닌 심리학적 관점을 채택하는 것이라고 여기기 때문이다. 만약 인식론적 관점을 채택하는 것이라면, 즉 우리는 단지 우선 '인식'이라는 이러한 사실을 승인하면 된다. 이러한 것이 어떻게 이루어지는 것인가에 이르러는 분석을 기다려 그것이 명백해질 수 있다. 아직 아주 세세히 연구하기 전에 이러한 '기본 사실'에 있어서 그 이전의 상태가 어떠한 것인가를 또한 기어코 가정할 필요가 없다. 그래서 분기 이론은 가정이 너무 많은 오류를 범한다. 이는 나와 칸트가 서로 다른 구석인데, 그 영향과 의의는 도리어 나의 다원론과 칸트 학설의 전부에 영향을 끼치기에 충분하다.

四.

칸트는 종합을 중시하므로, 세 개의 층차가 있다고 주장한다. 첫 번째는 직각에 있어서의 종합인데, 즉 이른바 공간과 시간의 격식이다. 두 번째는 개념에 있어서의 종합인데, 즉 이른바 범주이다. 세 번째는 이른바 '이념(Idea)'이다. 칸트는 이에 대해 퍽 정교한 구상을 하였다. 바로 하나의 종합 작용으로부터, 직각으로부터 줄곧 통일되어 최고의 상상에 이를 때까지였다. 그것이 잡란한 것 혹은 다면적인 것 밖에 있다는 점을 알 수 있다. 한 층차의 추진적 종합 작용이 있다고 주장하였는데, 이른바 '통각'의 근거가 바로 여기에 있었다. 나의 의견은 도리어 이러하지 않다. 직언하면, 즉 칸트는 인식의 능력에 대해 비록 또한 다원론의 흔적이 있지만, 그 다원론은 층차적인 것이다. 내가 일컫는 다원은 도리어 나란히 놓이는 것인데, 왜냐하면 나는 단지 이른바 인식이라는 것의 근본 사실을 분석하려는 것이기 때문이다. 이러한 사실 속에서 그 각각의 서로 다른 성분을 발견하고자 한다. 왜냐하면 층차가 그러한 급별로 올라가는 것이 아니므로, 즉 하나의 통각이 있다고 주장할 필요가 없다.

기왕 통각을 원치 않는 바라면 즉 당연히 '자아'의 문제와도 관련이 되는데, 자아 문제가 심리학에 있어서는 무척 많이 있지만, 인식론에 있어서는 도리어 그것을 토론할 필요가 없다는 점을 알아야 한다. 왜냐하면 인식론에 있어서는 단지 이른바 '주관'이 있다고 승인하면 충분하기 때문이다. 하지만 주관은 도리어 자아와 완전히 같은 것이 아니므로, 우리는 주관을 승인하는 동시에, 자아를 다루지 않는다고 주장할 수 있다. 그 까닭으로는 칸트가 분별한 두 개의 명사를 차용할 수 있는데, 즉 transcendent와 transcendental로 그것을 설명할 수 있다. 전자는 '초월적'으로 번역되고, 후자는 '선험적'으로 번역된다. 전자는 경험 밖에 있고, 영원히 경험의 범위에 들어서지 않지만, 우리가 도리어 그러한 것이 있다고 일컫는 것이다. 칸트는 그러한 것을 우리가 아는 것이 사실상은 불가능한 일이며, 후자에 이르러는 경험 속에서의 비경험적 요소인 것에 다름 아닌데, 이러한 비경험적 성분이 여전히 꼭 경험 속에 잠존하며, 떠날 수 없는 것이라고 믿었다. 우리는 이러한 두 가지의 분별을 가지고 자아와 주관을 말해보면, 즉 자아가 초월적인 것이고, 주관은 선험적인 것이라는 점을 알 수 있다. 즉 하나는 영원히 경험 밖에 있는 것이고, 다른 하나는 도리어 여전히 경험 속에 있는 것이다. 따라서 우리는 자아는 여기서 다룰 필요가 없는 것이라고 주장할 수 있다. 우리는 자아에 대해 연구를 해 보면, 기필코 자아가 스테이스(W.T.Stace)[8]의 용어를 빌려 말하면, 바로 '나중에 조성되는 것(later construction)'이라는 점을 발견할 수 있다. 제임스(W.James)가 '경험적 자아(empirical self)'라고 일컬은 것이 즉 이를 가리켜 말한 것이다. 그래서 기원에 있어서는 단지 이른바 주관인 것이고, 이러한 주관이 도리어 대상으로는 변화할 수 없다. 일단 주관이 대상으로 변화하면, 비로소 이른바 '아는 것으로서의 자기(Self as Known)'가 있는데, 이는 바로 훗날에 일어나는 것이다. 사교적 관계와

8_ 1886~1967. 영국 출신의 미국 현상론 철학자, 인식론 연구자, 종교 연구자. 프린스턴대학 교수를 지냈다.

연령적 관계 등으로 인해 조성되는 것이다.

따라서 우리는 인식론에 있어서는 이러한 자아 문제를 토론할 필요가 없다고 말할 수 있다. 설사 토론한다고 해도 얼마만큼의 소득을 얻어낼 수 없다. 왜냐하면 만약 자아가 바로 주관이라고 주장하면서, 주관이 자아적 현시라고 여긴다면, 이는 바로 자아를 주관의 배후에 두는 것이기 때문이다. 이러한 주장은 본래 일반인의 견해이지만, 위에서 서술한 학자의 견해는 즉 이와 서로 같지 않다. 즉 자아를 근본으로 삼지 않는 것이며, 주관으로부터 뒤에 조성되는 것이라고 여긴다. 이 두 종류의 견해, 즉 하나는 자아를 근거로 주관이 있다는 주장이고, 다른 하나는 자아가 뒤에 일어나 조성되는 것이라는 주장인데, 본래 어느 쪽이 진리이고 어느 쪽이 진리가 아닌가 판단하기 어려우며, 우리는 인식론에 있어서는 대체로 이러한 학자의 견해(후자)를 채택하는 것이 일반인의 견해(전자)를 채택하는 것보다 보다 편리할 뿐이다. 서로 비교할 수 있는 것은 이러한 편리 여부에 다름 아니다. 사실 진리라고 말할 수는 없다. 이는 바로 일종의 부득이한 방법이며, 학문에 있어서 이러한 부득이한 방법은 마침 많고, 우리 역시 대체로 이로 인해 작업을 멈출 필요는 없다.

五.

심리학으로 인식론을 다루는 것은 내가 그러한 태도를 '심리학적 접근 (psychological approach)'이라고 이름한다. 그밖에 한 종류는 논리학으로 접근하는 것이다. 나는 인식론은 심리학에서 재료를 취해올 수 있지만 도리어 심리학으로부터 들어설 수는 없다고 여긴다. 마찬가지로, 인식론은 논리학을 떠날 수 없지만, 도리어 또한 순전히 논리학으로부터 출발할 수도 없다고 여긴다. 위에서 서술한 자아 문제가 바로 이러한 하나의 예가 되며, 이로써 인식론과 심리학의 관계가 입증될 수 있다. 현재는 인식론과 논리학의 관계를 논하여 본다.

칸트가 그 첫 번째 『비판』 속의 선험의 분석 부분에서 말한 '범주'는 즉 논리학 범위에 속하는 것이다. 하지만 칸트의 위대한 구석은 도리어 먼저 '선험적 감성(선험적 직각)'을 말한 데 있다. 그래서 그는 논리학으로 인식론을 말한 것이 아니라, 바로 인식론으로 논리학을 말한 것이다. 나는 바로 논리 자체로 말하면, 논리학의 범위 내에서는 인식론으로 논리학을 말하는 것이 대체로 불가능하다고 여긴다. 하지만 인식론 범위 내에서는 당연히 논리학으로 인식론을 말할 수 없지만, 만약 논리학 문제에 미칠 경우는 여전히 인식론의 입장에서 그것을 타당하게 말할 수 있다고 여긴다. 이것이 바로 나와 칸트가 동일한 태도를 취하는 이유이다.

하지만 그가 말한 범주를 나는 도리어 꼭 동의할 수 있는 것이 아니다. 첫째 칸트의 12개의 범주가 12종의 판단의 논리학 격식에 근거해서 이루어진 것이라는 점을 알아야 한다. 현재 좀 길더라도 그것을 아래 표에 나열하여 본다:

판단의 격식 및 그 예		범주와 그 명칭
분량	단칭-(가)는 (나)이다.	단일성(하나)
	특칭-(가)가 있으면 (나)이다.	다수성(여럿)
	전칭-(가)는 모두 (나)이다.	총체성(전부)
성질	긍정-(가)는 (나)이다.	실재성(적극)
	부정-(가)는 (나)가 아니다.	부정성(소극)
	무한-(가)는 (나)가 되지 않을 수 없다.	제한성(한계)
관계	단언-(가)는 (나)이다.	본질성(실체)
	가정-(다)가 (라)라면 (가)는 (나)이다.	인과성(인과)
	선정-(가)는 (나)일 수 있고 (다)일 수 있다.	상호성(관계)
양상	개연-(가)는 (나)일 수 있다.	가능성(가능)
	확연-(가)는 (나)이다.	현실성(현실)
	필연-(가)는 (나)이어야 한다.	필연성(필연)

우리는 여기서 바로 칸트에게는 12개의 범주가 있었기 때문에, 그 뒤 다시 12개의 판단의 격식을 배합한 것이라는 점을 알 수 있다. 이는 사실 매우 굳건한 자세이다. 독일의 학자는 왕왕 질서 정연함을 매우 좋아한다. 예컨대 헤겔은 매 하나의 상위 개념 아래에 꼭 이를 다시 세 개의 하위 개념으로 나눈다. 마침 칸트로부터 영향을 받은 것이다. 이러한 질서 정연함에 대한 애호는 도리어 진실과 기필코 같지 않을 수 있다는 점을 알아야 한다. 그래서 우리는 꼭 판단의 격식을 가지고 범주를 말할 필요는 없다. 그렇다면 범주는 대체 무엇인 것일까?

칸트는 범주와 보통 개념을 분별한다. 그는 보통 개념은 사물의 속성으로부터 끄집어져 나온 것이며, 범주는 즉 사물에 대해 해석을 할 때 사용하는 '조건'인 것이라고 여긴다. 이러한 층위를 나 역시 이렇게 주장한다. 칸트는 직각에 있어서 우선 공간과 시간이라는 두 가지 선험적 격식이 있다고 주장하였고, 차츰 또한 판단에 있어서도 이러한 종류의 선험적인 것이 있다고 여겼다. 하지만 나는 범주에 이러한 종류의 선험성이 있는 것은 대체로 직각에 있어서 그러한 것이 있는 것과 꼭 서로 같은 것으로 나열할 수 있는 것이 아니라고 여긴다. 그래서 여기서 '선험적'이라고 일컫는 것은 공간과 시간이 직각에 있어서 '선험적'인 것과 그 의미가 결국은 얼마만큼 반드시 달라야 한다. 나는 그리하여 '우선 존재하는 것(a priori)'이라는 단어를 여러 종류로 나눈다. 일부는 직각에 있어서 있는 것이고, 일부는 논리에 있어서 있는 것이며, 일부는 방법에 있어서 있는 것이다. 결코 이러한 것들을 하나로 섞어서 말해서는 안 된다. 칸트의 결점은 즉 이에 대해 분별을 또렷하게 하지 않은 데 있다. 직각에 있어서는 기필코 선험적인 것이 있지만, 이러한 선험적인 것은 바로 일종의 격식인 것이고, 논리에 있어서도 기필코 선험적인 것이 있지만, 이러한 선험적인 것은 바로 일종의 기본 원칙인 것이며, 방법에 있어서 역시 선험적인 것이 있지만, 이러한 선험적인 것은 즉 단지 몇몇 기준의 표준인 것에 다름 아니라는 점을 알아야 한다. 갖가지는 이처럼 서로 같지 않으며, 즉 그 '우선 존재하는 것'의 성질이 자체로 역시 절대로 서로 같은 것이 아니다. 만약 우리가 '선험성(priority)'이라는 이러한 하나의 단어를 가지고 그것을 표명한다면, 즉 기필코 방법에 있어서 선험적인 것은 진정으로 어떠한 선험성이 있는 것은 아니라는 점을 알 수 있다. 바로 여전히 절반이 선험적인 것에 속하는 것이다.

칸트가 일컬은 범주는 바로 내가 '기준'이라고 일컫는 것이라는 점을 알아야 한다. 하지만 통상적으로 또한 범주를 즉 '개념'인 것이라고 믿기도 한다. 그래서 적잖은 사람들은 '개념(concept)'과 '기준(postulate)'에 대해 분별을 가하지 않는다. 또한 기준은 개념 속에서 가장 추상적이고 가장 근본적인 것에 다름 아니라고 여긴다. 하지만 나의 주장은 이러하지 않다. 예컨대 '흰 것' 아래에는 물론 '순수하게 흰 것'과 '회색을 띤 흰 것' 등이 있지만, 그 위로는 즉 '색깔'이 있다. 하지만 '색깔' 위로 여전히 '성질'이 있다. 어떻게 '성질'은 기준이자, 범주인 것이고, '색깔'은 기필코 개념인 것이라고 말할 수 있는 것일까? '흰 것', '검은 것'으로부터 추상되어 '색깔'의 개념이 이루어지고, '색깔'과 기타 '짙다', '옅다', '네모지다', '둥글다' 등으로부터 다시 추상이 되어 '성질'이라는 개념이 이루어지기 때문이다. 여기서 성질은 보다 추상적이고 보다 높은 단계의 개념에 다름 아니라는 점을 알 수 있다. 그것과 '색깔'이라는 개념은 단지 정도에 있어서 높낮이의 분별이 있는 것뿐이다. 이러한 설은 이미 근래의 통설이 되었다. 하지만 나는 즉 그것이 한 가지를 본 것이지만, 다른 한 가지는 보지 못한 것이라고 여긴다. 나는 물론 기준과 개념에는 아주 크게 다른 점이 결코 있지 않다고 승인한다. 하지만 도리어 몇몇 분별이 있으며, 단지 정도에 있어서의 차이인 것에서 그치는 것이 아니다. 적어도 우리는 기준은 본래 바로 개념이지만, 도리어 그것은 개념인 것 외에도 그 밖의 일종의 성질이 있으므로 원래 사람들이 기준은 개념이 아니라고 주장했다고 말할 수 있다. 그것이 보통 개념과 다른 그 밖의 의미를 보다 더 갖고 있다고 주장하는 것에 다름 아니다.

예컨대 보통 개념 '탁자'와 '전기'는 도리어 이른바 개념이자 기준인 '인과'와
는 서로 같지 않다. '인과'는 당연히 하나의 개념이지만, 도리어 그 밖의
일종의 기능이 있다. 바로 우선 모든 사건에는 기필코 원인과 결과가 있다
는 점이 입증되면, 우리는 최대한 인과를 사용해서 사물을 관찰할 수 있다.
우리가 인과를 가지고 사물을 관찰할 때, 여기서 일컫는 인과는 하나의 결
론이 아니라, 바로 단지 일종의 기준인 것에 다름 아니며, 바꿔 말하면,
즉 단지 잠시 사용하는 일종의 도구 혹은 척도인 것과 같다. 그래서 보통
개념, 이를테면 탁자와 전기와는 즉 서로 같지 않다. 왜냐하면 탁자는 결코
가져다 기준과 도구의 용도로 삼을 수 없기 때문이다. 마침 탁자는 갖가지
개념의 총괄로 말미암아 이루어진 하나의 사물 개념이지만, 인과와 같은
조건인 것은 아니다. 이로부터 볼 때, 개념과 기준이 다른 점은 바로 기준
자체는 비록 역시 개념인 것이지만, 도리어 그밖에 '도구론적(instrumen-
tal)'이고 '방법론적(methodological)' 성질이 있기 때문이라는 점을 알 수
있다. 그리하여 바로 '조건(condition)'이 되는 것이며 '실체(entity)'가 아닌
것이 된다. 이러한 점에서 실용론자의 말은 매우 맞으며, 칸트에 비해 한
걸음 더 나아간 구석이 있다. 나는 바로 그들의 주장을 채택한 것이다. 바
로 실러(F.C.S.Schiller)에게서 특히 선명하다. 그는 이러한 기준들을 '방법
론적(methodological)'이라고 이름하고 또한 그것을 '방법론적 허구(meth-
odological fiction)'라고 이름한다. 그 설은 그의 신작 『사용을 위한 논리학
(Logic for Use)』(1929)의 제8장에서 상세하다. '허구'라는 하나의 층위에 이
르러는 도리어 독일인 바이힝거(H.Vaihinger)에게서 따온 말이다. 이 사람은
본래 칸트를 연구한 전문가이다. 그 설은 당연히 칸트로부터 추론되어 나온
것이다. 그래서 실용론자의 이러한 종류의 주장은 여전히 칸트에게서 발원
한 것이지만, 그들은 도리어 한 걸음 더 나아가 새로운 주장을 할 수 있었
다. 실러 외에는 바로 루이스(C.I.Lewis)이다. 그의 공헌은 대체로 그가 이
러한 것들이 모두 사회적인 것이고, 문화적인 것이며, 민족정신과 그리고

문화사상의 진보와 상호 함께 변화하는 것이지만, 도리어 완전히 보편적인 것은 아니라고 여긴 데 있다. 이러한 점에 관해, 나는 대단히 동의한다. 그래서 이러한 기준들은 예컨대 인과 등은 순수하게 경험에 우선하는 것이 아니라, 바로 단지 방법론에 있어서 우선 이렇게 가정하는 것이 무방한 것에 다름 아니다. 그 성질은 귀납법에 있어서 사용하는 '가설(hypothesis)'과 퍽 서로 가깝다. 다른 점은 단지 가설은 일종의 설명 혹은 해석 혹은 이론이지만, 기준은 즉 조건이고, 혹은 방법이라는 점에 있을 뿐이다. 요컨대, 이러한 점에 관해 우리는 칸트가 말한 것을 바로 잡지 않을 수 없다. 왜냐하면 그는 이러한 기준들을 즉 '논리적 격식(logical forms)'으로 여긴 것인데, 사실 하나의 큰 착오이기 때문이다. 독자들은 아래 단락을 보면 자연스레 명백해진다. 현재 한 마디의 성명을 내자면, 즉 여기서 일컫는 '기준'은 나 스스로 이렇게 이름을 정한 것이라는 점이다. 보통 이러한 종류의 개념에 대해서는 즉 이제껏 '범주'로 이름하여 왔다. 바로 아리스토텔레스의 공적을 계승한 것이다. 즉 칸트가 또한 이러하다. 나는 즉 범주라는 하나의 단어가 기준(postulate)이라는 단어에 비해 분명치가 않다고 여긴다. 게다가 '추정되는 것(presumption)'이라는 의미를 안에 함축하기 쉽다. 그래서 나는 그들이 무릇 '범주'라고 부른 것을 도리어 '기준'으로 일률적으로 고쳤으며, 독자가 이에 주의하며 오해가 없기를 바란다.

六.

위에서 서술한 말에 근거하면, 우리는 바로 인류의 심리 속에서 사물에 대한 인식은 도리어 절반이 경험적이며 나머지 절반은 선험적인 기준에 의한 것이라는 점을 알 수 있다. 왜냐하면 기준은 완전히 경험을 빌리는 것이라고 할 수 없기 때문이다. 따라서 우리는 기준 외에도 그밖에 진정으로 경험을 빌리지 않는 것이 있다고 주장할 수 있다. 이것은 바로 '논리의 기본율(basic law of logic)'로 일컫거나 혹은 그것을 '논리의 최초 개념 (primitive idea in logic)'이라고 부를 수 있다. 이 역시 내가 지은 명칭이다. 왜냐하면 보통은 단지 '사상률'로 그것을 이름하며, '기본'이란 글자를 사용하지 않기 때문이다. 나는 그것이 의미에 있어서 대체로 충분하지 못하고, 게다가 오해를 빚기 쉽다고 생각한다. 이러한 점에 관해, 나는 예전에 '함의 (Implication)'를 가지고 일체의 논리적 격식을 총괄한 바 있다. 뒷날 머우 쭝싼牟宗三[9] 군이 또한 이분법을 제기하였다. 나 역시 이분법과 함의가 응당 병존할 수 있어야 한다고 생각한다. 현재 그의 말을 한 단락 다음과 같이 인용하여 본다:

"논리적 의미의 근거는 어디에 있는가? 어디서 그것이 드러나는가? 그 근거는 다음과 같이 표시할 수 있다:

1. 이분 원칙의 성립: 인류 사유 속에는 선험적으로 맞다 혹은 맞지 않다의 분별이 있다.
2. 동일 원칙의 성립: 인류 사유 속에는 선험적으로 자신에 대한 긍정이 있다.
3. 중간 거절 원칙의 성립: 인류 사유 속에는 선험적으로 맞다 혹은 맞지 않다에 대한 긍정이 있다.
4. 모순 원칙의 성립: 인류 사유 속에는 선험적으로 동시에 맞으면서 동시에 맞지 않다는 것에 대한 부정이 있다.

이 네 가지 원칙으로부터 아래 세 가지의 원시적 관념을 끌어낼 수 있다:

1. 부정 작용: 동일 원칙은 즉 '맞다'를 대표하고, '긍정'을 대표하며, 이 부정 작용은 바로 '맞지 않다'를 대표하고, '부정'을 대표한다.

9_ 1909~1995. 중화민국의 철학자, 칸트 연구자, 논리학자, 신유학자. 1934년 톈진天津에서 중국 국가사회당에 가입하였으며 1935년 광저우廣州 학해서원學海書院에서 가르쳤다. 1937년 국가사회당 기관 잡지 《재생再生》 주편을 맡았다. 1946년부터 국립 중앙대학, 국립 저장대학 등에서 가르쳤으며 1949년 타이완으로 건너가 타이완 국립 사범대학, 사립 둥하이東海대학 교수를 지냈다.

2. 택일 작용: 택일은 즉 이분법 속에 함유되는 교체성과 선택성을 표시한다. 이 교체성과 선택성이 있기 때문에, 중간 거절 원칙과 모순 원칙이라는 두 원칙이 표시될 수 있다.
3. 함의 관계: 이는 두 명제 사이의 포괄 관계이며, 그것은 추리 판단을 가능하게 한다. 논리적 의미는 기필코 추리 판단에 근거하여 표시될 수 있다.

위의 네 가지 원칙과 세 가지 관념은 두 종류의 근본적인 것을 표시하는데, (1) 이분 원칙이 근본적인 것이고, (2) 관계를 추리 판단하는 것이 근본적인 것이다. 동일, 중간 거절, 모순, 부정, 택일은 모두 이분 원칙을 해석하는 것이며, 함의 관계는 즉 이분 원칙에 근거하는 것으로 일체의 원칙을 관련시켜 추리 판단을 가능하게 한다. 논리적 의미는 바로 이 두 종류의 근본적인 것에 근거하여 성공된다. 만약 이분 원칙이 의미를 표시할 수 없다면, 즉 논리적 의미는 근본적으로 표시될 수 없다. 만약 함의 관계가 선험적으로 성립할 수 없다면, 즉 논리적 의미는 근본적으로 표시될 수 없다. 이분 원칙으로부터 즉 우리는 진실과 거짓을 얻어낼 수 있다. 게다가 진실과 거짓의 관계를 얻어낼 수 있다. 함의 관계로부터 우리는 진실과 거짓 사이의 관계의 연대 관계를 얻어낼 수 있고, 그것들로 하여금 모두 하나하나씩 성립되게 할 수 있다"

이러한 한 단락의 말에 나는 완전히 동의한다. 이른바 추리 판단의 관계는 바로 구문 사이의 상호 함의의 관계이다. 머우 군은 이분법을 즉 상호 함의 관계 속으로 들여 놓고, 그 본래는 한데 합쳐지는 것으로 하여금 도리어 분별하여 볼 수 있도록 하였다. 이러한 점은 비교적 세밀하게 나눈 것이다. 우리는 반드시 그의 설을 받아 들여야 한다(하지만 누군가는 이분 원칙이 완벽하지 않으며, 반드시 '맞다'와 '맞지 않다' 외에, 다시 '미정'을 포함시켜야 한다고 여긴다. 그러나 나는 이러한 삼분법이 또한 이분법에 의해 함유되고 흡취될 수 있으므로, 따라서 이분법이 비교적 근본적인 것이라고 여긴다).

논리학에 대해서는 여기까지 논하면, 더 이상 물을 수 없다. 왜냐하면 이러한 논리학의 기본율이 이미 가장 근본적인 것이고 가장 원시적인 것이며, 더 이상은 추궁할 수 없는 것이기 때문이다. 하지만 우리는 만약 논리학의 범위를 넘어설 경우, 어쩌면 심리학으로부터, 어쩌면 인식론으로부터, 어쩌면 형이상학으로부터라면 도리어 한 걸음 더 나아가 그 연고를 구하지 못할 까닭은 없다. 게다가 '논리학은 대체 무엇인가'라는 이러한 문제가 또한 하나의 철학적 설명과 연대가 될 수 있다. 내가 앞서 소개한 잔원쉬 군의 책에는 하나의 부록이 있는데, 제목이 「논리의 성질에 관하여關於邏輯的性質」이며, 바로 이러한 점에 대해 소견을 밝힌 것이다. 우리는 논리학에서 다루는 범위가 단지 이른바 '상징적 사유(symbolic thinking)'에 제한된다는 점을 알아야 하는데, 즉 상징(즉 언어)을 가지고 사유를 표시하는 것이다. 이밖에도 이를테면 인류에게는 이른바 '논리에 우선하는 사유(pre-logical thinking)'가 있다. 나는 일찍이 베르그송(Bergson)의 견해를 채택하여, 이러한 상징적 사유는 즉 이른바 '공간화된 사유(spatialized thought)'를 전개하는 것이라고 하였다. 기왕 논리학이 단지 많아야 여기에서 제한되는 것이라면, 즉 논리학의 범위는 이전의 일부 철학자들이 생각하였던 것처럼 결코 그렇게 넓고 크지 않다는 점을 알 수 있다. 기호 논리의 성행 이후, 이러한 정황은 보다 명백해졌다. 논리학은 대체로 하나의 완고하게 매달리는 학문으로 변화하였다. 논리를 연구할수록 철학의 문제를 해결할 수 없다. 바로 왜냐하면 갈수록 철학의 문제를 멀리 떠나기 때문이다. 최근 독일인 카르나프(R.Carnap)[10]-일파(영국에는 에이어(A.J.Ayer)[11]-가 있다)를 이러한 파의 대표자라고 할 수 있는데, 즉 일종의 '오컴의 면도날(ockham's razor)'을 가지고 아주 많은 문제를 성립할 수 없는 것으로 믿는다. 사실 이는 바로 관점의 다름에서 비롯된다. 만약 논리학 관점으로부터 철학을 본다면 당연히 일부 문제는 논의될 수 있는 것이지만, 도리어 사람들이 철학의 관점으로부터 논리학을 보는 것

10_ 1891~1970. 독일 출신의 철학자, 논리실증주의 학자. 체코 프라하대학, 오스트리아 빈대학, 미국 시카고대학, UCLA 교수를 지냈다.

11_ 1910~1989. 영국의 철학자, 논리실증주의 학자. 영국 UCL, 세인트 앤드류스대학 교수를 지냈다.

을 금지할 방도는 없다. 과연 즉 논리학 자체로부터 바로 문제가 생겨난다. 내가 농담 한 마디를 하고 싶다. 기억하기로 옛 사람에게는 두 마디의 체두시剃頭詩가 있었는데, 머리를 박박 깎은 사람을 보여주니, 사람이 또한 그 머리를 박박 깎는다고 하였다. 그 정황이 마침 이를 방불케 한다. 사람들이 논리학을 가져다 줄줄이 이렇게 철학을 제거하면, 다른 사람들이 또한 다시 철학을 가져다 줄줄이 논리학을 심문한다.

현재 다시 본래의 문제로 돌아가면, 이러한 논리학의 기본 법칙은 즉 단지 '논리적으로 우선 존재하는 것(The Logical a priori)'이라고 이름할 수 있으며, 바로 위에서 서술한 기준이 '방법적으로 우선 존재하는 것(The Methodological a priori)'인 것과 도리어 서로 같지 않다는 점을 반드시 알아야 한다. 칸트는 이러한 기본 원칙들을 홀시했을 뿐 아니라, 동시에 도리어 내가 기준이라고 일컫는 것-칸트에게서는 즉 그가 '범주'라고 일컫은 것이다-을 논리에 있어서의 기본 원칙으로 간주하였다. 이는 사실상 하나의 큰 실수이다. 두 가지는 자체로 서로 같지 않은 것이며, 게다가 두 가지는 성질이 또한 서로 같지 않다. 상세히 말해, 즉 그러한 원칙들에 선험성이 있는 것은 바로 단지 논리적 의미에 있어서 우선 존재한다는 것에 다름 아니다. 도리어 결코 어떠한 생각도 할 필요가 없이 직접적으로 직각에서 얻어지는 것이라고 말하는 것이 아니다. 그래서 이러한 종류의 선험성은 직각에 있어서의 선험성과 서로 같지 않다. 나는 예전에 일찍이 이러한 것을 '범주'로 이름하기도 하였는데, 지금은 이 명칭이 이에 꼭 타당한 것이 아니라고 생각한다.

七.

현재 '직각에 있어서 우선 존재하는 것(The a priori in intuition)'을 이어서 토론하여 본다. 이러한 점은 완전히 칸트의 진정한 공헌이라고 부를 수 있다. 그가 말한 것은 바로 공간과 시간이다. 하지만 뒷날 학자는 도리어 누구도 공간과 시간이 직각에 있는 것이라고 여기지 않게 되었다. 나는 그들이 사실 칸트의 진정한 뜻을 홀시한 것이라고 여긴다. 원래 공간과 시간은 각 방면에서 연구할 수 있다. 예컨대 각 설을 다음에 나열하여 본다:

(1) 공간과 시간을 관계로 삼는 것이다(space and time as relations).
(2) 공간과 시간을 속성으로 삼는 것이다(space and time as properties).
(3) 공간과 시간을 매개로 삼는 것이다(space and time as mediums).
(4) 공간과 시간을 구조로 삼는 것이다(space and time as structures).
(5) 공간과 시간을 범주 혹은 개념으로 삼는 것이다(space and time as categories or concepts).

이러한 견해들 속에는 각기 관점이 있다. 하나의 예를 들면, 예컨대 공간과 시간을 구조로 삼는 것은 바로 우주론의 입장으로부터 말하는 것이다. 칸트에 이르러는 그는 전적으로 인식론으로부터 말한다. 그는 단지 공간과 시간을 격식으로 삼은 것이다(space and time as forms). 공간과 시간을 격식으로 삼은 것은 결코 공간과 시간이 동시에 구조라는 뜻을 안에 포함하지 않는다는 점을 알아야 한다. 어쩌면 당신은 그 밖의 한 방면에서 볼 때, 공간과 시간이 동시에 또한 구조인 것이라고 말해도 결코 아주 큰 충돌이 있는 것은 아니다. 하지만 우주 구조에 있어서 공간과 시간은 도리어 결코 인식에 있어서의 주관 격식으로서의 공간과 시간과 즉 동일한 것일 수 없다. 칸트가 말한 공간과 시간이 기왕 단지 격식으로 삼은 공간과 시간인 바라면, 즉 기필코 또한 단지 주관에 있어서의 공간과 시간인 것이고, 주관에 있어서가 또한 바로 인식에 있어서이다. 그래서 이러한 점으로 말하면, 격식으로 삼는 공간과 시간은 구조로 삼는 그러한 공간과 시간과 완전히 서로 같을 수 없다. 왜냐하면 구조로 삼는 공간은 '삼차원(Three dimensions)'에 한정되지 않을 수 있기 때문이다. 하지만 인식에 있어서의 공간에는 도리어 그보다 높은 차원이 있을 수 없다. 구조로 삼는 시간은 또한 과거, 현재, 미래라는 일직선으로 한정되지 않을 수 있지만, 주관으로 삼는 시간은 도리어 그 밖의 시간 방향이 있을 수 없다. 그래서 우리가 칸트의 본 뜻을 유지하면서, 공간과 시간을 격식으로 삼고 직각에 있어서의 주관 방면으로 삼는 것이 또한 바로 하나의 불가피한 일이라고 할 수 있다. 나는 따라서 칸트의 이 설에는 여전히 가치가 있다고 주장한다. 후세의 학자가 이에 대해 너무 홀시를 해도 역시 하나의 착오를 면할 수 없다.

그러나 칸트가 사람들에게 오해되는 데는 또한 그 까닭이 있다. 바로 그가 직각에 있어서 반드시 이러한 선험 격식(공간과 시간)이 있어야 한다고 한 것이 수학을 가능하게 하였기 때문이다. 바로 수학이 가능하게 된 까닭(즉, 성립할 수 있게 된 것)이 전부 이러한 공간과 시간의 격식에 기대인 것이다. 근세 학자가 칸트에 반대하는 것이 즉 또한 이로부터 비롯된다. 왜냐하면 근세 수학은 이미 이러한 '순수 직각'에 기댈 필요가 없다고 여기며, 원래 수학이 단지 한 틀의 논리적 유희에 다름 아니라는 점을 입증하였기 때문이다. 한 걸음 더 나아간 이러한 종류의 사상은 수용할 만하다. 하지만 나는 수학의 가능성이 공간과 시간의 선험 격식에 기반하는가 여부가 한 가지 일이고, 직각에 있어서 이른바 공간과 시간의 선험 격식이 있는가 여부가 또 한 가지 일이라고 여긴다. 양자는 결코 한데 섞어서 말할 수 없다. 상세히 말하면, 즉 우리는 결코 수학의 가능성이 순수 직각에 있지 않기 때문에, 즉 또한 기필코 직각에 있어서 결코 이러한 순수 격식이 없다고 주장할 수 없다. 칸트는 수학(특히 기하학)의 가능성이 순수 직각에 있게 한 것일 뿐, 결코 순수 직각을 수학에 기대도록 한 것은 아니라는 점을 알아야 한다. 그래서 수학이 설사 이러한 직각에 기대지 않는다고 해도, 이러한 공간과 시간의 격식은 기필코 여전히 마찬가지로 있다. 나 개인의 의견은 즉 수학의 가능성이 확실히 이러한 순수 직각 위에서만 세워질 필요는 없다고 여기는 것이다. 하지만 전적으로 직각으로만 논할 경우, 도리어 그 가운데에 결코 선험 격식이 없다고는 말할 수 없다. 그리하여 우리는 여기서 바로 응당 그 밖의 하나의 입증을 구하여야 한다.

사실 이러한 입증은 또한 아주 간단하다. 바로 인식에 있어서 나타나는 매 하나의 것은 기필코 하나의 '이것(this)'인 동시에 기필코 하나의 '무엇(what)'이다. 이른바 '이것'은 바로 '특수(particular)'이고, 이른바 '무엇'은 바로 '보편(universal)'이며, 양자는 기필코 동시에 함께 놓이는 것이고, 하나라도 빠질 수 없는 것이다. 하지만 이러한 '특수'와 '보편'이 가능한 까닭은 도리어 부득이 공간과 시간에 귀결할 수밖에 없다. 바꿔 말해, 즉 특수와 보편은 공간과 시간과 바로 한 가지의 일인 셈일 수 있다. 알렉산더(S. Alexander)가 우리에게 말해주는 것은 만약 '중복'이 없다면 즉 보편이 없다는 것이다. 왜냐하면 만약 그러할 경우는 보편이 불가능해지기 때문이다. 중복은 도리어 기필코 공시가 필요하다는 점을 알아야 한다. 나는 칸트가 공간과 시간을 직각에 있어서의 선험 격식으로 삼은 것은 바로 직접적으로 나타나는 것이 결코 공간과 시간은 아니지만, 공간과 시간이 도리어 꼭 필요한 것이었기 때문이라고 여긴다. 칸트는 '보편'과 '필수'를 가지고 범주(즉, 위에서 나는 그것을 '기준'으로 불러야 타당하다고 말하였다)를 설명하였으며, 뒷날 학자들은 이미 그것이 꼭 다 맞지 않다는 점을 입증하였다. 하지만 만약 보편(즉, 일반성)과 필수(즉, 불가결성)를 전적으로 이러한 선험 격식으로서의 공간과 시간을 설명하는 데로 제한한다면 도리어 매우 맞는 것이다. 영국의 스테이스는 공간과 시간이 모두 뒷날의 구조이며, 처음에는 단지 이른바 '확장(extension-spread)'과 '지속(duration-spread)'일 뿐이었다고 여긴다. 사실 즉 최초의 인식 작용에 역시 공간과 시간의 맹아가 절대로 없을 수 없었다는 점을 승인하는 것과 다르지 않다. 하지만 이러한 종류의 견해는 단지 심리학적 관점으로부터 본 것이고, 아직 진정으로 인식론 자체가 입장인 셈일 수는 없다. 그래서 나는 이 설을 많이 토론하기를 원치 않는다. 하지만 칸트의 공시론을 여전히 전복할 필요는 없다고 여긴다.

八.

공시의 격식 외에도 주객의 분별이 있다. 이러한 주관과 객관의 대립은 매 하나의 인식 속에서 매우 자연스럽게 생겨나오는 것이다. 그것을 비유하면, 마치 하나의 세포 분열과도 같다. 그래서 매 하나의 인식은 바로 하나의 '양극성의 전체(bipolar whole)'인 것이며, 나는 예전에 이러한 드리슈(H.Driesch)의 말을 인용하면서, 그가 이러한 점에서 가장 철저하게 보았다고 여긴 바 있다. 하지만 나는 여기서 하나의 성명을 붙이기를 원하는데, 즉 이러한 주객의 관계가 두 종류의 견해가 될 수 있다는 점이다. 첫 번째 종류의 견해는 우선 하나의 주관이 있고, 독립 자존하는 것이며, 또한 그밖에 하나의 객관이 있고, 주관에 기대이지 않고 자존한다고 여기는 것이다. 그리하여 양자에는 그러하게 관계가 발생한다. 두 번째 종류의 견해는 즉 이러하지 않다. 바로 단지 하나의 관계 속에서 주객이 양극으로 나뉜다고 여기는 것이다. '주"객"관계'라는 세 가지가 하나의 덩어리로 응결되고 분리될 수 없다는 것이다. 나는 두 번째 종류의 견해가 첫 번째 종류의 견해보다 낫다고 여긴다. 왜냐하면 첫 번째 종류의 견해는 기필코 우선 까닭 없이 하나의 구속 없는 객관을 가정하여야 하고, 또한 반드시 하나의 초월적 자아를 세워두어야 하기 때문이다. 이러하면 바로 아주 많은 번거로운 문제가 더해진다. 그래서 두 번째 종류를 택하는 편이 낫다.

나는 주객의 분별의 발생은 매우 자연스러운 일이라고 여긴다. 이 '자연스러운'이라는 말은 즉 그것이 선험적이라는 것의 주석이 될 수 있다. 왜냐하면 인식이 있으면 자연스럽게 주객의 나뉨이 있고, 이 사이에는 결코 까닭이라고 할 만한 것이 없기 때문이다. 물을 까닭이 없다는 이러한 것이 역시 바로 선험적이라는 뜻이다. 만약 우리가 다시 그 까닭을 구하려고 하고, 그 까닭을 묻는다면, 즉 우리는 이것이 선험적이라는 점을 빼면, 달리 대답할 수 있는 것이 없다. 주객의 대립은 선험적으로 이러한 것이며, 뒷날 경험으로 인해 조성되는 것이 아니라는 점을 알 수 있다. 우리는 오늘날 기왕 지식 속에 약간의 선험적 성분이 있는가를 묻고자 하는 바에야, 즉 주객의 관계를 열거하면서, 그 가운데의 한 종류로 삼는 것이 무방한 일이다. 심리학에서는 왕왕 주객의 분별을 뒤에 일어나는 것으로 믿는데, 사실 이는 일부 오해를 면할 수 없다. 우리는 무릇 하나의 경험은 즉각 하나의 '경험한 자'와 하나의 '경험한 것'으로 그 판단이 나뉘는 경우가 없을 수 없다는 점을 알아야 한다. 외계적 관념과 자아적 사유에 이르러도 모두 이에 기반한다. 하지만 심리학자는 도리어 외계적 관념과 객관적 주형을 하나로 잘못 섞어보며, 또한 자아적 사유와 주관적 존재를 한 가지의 일로 삼는다. 솔직히 말해서, 주관과 객관은 단지 이른바 격식에 다름 아니며, 결코 구체적인 것이 아니다. 격식으로 말하면, 주객은 바로 '아는 자(Knower)'와 '아는 것(Known)'과 상통한다. 그래서 스테이스는 물아物我의 분기가 능동과 피동의 나뉨에서 일어난다고 주장한다. 이러한 말은 비록 완전히 맞다고는 할 수 없지만, 나 역시 주객이 단지 격식이고, 물체인 것이 아니라는 점을 표명하는 데 빌려 사용하기를 원한다. 현재 우리는 인식론으로부터 말하면, 당연히 그러한 심리학에 있어서의 관점을 사용하지 않아도 된다. 하지만 우리는 즉 인식론에 있어서의 주객이 또한 공시와 마찬가지로, 선험적 격식이라는 점을 승인하지 않을 수 없다.

나는 예전에 일찍이 이 세 가지(즉 주객, 공시와 논리의 기본율)를 하나의 총적인 이름 아래 두었는데, 범주이었다. 뒷날 나는 여기서 일컫는 범주가 도리어 이제껏 범주라고 불렸던 것의 뜻과 서로 크게 다르다고 생각되었다. 사람들이 오해를 하기 쉽다. 그리하여 나는 현재 의연하게 이 총적인 명사를 사용하지 않는다. 즉 범주라는 하나의 이름을 더 이상 사용하지 않는다. 위의 세 가지는 각각 독립적인 것이며, 스스로 하나의 세트를 이룬다. 그것은 말하자면, 도리어 각각이 모두 선험적인 것이다.

　주객이라는 하나의 층위에 관해, 만약 칸트가 말한 것과 비교한다면, 즉 나의 주장이 또한 그에게서 비롯된 것이라고 하지 않을 수 없다. 그는 늘 매 하나의 인지에는 기필코 '나는 생각한다(I think)'라는 것이 수반된다고 여긴다. 만약 없다면, 바로 지식은 불가능해진다. 그는 이를 '순수한 통각 (pure apperception)'이라고 이름하였다. 왜냐하면 그는 인식 작용을 즉 종합 작용과 같은 것으로 삼았기 때문이다. 무릇 종합에는 기필코 하나의 종합할 수 있는 자(즉 종합하는 자)와 하나의 종합되는 것이 있다. 하지만 그가 '나는 생각한다'라는 하나의 말을 사용한 것은 너무 주관에 주의를 기울인 것과 같다. 주관은 객관을 떠날 수 없다는 점을 알아야 한다. 마침 검게 쓴 글씨가 흰 종이를 떠날 수 없는 것과 마찬가지이다. 최근에 린제이 (A.D.Lindsay)[12]가 종합을 해석하였는데, 그것이 퍽 인용할 만 하다. 그는 우리가 보는 것과 받는 것은 몇몇 다면적이거나 잡란한 것이 아니라, 바로 아주 완전하지 않은 하나의 전체이며, 우리는 즉 그 위에서 종합 작용을 일으키지만, 이러한 종합 작용이 또한 바로 분석 작용인 것이라고 여긴다. 바꿔 말해, 즉 분석에 수반해서 종합이 따르는 것이다. 종합과 분석이 불가분인 것은 마침 주관과 객관이 불가분인 것과 같다. 우리는 칸트가 역시 일찍이 이러한 점을 약간은 발견하였으며, 다만 아쉽게도 그가 오늘날의 나처럼 이렇게 정교하게는 밝히지 않았을 뿐이라고 말하지 않을 수 없다.

九.

　칸트는 인지적 능력(cognitive faculty)에 대해 특별히 주의를 기울이며 연구했기 때문에, 인식의 재료에 대해서는 오히려 다소 홀시하였다. 그는 감각에 대해 단지 다면적 혹은 잡란한 드러남을 말하는 데서 멈추었다.

12_ 1879~1952. 영국의 철학자. 칸트와 베르그송을 연구하였다. 옥스퍼드대학 교수를 지냈다.

manifold 즉, 이러한 다면적 혹은 잡란한 드러남에 관해 우리는 위에서 이미 대략 언급하였는데, 비록 절대 그 안에 조리가 없다고 말하지 않았지만, 그것이 펼쳐지기 위해서는 적어도 반드시 주관적 종합 능력의 배합이 필요하다고 말하였다. 하지만 나는 감각의 연구에 관해서는 칸트가 그 첫 번째 『비판』에서 설명이 극히 적었다고 여긴다. 뒷날 학자는 이러한 점에 관해 도리어 매우 많은 공헌이 있다. 우리는 오늘 한 걸음 더 나아간 사유를 가지고 칸트의 부족을 메워보기로 한다.

칸트가 감각이 대체 무엇인가를 더 이상 추궁하지 않은 것은 그 까닭이 내가 보기에 바로 로크 이래의 경험파의 영향을 받았기 때문이다. 왜냐하면 경험파는 경험을 궁극적인 것으로 삼고, 모든 일이 경험으로 미루어져 즉 다시 그 근저를 거슬러 오를 수 없는 것이며, 경험이 또한 반드시 '부여되는 것'을 궁극적인 것으로 삼는 것이었기 때문이다.

즉 물론 감각에 대해 그것이 궁극적인 것이고 가장 근본적이라는 점을 승인하는 것 외에는, 대체 어떠한 것인가를 다시 추궁할 방도가 없었다. 왜냐하면 감각을 설명하는 것은 바로 감각에 호소해야 하는 것인데, 이러한 종류의 추궁이 결코 소득이 있을 수 없다는 점이 충분히 입증되기도 하였기 때문이다. 이것이 바로 경험파의 입장이다. 하지만 나는 칸트가 이러한 오류로 빠져선 안 된다고 여긴다. 칸트의 입장은 결코 순수한 경험파가 아니다. 나는 현재 이러한 감각 문제를 토론할 수 있는데, 왜냐하면 나 역시 완전히 경험파의 범위를 고수하는 것이 아니기 때문이다.

나는 예전에 일찍이 감각은 일종의 '비존재자'라고 설명한 적이 있다. 이는 바로 감각이 '심적인(mental)' 것에 속하지 않을 뿐 아니라, '물적인(physical)' 것에도 속하지 않는다는 점을 말한 것이다. 심적인 층위에 속하지 않는 것은 왜냐하면 그것이 밖에서 부여되고, '심'이 좌우할 수 있는 것이 아니며, '심'에 대해 도리어 강박력이 있기 때문이다. 즉 유심론자인 버클리(G.Berkeley)가 역시 그러한 점을 승인한다. 물리에도 속하지 않는다고 말한 것에 이르러는 감각에 외계의 상응자가 결코 없다는 것을 말한 것이 아니라, 바로 설사 외계 사물 X가 그것과 상응되더라도, 이 '물'과 감각은 도리어 동일한 것이 아니라는 점을 말한 것이다. 그래서 감각은 위로는 하늘天에도 있지 않고, 아래로는 땅田에도 있지 않은 중간의 것이다. 이러한 중간의 것은 그 자체로 '실존자(existent)'가 아니다. 따라서 그것을 '비존재자(the non-existent)'라고 이름한다. 바로 외계적 구조 위에서 그것을 찾아낼 수 없을 뿐 아니라, 내계의 심리에 있어서도 그 내원을 찾아낼 수 없다고 말하는 것과 다르지 않다. 그것은 단지 끼어있는 층 속에 달려있는 것이다. 외계로부터 말하면, 그것은 밖에 있다기보다는 도리어 그것이 안에 있다고 말하는 편이 낫다. 바꿔 말해, 즉 외계 사물의 대표가 되는 것이 아니라, 도리어 반대로 '감춰지고 차폐된' 것이다.

내계로부터 말하면, 그것은 안에 있다기보다는 반대로 그것이 밖에 있다고 말하는 편이 낫다. 왜냐하면 그것은 마음껏 좌우할 수 없는 것이기 때문이다. 그래서 그것은 외계와 내계에 모두 지위가 없다. 따라서 누군가는 차츰 감각이 심리도 아니고 물리도 아니며, 생리에 속하는 것이라고 주장한다. 이 설은 비교적 통할 수 있지만, 우리는 만약 과학을 채택해 철학을 말하지 않고, 먼저 철학 자체로부터 말한다면, 즉 대체로 이처럼 멀리까지 추론할 필요는 없다. 그래서 나는 잠시 그러한 설은 유보하고, 단지 감각이 끼어있는 층 속의 '비존재자'라는 점까지를 말한다. 만약 과거의 견해를 따른다면, 이른바 비존재자는 즉 Modification 혹은 illusion이고 양태 수정, 혹은 '환상幻相'이다. 여기서 이른바 소위 '환幻'은 그것이 비존재자라는 것을 가리키고, 이른바 '상相'은 즉 영어 appearance의 뜻이다. 이러한 점에 관해 대체로 칸트가 역시 일찍이 약간의 발견이 있었다. 그는 '현출(Erscheinung)'과 '현상(Phenomena)'이라는 두 개의 비슷한 뜻의 단어에 각기 특별한 의미를 부여했을 뿐 아니라, 게다가 또한 '현출(Erscheinung)'과 '외견(Schein)'을 구별하였다. 뒷날 그의 책을 주석하던 사람들에게는 논쟁이 있었는데, 전자가 꼭 주관에만 속하는 것이 아니라고 여겼다. 무릇 이는 모두 본 글의 주제가 아니므로, 상세히 논하지는 않는다. 요컨대, 감각이 단지 일종의 '심'도 아니고 '물'도 아니며 실재하는 appearance도 아니라는 칸트의 입장은 말이 통하는 것이다.

十.

위에서 말한 것은 감각의 본질에 관해서이다. 현재 한 걸음 더 나아가 '감각 내용(sense-content)'을 설명하여 보는데, 그 자체로서는 도리어 전적으로 우리에게 외계 사물에 대한 지식으로 공급되는 것이 아니다. 우리는 단독의 하나하나의 감각 내용과 감각 상호 간의 변화를 반드시 분별해서 보아야 한다. 이는 바로 전적으로 하나하나의 감각 내용으로 보면, 그것이 결코 우리로 하여금 그밖에 하나의 외계 사물이 그 배후에 있다는 점을 미루어 알 수 있게 하는 것이 아니라는 점을 말한다. 그래서 우리가 감각에는 배후가 있고, 이른바 자극이 있으며, 외계에서 감각을 자극하기 시작한다는 점을 미루어 알 수 있는 것은 바로 단지 감각에 변화가 있는 데서 비롯되는 것에 다름 아니다. 〈그림 1-1〉로 그러한 의미를 표명해 볼 수 있다:

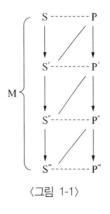

〈그림 1-1〉

〈그림 1-1〉 속에서 M은 주관(Modification)이다. S는 감각(Sensum)이고, P는 외계 사물(Pattern of the external something)이다. S에서 S‴까지는 감각 계열(a series of Sensum)이며, 비록 실제에 있어서는 P에서 P‴까지의 외계 사물과 상응한다고 말할 수 있지만, 주관적으로 마주하는 것은 도리어 단지 감각뿐이다. 그래서 매 하나의 감각은 단독으로 말하면, 기필코 감각 S로부터는 외계 사물 P를 알 수 없고,

감각 S´으로부터는 외계 사물 P´를 알 수 없다고 말할 수 있으며, 그 아래도 이와 같다. 하지만 감각 S가 S´으로 변화할 때는 도리어 감각 S´과 외계 사물 P가 상응하지 않기 때문에, 차츰 감각 S의 배후가 외계 사물 P이고, 감각 S´의 배후가 외계 사물 P가 아니라는 점을 알 수 있다. 이러한 앎이 바로 단지 '미루어 아는 것(Reference)'이라는 점을 알아야 한다. 그래서 에딩턴(A.S.Eddington)은 물리계에 관한 우리의 모든 지식은 전부 미루어 아는 것이라고 주장한다. 이는 사실상 명언에 속한다.

게다가 우리가 보다 주의하여 몇몇 외계 사물에 관한 지식을 아는 것은 감각 배후의 자극에 편제와 해석을 가한 것이라는 점을 알아야 한다. 즉 그러한 자극들의 본래 면목이 결코 아니다. 직설적으로 말해서, 즉 단지 내계에서 조성이 된 뒤 외계로 투사되는 것인데, 외계에 실재하는 것처럼 여겨지는 것이다. 따져보면 사실 바로 단지 하나의 '조성물(Construction)'에 다름 아니다. '조성물'이라는 하나의 관념은 영국인 스테이스가 발전시킨 것이다. 그것은 처음에는 도리어 러셀에게서 발원한 것이다. 나는 이러한 점이 근래 인식론에 있어서의 하나의 진보라고 생각한다. 예컨대 보통 개념, 즉 탁자, 의자, 먹, 붓, 책과 같은 것들이 바로 모두 이러한 '조성물'이다. 이에 그치는 것이 아니라, 즉 '그 밖의 마음(the other Mind)'의 존재가 또한 일종의 조성물에 다름 아니다. 이른바 "다른 사람에게 있는 마음을他人有心 나 또한 헤아릴 수 있다余村度之"는 말이 있는데 바로 이러한 것이다. 조성물에 관한 설명은 그것을 〈그림 1-2〉로 표시해 볼 수 있다:

그림 속에서 M은 주관(Modification)이고, S에서 S´´´까지는 감각 계열(a series of Sensum)이며, P에서

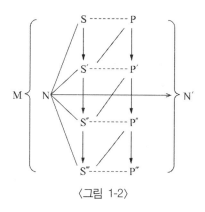

〈그림 1-2〉

P″까지는 상응하는 외재 사물(Pattern of the external world)이고, N에 이르러는 즉 이른바 조성물(constructioN)이다. 우리는 감각으로부터 조성되는 이러한 것을 밖으로 투사하고, 외계 사물의 배후(그림 속의 N′이며, 그 긴 화살표와 활모양이 이러한 투출을 표시한다)로 투사한다. 우리는 탁자, 의자 등이 외계에 여실하게 존재한다고 여기지만, 사실 바로 단지 우리의 감각으로부터의 조성물인 것에 다름 아니다. 이러한 점에 관해 잠시 뒤로 미루고, 우선 하나의 보다 중요한 문제를 제기하여 본다. 즉 감각 S의 배후가 P인가이다. 이러한 P가 결코 하나의 '실체(entity)'가 아니라는 점을 알아야 하며, 따라서 나는 이러한 점에서 확실히 유물론이 아니다. 나는 이를 '외재적 구조'라고 이름한다. 현재 즉 이러한 외재적 구조의 문제를 토론하여야 한다. 나는 예전에 일찍이 '상관되는 것(the correlated)'을 가지고 그것을 설명하였다. 영국인 위즈덤(J.Wisdom)[13]-은 『심과 물의 문제(Problems of Mind and Matter)』(1934)에서 즉 '외재적 근원(external source)'으로 그것을 설명한다. 그는 감각에 있어서 표면적으로 나타나는 것과 그 배후의 외재적 근원에는 기필코 '대체적인 상응(formal similarity)'이 있다고 여긴다. 그렇기 때문에, 우리는 흰 것을 검은 것으로 보지 않고, 높은 것을 낮은 것으로 보지 않는다. 그의 이 설은 결코 새로운 뜻은 없으며, 여전히 러셀의 주장을 채택한 것이다. 러셀의 견해가 도리어 보다 정확하다. 원문은 『물의 분석(The Analysis of Matter)』(1927, p.227)에서 보이는데, 상세히 인용하지는 않는다. 하지만 이러한 외재적 근원이 단지 일종의 '구조(structure)'에 다름 아니며, 결코 즉 '물질(matter)'로 믿어서는 안 된다는 점을 알아야 한다. 위즈덤은 그것을 '온화한 물질론(moderate materialism)'이라고 이름하였는데, 나는 이는 틀린 것이라고 여긴다. 많아야 단지 카르나프(Carnap) 일파를 따른

13_ 1904~1993. 영국 출신의 분석철학자, 언어철학자. 무어, 프로이트, 러셀, 비트겐슈타인(L. Wittgenstein, 1889~1951)에게서 영감을 받아 연구하였다. 영국 케임브리지대학 특별연구원, 케임브리지대학 교수, 미국 오리건대학 교수를 지냈다.

것으로 '물리주의(physicalism)'라고 부를 수 있다. 왜냐하면 물리는 결코 물질이 아니기 때문이다. 바꿔 말하면, 즉 밖에 있는 것은 단지 안이 차지 않은 하나의 구조인 것에 다름 아니며, 결코 그것에 실질이 있는 것이라고는 추정할 수 없다. 그래서 단지 안이 차지 않은 구조인 것이라고 부를 수 있을 뿐이며, 결코 실물이 아니다. 나는 하나의 새로운 명사를 지어서 '잠재 구조(Sub-Structure)'라고 이름하기를 원한다. 바로 그것이 기필코 감각에 붙은 뒤, 감각이 변화하면, 우리가 비로소 그것에 변화 상태가 있다는 점을 아는 것을 말한다. 이러한 구조는 부인할 수 없는 것이다. 그래서 나의 다원 인식론은 이러한 점에서 또한 확실히 유심론이 아니다. 나는 이러한 대체적인 구조가 밖에 있다고 승인하므로, 유심론이 아니지만, 그것이 물질이라고 주장하지 않으므로, 또한 유물론이 아니다. 이러한 외재적 근원의 본성이 무엇인가는 바로 인식론에서 연구하는 것이 아니다. 바꿔 말하면, 즉 물리인 것으로 한정되지 않는다고 말하는 것이 가능하지만, 이는 본체론의 범위에 들어가며, 오늘은 인식론에 제한하므로, 많이 논하지 않는다. 인식론에 있어서 유심론이 아닌 것이 도리어 본체론에 있어서는 유심론과 서로 통한다는 점을 알 수 있다. 현재는 단지 이러한 외재적 근원의 존재를 부정할 수 없다는 데까지를 논하며, 아래 단락에서 다시 그것이 대체 무엇인가를 토론해 본다.

十一.

나는 예전에 이러한 종류의 외재적 근원을 '조리'로 이름하였다. 이러한 외재적 근원과 감각(감각 자료인 sensa 혹은 sensum으로 이름할 수 있다)이 모두 '부여되는 것(The given)'이라는 점을 알아야 한다. 하지만 종류가 다른 것에 다름 아니다. 따라서 나는 또한 감각 자료를 '드러나게 부여되는 것(apparent given)'으로 이름하고, 이러한 외재적 근원은 '잠복되게 부여되는 것(subsistent given)'으로 이름한다. 감각 자료 자체는 비존재자이므로,

그것을 드러나게 부여되는 것으로 부를 수 있고, 외재적 근원은 즉 보다 굳은 조리이지만, 배후에 붙어 있는 것에 다름 아니다. 그래서 이 양자는 모두 위 글에서 서술한 선험 격식과 같지 않다. 선험 격식과 절반이 선험적인 '기준'은 모두 도구적 성질의 일종의 척도에 속한다. 하지만 '부여되는 것'은 도리어 마주하며 다가오는 지식의 '내용'에 속하는 것이다.

이러한 외재적 근원이 무엇인가에 이르러는 나는 가장 얕게는 그것이 결코 물체 혹은 물건 혹은 사물이 아니라, 단지 구조인 것에 다름 아니라고 여긴다. 우리는 러셀이 그것을 외계 사물의 '수학적 특성'(mathematical property(of the external something))이라고 이름한 것을 채택할 수 있다. 이는 단지 수학적으로부터 알 수 있게 되는 특성이 이러한 종류의 것인 셈일 수 있다는 점을 말한다. 나는 일찍이 그것을 '조리'라고 불렀고 혹은 '자연적 조리(natural order)'라고 이름하였는데, 이러한 자연적 조리는 매우 선명하게 여실하게 존재하는 것이 아니며, 스스로 거기에서 독립하여 있다고 해서 무릇 외계에는 하나의 여실하게 자존하는 조리가 있다고 여긴다면, 이는 바로 착오이다. 그와 반대로, 무릇 모든 것이 오직 '심'으로부터만 빚어지고, 외계에는 매개가 없다고 보는 것이 또한 마찬가지로 맞지 않다. 자연적 조리는 있는 것이지만, 그것은 도리어 듬성듬성한 것이고 애매하기도 한 것이며 활동적인 것이라는 점을 알아야 한다. 이따금 그것은 우리를 좌우할 수 있지만, 우리가 또한 이따금 도리어 그 겉모양을 바꿀 수 있다. 다음 나열하는 그림 〈1-3〉을 비유로 삼아 그것을 밝혀 본다:

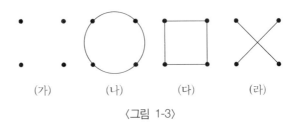

(가)   (나)   (다)   (라)

〈그림 1-3〉

그림 속의 네 개의 점(이를테면 (가))은 즉 자연적 조리를 비유하는 것이다. 우리는 이 네 개의 점에 근거하여 하나의 원형(이를테면 (나))을 그릴 수 있고, 또한 하나의 사각형(이를테면 (다))을 그릴 수 있다. 또한 하나의 X형(이를테면 (라))을 그릴 수 있다. 이러한 도형들은 모두 그러한 이른바 '모형 구조' 혹은 '허구(fiction)'를 비유하는 것이다. 하지만 이러한 모형 구조들은 완전히 환영적인 것이 아니다. 바로 반드시 몇 개의 '지점'(즉 위 그림의 네 개의 점)이 있어야 하며, 게다가 바로 내 개의 점으로 말하면, 또한 단지 원형, 사각형, X형을 조성할 수 있을 뿐, 결코 삼각형과 직선형을 조성할 수는 없다. 그래서 나는 예전에 '유한한 변화의 원리(The principle of limited variety)'라는 것을 제기하여 모형 구조의 배후에는 기필코 상당한 근거가 있다고 말하였다. 일부 보통 사람의 가장 큰 오해는 바로 모형 구조를 실물로 삼는 데 있다. 예컨대 앞선 〈그림 1-2〉에서 N이 있었는데, 반드시 알아야 할 것은 이러한 N은 바로 조성되는 것이지만, 그것이 외계를 뚫어보는 데 사용되므로, 바로 외재한 실물(이를테면 그림 속의 N')인 것으로 오인된다는 점이다. 사실 진정하게 '부여되는 것'은 단지 P일 뿐, N이 아니다. 게다가 P는 단지 약간의 근거점인 것에 다름 아니며, 결코 파편인 것은 아닌데, 〈그림 1-3〉에서의 네 개의 점이 즉 P인 것으로 비유된다. 그래서 자연적 조리는 인식에 있어서는 단지 일종의 '요소(factor)'인 것에 다름 아니다. 결코 하나의 고정적이고 완전한 그림이 되어 우리의 인식으로부터 모사되어 나오는 것이 아니다. 외재적 조리를 '단단하고 굳은 성질의 것'(즉 이미 한데 뭉쳐져 있는 것)으로 보는 것은 바로 포괄적 객관주의적 신실재론의 큰 착오이다.

하지만 주관주의적 유심론은 이러한 듬성듬성한 외재적 근거들이 또한 없다고 여기는데, 이 역시 마찬가지로 착오이다. 하지만 보통 사람들은 신실재론의 착오를 쉽게 범하므로, 우리는 이에 대해 특별히 경계를 하여야 한다.

네 개의 점이 갖가지 도형을 이룰 수 있다는 이러한 층위에 관해 나는 일찍이 '가소성'이라는 하나의 명사를 가지고 이러한 정황을 표시한 바 있다. 가소성 외에, 나는 또한 원자성, 연속성, 창변성이라는 세 가지를 끄집어냈다. 이 세 가지가 단지 자연적 조리 속의 가장 기본적인 것에 다름 아니라는 점을 알아야 한다. 그것은 '기본적 조리(basic order)'라고 이름할 수 있다. 나는 예전에 기본적이라는 이러한 층위를 제대로 강조하지 않아 비평자들에게 오해가 생겨났다. 여기서 기본적이라고 일컫는 것은 바로 '최후' 혹은 '궁극'의 뜻이기도 하다. 바로 일체의 자연적 조리가 단지 모형 구조(즉 가소성) 속에 잠복할 수밖에 없으므로, 자연적 조리와 우리가 조성하는 것은 서로 떼어내는 것이 매우 곤란하다는 점을 말한다. 그리하여 부득이하게 단지 이 세 가지를 모형 구조에 가장 끼어들지 않는 것으로 가정할 수밖에 없다. 바꿔 말하면, 즉 비교적 자연적 조리의 진상을 표시하는 것이다. 이는 바로 궁극의 견해로 미루어 부득이 그러하게 되는 것이며, 결코 자연적 조리가 단지 이 세 가지라고 말하는 것은 아니다. 누군가는 이러한 견해가 필요 없다고 여기고, 또한 누군가는 여전히 그것들을 내계로 가져가는데, 무릇 이는 모두 나의 본 뜻과 같지 않다. 어쩌면 나의 본 뜻을 오해한 것일는지 모른다.

十二.

위에서의 토론은 대체로 이미 완비되었다. 우리의 인식은 이로부터 볼 때, 진실로 매우 복잡한 것이다. 그 중에는 환영과 같은 감각 자료가 있고, 듬성듬성한 외재적 내원이 있으며, 직각에 있어서의 선험 격식이 있고, 방법에 있어서 우선 가설되는 기준이 있으며, 자연스럽게 나뉘어 이루어지는 주객이 있고, 추론에 있어서 선험적 논리의 기본율이 있으며, 더욱이는 습관과 행위로 인해 조성되는 이른바 '경험적 개념'이 있다. 무릇 이는 모두 바로 한 사람의 '심'을 본위로 삼는 것이다(이른바 한 사람의 마음은 즉 스테이스가 독립적 마음(solitary mind)이라고 일컫는다). 각 개인의 마음이 집합되어 하나의 공동 세계를 이루는 데 이르러도 도리어 즉 이에 기대어 그것을 설명할 수 없는 것이 아니다. 나는 공동의 세계가 이루어지는 것에는 몇 가지 근거가 있다고 여긴다. 첫 번째, 기필코 각 사람의 마음 속에 하나의 공통점이 있기 때문이다. 즉 이른바 "사람에게는 마찬가지로 이러한 마음이 있고人同此心, 마음이 마찬가지로 이러한 이치이다人同此理"는 것이다. 여기서 이른바 이치는 만약 구조를 가리켜 말한다면, 바로 즉 통할 수 있다. 이는 바로 칸트가 보편적 의식(Bewusstsein überhaupt, Consciousness in general)이라고 일컫은 것이다. 두 번째, 각 사람의 지각에 있어서 기필코 공시적 좌표의 전환 가능성이 있기 때문이다. 그리하여 (가)의 좌표계 속에서 (나)의 좌표계로 전환될 수가 있다. 이러한 전환은 바로 하나의 공동의 공시적 구조를 구성하게 된다. 세 번째, 기필코 사교의 관계 때문에, 각 사람은 경험에 있어서 교훈을 얻으며, 그런 뒤에 학습으로 인해 적응함으로써 하나의 보편 관념이 이루어지게 된다. 이 세 가지로부터 차츰 이른바 공동의 세계가 있다. 이러한 공동의 세계는 크게는 신축성(즉, 가소성)이 있고 결코 고정적인 것이 아니라는 점을 알아야 한다. 게다가 공동의 세계는 각 사람의 세계의 간단화이고 보편화인 것에 다름 아니며, 추상으로부터 이루어진다. 여전히 단지 각 사람의 마음속에 존재하는 것에 다름 아니며, 결코 여실하게 외계에서 자존하는 것이 아니다.

여기까지 논하고, 칸트의 '물 자체'를 말하여 본다. 이는 바로 나와 칸트가 서로 다른 구석이다. 그가 일컫은 '물 자체'는 결코 내가 말하는 자연적 조리가 아니다. 왜냐하면 '물 자체'는 바로 '물'의 본래 면모이기 때문이다. 칸트는 무릇 피인식되는 것은 즉 현상으로 변화한다고 여긴다. 이른바 본상은 즉 그 물物이 피인식될 때의 상相을 말하는 것과 같다. 사실, '물'은 만약 피인식되지 않는다면, 즉 그 '상'이 어떠한 것인가를 말할 수 없다.

그래서 근본에 있어서 '물 자체'는 불가지인 것이다. 그렇다면 불가지는 어떻게 그것이 존재한다고 여길 수 있는 것일까? 이는 '물 자체'가 없다면, 즉 '물'이 없다고 주장하는 것과 같기 때문이다. '물'이 없다면 또한 어떻게 현상이 있을 수 있겠는가? 이것이 칸트의 고충이므로, 그는 반드시 '물 자체'의 존재를 가정하여야 했다. 칸트는 비록 현상론자이지만 도리어 여전히 소박한 실재론의 근거를 남긴다. 나는 즉 이러한 '물 자체'가 없어도 된다고 여긴다. 이른바 자연적 조리를 주장하는 것에 이르러는 도리어 이러한 '물 자체'와 관련이 없다. 왜냐하면 내가 주장하는 자연적 조리는 여전히 인식 이내에 있고, 배후에서 초월해 있는 것이 아니기 때문이다. 단지 감각 속에 스며들고, 감각 자료 내로 끼어드는 것이지 결코 그 배후에서 독자적으로 존재하여 사람이 알 수 없는 것이 아니다. 기왕 물질이 아니라면, 당연히 그 자체라고 말할 수 없다. 그래서 그것을 물질로 오해하면, 바로 큰 오류가 될 수 있다. 칸트의 '물 자체'는 적어도 이 혐의가 있다. 따라서 나는 내가 일컫는 자연적 조리가 그의 '물 자체'가 아니라고 말한다.

다시 이른바 '모형 구조'를 말하여 본다. 이는 바로 우리가 보통 일컫는 관념이다. 칸트는 그것을 '경험적 관념'이라고 불렀고, 스테이스는 즉 그것을 '조성물'로 이름하였다. 나는 '모형 구조'와 '조성물'이라는 두 가지 모두 매우 좋다고 여긴다. 우리 일상 생활이 대부분 이러한 것들 위에 있다는 점을 알아야 한다. 이러한 것들은 또한 바로 〈그림 1-3〉에서의 갖가지 도형이다. 비록 우리가 조성하는 것이지만, 도리어 실재계에 역시 상당한 근거가 있다. 하지만 이렇게 조성되는 것의 범위는 매우 넓다. 결코 그 배후의 것과 결코 완전히 부합하고 호응되는 것이 아니다. 나는 예전에 이러한 개념들의 기능을 말하면서, 실용론을 취하지 않을 수 없다고 여겼다. 하지만 나의 실용론은 영미파의 실용론과는 같지 않다. 나는 실용론이 역시 칸트에게서 발원한 것일 수 있다고 여긴다. 그래서 나는 칸트의 입장을 택하여, 효용의 표준을 단지 경험적 개념을 설명하는 데 사용하는 것으로 제한하며, 그것을 선험적 격식과는 연관시키지 않는다. 나는 개념(또한 관념으로 일컬을 수 있다)이 외적인 실재계를 직접 변화시킬 수 있다고 믿지도 않는다. 나는 개념의 인도 작용이 단지 우리가 외계를 다루는 태도를 바꿀 수 있는 데 있을 뿐이라고 믿는다. 그래서 나의 실용론은 단지 환경을 다루는 자신의 태도를 변화시킬 수 있다고 주장하는 데까지이다. 더욱 한 걸음 나아가 외계가 대리석이고, 우리로부터 임의로 조각될 수 있으며, 고유한 결이란 없는 것이라고 여길 수 없다. 사실 대리석은 조각을 할 수 있는 것이지만, 나는 도리어 그 속의 고유한 결을 반드시 알아야 한다고 여긴다. 만약 그 결에 의거하지 않고 그것을 조각한다면, 기필코 성공될 수 없다. 이것이 바로 내가 그밖에 '잠재 구조(sub-structure)'란 것이 있다고 승인하지 않을 수 없는 까닭이다. 따라서 나는 실용론의 묘한 구석은 그것이 지식의 한계(즉 제한)를 설명할 수 있는 데 있다고 주장한다. 즉 지식은 효용과 실용에 의해 제한된다. 이는 어쩔 수 없는 일이다. 하지만 효용과 실용을 가지고 결코 지식의 성질을 설명할 수는 없다. 왜냐하면 지식에는 그밖에 그 본성이 있는데, 그것은 효용과 실용을 가지고는 해석할 수 없는 것이기 때문이다. 요약하면, 효용과 실용은 단지 지식을 제한할 뿐, 지식을 확충하고 지식을 해석하는 것이 아니며, 단지 지식을 실증할 뿐, 지식을 생겨나게 하고 지식을 설명하는 것이 아니다. 이것이 바로 나의 실용론이 그들의 것과 다른 구석이다.

十三.

이상에서 말한 것은 대체로 이미 완비된 것 같으며, 현재 다시 하나의 서술법을 바꿔서 보면 더욱 명료해진다.

나는 즉 우리가 대상을 인식할 때 우리에게는 확실히 네 개의 층위, 혹은 네 개의 세계가 있다고 주장하는데, 다음과 같다:

(1) 이른바 잠재 구조의 세계이다(level or world of sub-structures).

(2) 이른바 감각 자료의 세계이다(level or world of sense or shadows).

(3) 이른바 조성물의 세계이다(level or world of constructions).

(4) 이른바 해석의 세계이다(level or world of interpretations).

이 네 개의 층위는 사실상 한데 혼합되는 것이라는 점을 알아야 한다. 내가 하나의 비유를 들면 즉 마치 여러 색깔이 칠해진 하나의 그림과 같다. 그 가운데에는 붉은 것이 있고, 푸른 것이 있으며, 검은 것이 있고, 누런 것이 있는데, 도리어 먼저 이를테면 붉은 것이 찍힌 뒤, 푸른 것이 찍힌다. 비록 겹겹으로 찍혀가지만, 도리어 서로 감추어도 완전히 감추어지지 않는다. 내가 또한 하나의 비유를 들면, 즉 마치 하나의 찻주전자와 같다. 주전자 밑의 앙금은 잠재 구조이고, 물속의 찻잎은 조성물이며, 물은 즉 이른바 해석이다. 해석이 가장 많고, 조성물이 또한 해석에 의해 영향이 생긴다. 잠재 구조에 이르러는 듬성듬성한 것이고 즉 심지어 비중이 크지 않다. 그래서 그것의 좌우력은 비록 분명히 있는 것이지만 도리어 광대하지 않다. 다시 하나의 비유를 들면, 즉 자연적 조리는 마치 고기 속에 감춰져 있는 뼈와 같은데, 우리가 감춰져 있는 것을 볼 때는 단지 고기에 다름 아니다. 이러한 네 개의 층 속에서 앞의 두 층은 이미 매우 많이 설명해서 다시 상세히 서술할 필요가 없다. 뒤의 두 층에 관해서는 대체로 상세히 설명할 필요가 있다. 하지만 네 개의 층은 반드시 한데 연합해서 설명해야 분명하게 알기가 쉽다. 우선 잠재 구조의 세계의 가소성을 말하여 본다. 나는 실용론이 여기서 하나의 오해가 있다고 여긴다. 그들은 외계가 대리석과 같이 우리가 임의로 조각하고 싶은 대로 조각할 수 있는 것이라고 여긴다. 사실 나의 주장에 따르면 가소성은 외계의 자체에 있지 않다. 이를테면 〈그림 1-3〉에서의 네 개의 점은, 즉 바뀌지 않는 것이다. 그래서 가소성은 네 개의 점 자체에 있지 않고, 단지 네 개의 점으로부터 조성되는 각 도형에 있으며, 즉 사각형이 조성된 뒤, 당신은 불편하게 여겨지면, 다시 그것을 원형으로 조성하며, 사각형이든 원형이든 도리어 모두 당신에 의해 조성되는 것이고, 네 개의 점에 고유한 것이 아니다. 전적으로 네 개의 점이 고유한 것으로 말하면, 그것은 바뀌지 않는 것이다. 그래서 나는 외계에는 확실히 자연적 조리가 있다고 주장한다. 내가 위의 글에서 말한 세 가지의 조리, 즉 원자성, 연속성, 창변성이 바로 이러한 잠재 구조에 고유하는 성질(intrinsic nature)을 말하며, 이밖에는 우리가 쉽게 알 수 없다. 가소성에 이르러는 단지 조성되는 것에 있다. 그래서 에딩턴(A.S.Eddington)은 인류가 그의 족적을 이러한 미지의 보물 창고 위에 새기며, 필사적으로 발굴한 그 결과로 얻어낸 것은 단지 자신의 족적에 다름 아니라고 말한다. 나는 에딩턴의 이 말이 실로 묘한 구석이 있다고 생각한다. 인류는 실로 괴이한 동물이다. 스스로 아주 많은 것을 조성하고, 스스로 또한 이론을 가지고 그것을 해석하며, 이따금 또한 그것을 깨뜨린다. 그러하여 가지만, 여전히 스스로 조성하는 것 속에서 물구나무를 선다. 바로 마치 물고기가 물속에 있는 것과 같다. 물고기는 물을 떠나면 즉 살 수가 없다. 사람이 역시 전설, 믿음, 보통 관념 등 조성되는 것과 해석을 떠나면 살아갈 수 없다. 그래서 종교의 용도는 사람으로 하여금 편안하게 살아가도록 하는 데 있다. 사실 종교가 이러할 뿐 아니라, 모든 상식과 문화 내지 과학과 철학이 이러하지 않은 것이 없다. 모두 그 작용은 인류 자신이 그 인류를 기만하는 것이고 이러한 기만이 바로 진실로 기만하는 것이라는 점을 알아야 한다. 기만을 당하는 사람이 실제에 있어서 효력을 얻을 뿐 아니라, 게다가 또한 즉 기만을 당하지 않았다고 말할 수 있다. 마치 최면술자가 맹물을 술이라고 지시하면, 피최면된 사람이 마신 뒤 곧 취하는 것과 마찬가지이다. 이러한 정황은 모든 상식과 문화, 학리의 인류에 대한 작용과 단지 정도에 있어서 차이가 있을 뿐, 성질에 있어서 다른 점은 없다. 그 원인은 바로 외계의 진정한 조리가 너무 듬성듬성하여, 우리가 갖가지 것들을 조성할 수 있고, 우리가 또한 바로 이러한 점에서 조성되는 것 속에 짜여들 수 있으며, 즉 그 속에서 생활해가기 때문이다. 감각 자료에 이르러는 그것 자체는 결코 외계의 대표자가 될 수 없고, 많아야 몇몇 '암시'인 것에 다름 아니다. 그래서 독일의 신칸트학파는 감각이 지식 속에서 갖는 지위를 아주 가볍게 보면서, 많아야 단지 하나의 '색인(index)'에 다름 아니라고 여긴다. 사실 이 말은 좀 과도한 것이다. 감각의 지식 속의 지위는 설령 아주 중요하지 않다고 해도, 이러한 '색인'을 경과하면 도리어 대략 그 배후의 외재한 근원을 미루어 알 수 있으므로, 지식 속에서 역시 결코 간과될 수 없다. 칸트는 "개념은 직각이 없으면 텅 빈 것이고, 직각은 인식이 없으면 맹종하는 것이다"라고 말하였는데, 바로 이를 가리킨 것이다. 내가 일컬은 네 개의 층위 속에서, 기왕 네 개의 층위가 상호 중첩된다면, 즉 감각 자료라는 한 층은 바로 절대로 불가결한 축에 드는 것이다. 조성되는 것이라는 한 층에 이르러는 위 글에서 비록 대략 설명하였지만, 다시 한 차례 또렷이 설명해도 무방하다.

예컨대, 보통 사물과 사건은 조성되는 것이 아닌 것이 없다. 조성된 후 외계로 투사되며, 여실하게 존재한 것이라고 믿겨진다. 왜냐하면 행위에 있어서 이러하면 도리어 편리하기 때문이다. 그래서 그것이 내계에서 조성되는 것의 투사자로 입증되는 데에는 반증이 없다. 기왕 이렇게 편리하다면, 바로 진실로 믿겨지는 것이다. 일상생활에 있어서 보통 사물과 사건이 이러하고, 즉 '동반자(the fellowman)', '사회적 나(the me or social self)' 및 '역사(history)' 등등이 모두 조성되는 것이다. 우리 대부분의 생활은 즉 이 속에 있으며, 날마다 이러한 것들을 대상으로 삼고 반려로 삼는다. 플라톤에게 하나의 비유가 있는데, 바로 인류는 동굴 속에 몸이 갇혀 있고, 단지 태양을 등진 하나의 작은 얼굴이 밖을 향하고 있으며, 이 얼굴로부터 밖을 내다보면, 즉 단지 아주 많은 그림자가 보일 뿐이라고 하였다. 솔직히 말해서, 이렇게 조성되는 것들은 즉 그림자인 것에 다름 아니다. 마지막으로, 해석의 세계를 논하면, 우리는 크게 다섯 종류로 나눌 수 있는데, 즉 과학적 해석, 철학적 해석, 심미적 해석, 도덕적 해석과 종교적 해석이다. 상식적 해석에 이르러는 순수한 것이 아니라, 바로 낮은 수준의 과학과 낮은 수준의 도덕 및 종교와 흡사한 것들이 안에 잡란하게 섞이는 것과 크게 다르지 않다. 그래서 나는 그것을 독립된 하나의 항으로 나열한다. 도덕적 해석과 종교적 해석은 설명할 필요가 없다. 심미에 이르러는 누군가[14]가 직접적 경험인 것이며, 해석이라고 불리기 마땅치 않다고 여긴 바 있다. 미감이 일종의 직감이라면, 바로 일종의 스며듦이면서, 또한 바로 일종의 깨달음이기도 하다는 점을 아직 알지 못한 것이다. 즉 대상을 직접 보는 데서 그치는 것이 아니라, 바로 마음이 대상 속에서 유유히 흐르는 것이다. 그래서 영어에서는 그것을 관조(Contemplation)라고 부른다.

물론 또한 바로 해석의 일종이다. 현재 토론해야 할 것은 단지 과학적 해석과 철학적 해석인 것에 다름 아니다. 나는 이를 빌어 과학과 철학의 성질을 설명하기를 원한다. 일반 사람들은 왕왕 과학과 철학은 상호 배척되는 것이라고 여긴다. 즉 과학은 철학 밖에 있고, 철학이 또한 과학 밖에 있다는 것이다. 사실 이는 하나의 잘못된 관념이다. 과학 속에 바로 철학이 있다. 그리고 철학이 역시 그 과거로 말하면, 대체로 자체가 즉 과학과 같았다. 양자는 상호 배척되는 것이 아니라, 바로 상호 통괄되는 것이라는 점을

14_ 1897~1986. 주광첸朱光潛. 홍콩대학 교육학과를 졸업한 뒤 상하이 중국공학에서 가르치다 영국에 유학하여 에딘버러대학과 UCL에서 문학, 심리학, 철학을 연구하였으며 프랑스 스트라스부르대학에서 문학 박사학위를 받았다. 귀국하여 국립 칭화대학, 국립 베이징대학 등에서 가르쳤으며 지셴린季羨林 등 제자가 문예심리학 수업을 들었다. 항전기에 국립 서남연합대학 문학원 교수를 거쳐 국립 쓰촨대학 문학원 원장, 국립 우한대학 교무처장을 지낸 후 전후에는 국립 베이징대학 문학원 대리 원장을 역임하였다. 주광첸은 1932년에 『문예심리학』 초고를 완성한 뒤 4년에 걸쳐 원고를 보완한 후 1936년 7월에 초판을 내놓았으며 책 전반에 장둥쑨의 영향이 없지 않다. 이 과정에서 형상적 직각론에 집중하였던 문예심리학 관점을 적지 않게 수정하고 목차를 크게 넓혔다. 「주쯔칭朱自淸 추천 서문」;「주광첸 서문」, 『문예심리학文藝心理學』, 중화민국 36년(1947년) 4월 제8판, 개명 서점, 제1~5쪽; 제1~5쪽 등 참조. 장둥쑨은 주광첸과 량치차오, 중국공학, 《시사신보》, 칭화대학, 《문철월간》 등으로 관계를 맺었다.

알 수 있다. 양자는 제목에 있어서 재료에 있어서 절대 다른 점이 없다. 무릇 철학의 제목은 과학으로부터 말할 수 없는 것이 없다. 무릇 과학에 있어서의 문제가 또한 철학으로부터 말할 수 없는 것이 없다. 단지 화법이 다른 것이고, 제재가 다른 것인데, 누군가[15]는 철학은 그 고유한 제재가 없어서 장래에 스스로 소멸되는 것을 모면할 수 없다고 말한다. 이는 바로 사실 얕은 소견이다. 그래서 나는 철학과 과학의 분별은 단지 '태도'에 있는 것에 다름 아니라고 여긴다. 재료와 방법에 있는 것이 아니다. 철학의 태도, 즉 철학의 관점은 우주 사이의 만물을 연구하는 태도에 종사하는 것이고, 바로 하나의 대상을 연구하는 동시에 그 주위의 전체를 연계하여 다루는 것이다. 과학의 태도, 즉 과학의 관점을 취한다는 것은 사물을 연구하는 데 종사하는 것인데, 즉 하나의 대상을 연구하는 데 있어서 기필코 그것을 고립 하고, 일체의 관계를 단절하는 것이다. 전자의 태도는 내가 화이트헤드 (A.N.Whitehead)의 말을 빌면 '혼성적이게 생각하는 것(to think heterogen-eously)'이라고 말할 수 있고, 후자의 태도는 즉, '균질적이게 생각하는 것(to think homogeneously)'이라고 말할 수 있다. 즉 하나는 혼잡하게 생각하는 것 이고, 하나는 단순하게 생각하는 것이다. 바로 견해가 다르면, 즉 사유의 태도가 다르다. 이러한 다른 점 외에는 달리 구별되는 점은 없다.

十四.

위의 단락에서 말한 네 개의 층위는 바로 내용을 말한 것이다. 내용과 격식은 서로 분리되지 않는 것이지만, 편리를 위해서 도리어 단독으로 격식

15_ 1891~1962. 후스胡適. 중화민국의 철학자, 문학인, 평론가, 정치인. 후스가 「철학의 장래哲 學之將來」라는 제목으로 상하이 다퉁大同대학 강연을 연 뒤 장둥쑨이 「장래의 철학將來之哲 學」이라는 제하로 논지를 반박한 글이 ≪철학평론哲學評論≫제3권 제2호(1930년)에 실려 있다. 장둥쑨 저, 「장래의 철학」, 『과학과 철학科學與哲學』, 베이징北京: 상무인서관, 2009 년 7월 판, 제140~165쪽 참조.

을 말할 수 있다. 그리하여 이전에 말했던 공시의 격식, 주객의 대립, 논리의 기본율 등등이 바로 격식의 방면이 된다. 우리는 그러한 네 개의 층위가 그 속에서 바로 갖가지 격식을 함유한다고 말할 수 있다. 현재 이러한 격식들과 이러한 층위들을 한데 통합시켜 말하면, 즉 다음과 같이 서술될 수 있다:

(1) 자연적 조리는 듬성듬성한 것이고 애매한 것이다. 그 존재는 단지 미루어 알 수 있을 뿐이지만, 그 자체가 도리어 우리 역량을 좌우할 수 있을 뿐 아니라, 게다가 원자성, 연속성, 창변성 등의 조리를 갖는다.

(2) 감각 자료는 비록 역시 강박성이 있지만, 그 자체는 결코 여실하게 존재하는 것이 아니다.

(3) 직각에 있어서의 선험적 격식으로서의 공시는 직접적으로 인식에 있어서 나타나는 것이고, 주관적인 것인데, 왜냐하면 외계의 공시가 그것에 상응되는 것이 아니기 때문이다.

(4) 논리학에 있어서의 추론의 기본 원칙은 그 내원을 더 이상은 미루어 알 수 없으며, 단지 선험적이라고 승인할 수 밖에 없다.

(5) 주객의 대립이 또한 자연스러운 일이다. 선험의 한 종류 속에 귀결할 수 있다.

(6) 개념 속에 한 종류의 것은 사물을 대표하는 것이 아니라, 사물의 조리를 대표하는 것이다. 이러한 종류의 것을 우리는 이름하여 기준이라고 한다. 절반은 경험적이지만, 절반은 선험적인 것이다.

(7) 이밖에 대부분의 개념은 보통 사물에 관한 것이다. 즉 모두 조성물이다. 바뀔 수 있으므로, 그 가소성이 아주 높다. 하지만 우리는 도리어 대부분 이 속에서 생활을 도모한다. 불교에서 '미迷'와 '집執'이라고 일컫는데, 여기에서 꼭 나타나지 않는 것이 아니다. 이러한 종류의 개념은 모두 '실용적(pragmatic)'이다. 그것은 우리에게 있어서 모두 암시

의 작용이 있으며, 우리로 하여금 외계 사물에 대해 갖가지 다루는 태도가 있게 만든다.

(8) 개념 속에는 또 한 종류의 것이 있는데, 그 성질은 단지 해석인 것에 다름 아니다. 예컨대 종교에 있어서의 '신(God)', 도덕에 있어서의 '공정(Fair)', 과학에 있어서의 '관성(Inertia)', 철학에 있어서의 '본체(Substance)' 등등이다. 이러한 종류의 개념은 위에서 언급한 그러한 개념들과 분립하는 것이 아니며, 그리하여 우리의 가소성의 세계가 형성된다.

요컨대, 나의 다원적 인식론에는 하나의 요점이 있는데, 바로 갖가지 격식과 갖가지 층위가 기필코 상호 의존되고, 상호 중첩되지만, 도리어 상호 발생적인 것은 아니라는 점이다. 예컨대 잠재 구조는 기필코 감각 자료 사이의 변화에서 나타나지만, 도리어 감각 자료에 의해서 발생하는 것은 아니다. 공시의 격식은 직각적 경험을 떠날 수 없지만, 도리어 이러한 경험 속으로부터 그것이 성공적으로 추출되는 것은 아니다. 논리의 기본율이 역시 개념과 직각을 떠날 수 없지만, 그것은 도리어 그것들로 인해 발생되는 것이 아니다. 나는 예전에 일찍이 하나의 의미를 제기하면서, 즉 인식은 하나의 '합성적 산물(Joint product)'이라고 말하였다. 내가 현재 다른 말로 그것을 설명하면, 즉 나의 이 설은 '지식 작용의 다중 요인설(multiple factors of knowledge)'이라고 부를 수 있다. 여기까지가 총결이다. 현재 좀 더 설명할 부분이 있는데, 첫째는 철학의 성질에 관해서이고, 둘째는 공동 세계의 조성에 관한 것이며, 이에 대해 몇 가지 보충을 하고자 한다.

철학 자체는 일종의 해석이기 때문에, 철학은 그곳의 진리로 여실하게 존재하는 것이 아니다. 우리는 물론 철학을 진리로 삼을 수 있지만, 그 중요한 구석은 여전히 '철학의 기능(the function of philosophy)'에 있다. 바꿔 말하면 우리는 철학의 기능을 가지고 철학의 성질을 설명할 수 있다. 나는 이러한 점에서 도리어 마르크스(K.Marx)의 견해에 충분히 찬성한다. 바로 그는 철학의 관념에 대해 예전의 역대 사람들과 서로 같지 않다. 미국의 후크(S.Hook)[16]의 주장에 따르면, 현대에서 토론하는 문제, 이를테면 공간, 시간 등은 단지 논리학에 속하는 것일 뿐, 진정한 철학에 속하는 것이 아니다. 진정한 철학은 단지 도덕철학, 정치철학, 법률철학, 사회철학 등 인생의 한 방면에 관한 것이다. 나는 비록 철학을 단지 인생철학에만 제한하는 데 매우 찬성하지 않지만, 나 또한 일체의 형이상학의 귀속이 도리어 인생철학이라고 여긴다. 마르크스는 말하길, 철학의 임무는 세계를 바꾸는 데 있다고 하였다. 이러한 말은 나의 입장에서 말하면, 또한 말이 통할 수 있다. 바로 일체의 사회제도와 문화가 모두 사람이 만든 것이고, 스스로 스스로를 위안하는 데 쓰는 것이며, 그로 하여금 세상에서 생활해 갈 수 있게 하는 것이다. 이렇게 조성되는 것들은 그 배후에 하나의 이론이 있는데, 바로 이른바 철학(인생철학, 정치철학, 사회철학)이다. 이러한 종류의 철학은 그 기능이 외계의 진상을 설명하는 데 있다기보다는 인생을 지도하는 데 있다고 말할 수 있다. 따라서 우주에 관한 일체의 철학은 모두 인생철학의 '화장(disguised fashion)'인 것에 다름 아니다. 그리하여 일체의 형이상학은 기필코 인생 문제로까지 귀결되어야 한다. 하지만 인생 문제는 도리어 진실과 거짓, 합리와 불합리를 일컬을 것이 없다. 여기에는 논리학에 있어서의 문제가 없고, 단지 가치에 있어서의 판단이 있을 뿐이다. 그리하여 최후에는 여전히 단지 행위적 실제에 호소할 수밖에 없다. 마르크스 일파는 일체의 이론은 반드시 그 실천에 있어서의 결과를 봐야한다고 주장하며 원래 너무 질책할 필요는 없다. 하지만 나는 일체의 철학의 발생은 의식적인 데 있어서는 결국 세계를 해석하는 것이며, 세계를 바꾸는 데 이

16_ 1902~1989. 미국의 철학자, 실용론파 학자. 컬럼비아대학에서 존 듀이의 제자였다. 독일 철학과 유물론, 마르크스-레닌주의를 연구하였으며 미국 공산당에 가입하기도 하였다가 사회민주주의로 전향하였다. 뉴욕대학 교수를 지냈다.

르러는 바로 무의식에서 비롯되는 것이라고 여긴다. 그래서 어떠한 철학도 그 귀속은 하나의 인생철학이며, 무의식 속에서 세계(인생의 세계)를 바꾸고 싶은 것에 다름 아니다. 마르크스의 착오는 예전의 모든 철학이 전부 명상적이고 사색적인 것이었다고 믿은 데 있다. 사실 근본에 있어서는 순수하게 명상적이고 순수하게 사색적인 철학이 없다. 왜냐하면 명상과 사색은 철학을 이루게 하지만, 일종의 철학이 이루어진 뒤는 사회에 있어서 인생에 있어서 자연히 일종의 기능이 생겨나기 때문이다. 나의 이 설은 결코 철학의 가치를 절감시키지 않는다. 왜냐하면 철학 자체는 단지 위 글에서 일컬은 해석에 다름 아니기 때문이다. 그리고 해석의 작용은 단지 우리가 외계를 다루는 태도에 영향을 끼쳐 태도로 하여금 갖가지 변화가 있게 하는 데 있는 것일 뿐, 결코 외계 자체를 변화시킬 수는 없는 것이기 때문이다. 그래서 인생철학은 인생의 태도를 변화시킬 수 있다. 외계는 자체로 듬성 듬성한 것이며, 변화의 여부를 일컬을 만한 것이 없다. 변화되는 것은 단지 우리 자신이 만든 몇몇의 것들에 다름 아니다. 마르크스가 말한 '세계를 바꾼다'는 말은 만약 외계를 가리켜 말한 것이라면, 즉 틀린 것이며, 만약 인류의 생활과 환경, 즉 문화 전체를 말한 것이라면, 즉 나의 이 설에 상호 합쳐지지 않는 것이 아니다. 카르나프(R.Carnap) 일파가 형이상학 속의 일체의 명제가 모두 소망을 표시하는 것이고, 실증될 수 없으며, 따라서 진정한 명제가 되기 부족하다고 말한 것 역시 나의 입장에서 그것을 수정할 수 있다. 나는 형이상학에 있어서 일체의 주장으로 표출되는 명제가 확실히 모두 실증될 수 없다는 점을 승인한다. '실증(verificaiton)'이라는 명사가 최후에는 경험으로 미루어진다는 점을 알아야 한다. 물론 물리학과 화학에 있어서의 명제는 결국 얼마만큼 실험으로까지 미루어진다. 우리가 형이상학의 명제가 실증될 수 없다고 말하는 것은 즉 형이상학의 명제가 물리학과 화학에 있어서의 명제와 다르다는 점을 말하는 것과 같다. 이에는 원래 이의가 있을 수 없다. 하지만 만약 실증될 수 없는 명제는 즉 명제인 셈일 수 없다고 말한다면, 이러한 말은 맞지 않는 것이다. 솔직히 말해서, 형이상학의 명제가 또한 완전히 실증될 수 없는 것이 아니지만, 그 실증이 확실히 물리학과 화학적 명제의 실증과 다를 뿐이다. 형이상학적 명제가 소망을 표시하는 것이고, 당연히 인생에 관련된다면, 즉 최후로 미루어 가면 기필코 여전히 인생과 문화에서 결정된다. 그래서 인생철학, 사회철학이 바로 형이상학의 귀결이다. 이러한 귀결에 있어서로부터 형이상학을 입증할 수 있다. 형이상학의 명제는 여전히 진정한 명제라는 점을 알 수 있다. 왜냐하면 형이상학의 기능은 '인문人文' 위에 놓여 있는 것이기 때문이다. 나의 이 설에 비추면, 대체로 '철학은 대체 무엇인가'라는 하나의 문제에 대해 하나의 명확한 해답을 내놓을 수 있다. 즉 철학은 바로 비판하고 분석하고 비교하는 일종의 연구이다. 그것이 비판하고 분석하고 비교하는 재료는 바로 갖가지 문화 속에 잠존하는 기본 개념이므로, 철학 자체는 바로 단지 철학의 역사일 수밖에 없다. 철학의 역사에 표현되는 것은 바로 인류문화 및 민족문화 속의 갖가지 기본 개념의 유래와 발전이기 때문에, 나는 매 한 종류의 문화에는 그 기본 개념이 있다고 믿는다. 이러한 종류의 문화는 바로 이러한 기본 개념에 기대어 성립된다. 만약 그 기본 개념을 장악할 수 있다면, 즉 이러한 문화에 대해 상당한 이해가 있을 수 있다. 그래서 철학의 임무는 문화(즉, 갖가지 문화의 서로 다른 패턴 및 인류 문화의 서로 같은 패턴)를 설명하는 데 있는 것이지, 문화 자체를 창조하는 데 있는 것이 아니다. 하지만 왕왕 예전의 것을 설명하기 때문에, 차츰 또한 장래가 암시되어 나올 수 있다. 즉, 마르크스가 세계를 바꾼다고 일컬은 설이, 즉 이러한 것 중의 하나이다. 나는 따라서 철학의 역사가 바로 철학인 것이라고 여긴다. 게다가 이를 제외하면, 모두 철학의 본성을 진정으로 이해하는 것이 아니다.

공동의 세계의 조성에 관해서는 내가 위의 글에서 이미 설명하였으며, 본래 더 이상 말할 필요가 없다. 최근에 ≪철학평론哲學評論≫[17] 제7권 제1

기(1936년) 내에 장주우張逐五 군의 「경험과 질서經驗與秩序」라는 한편의 글이 대체로 나의 소견과 매우 같지 않다. 그래서 또한 나의 말을 끌어낸다. 그는 대체로 하나의 감각류에는 기필코 공동의 감각이 있다고 주장한다. 나는 즉 지식 전달의 문제를 토론하기 위해서는 반드시 우선 두 개의 단어의 의미를 분별해야 한다고 여긴다. 하나는 영어의 communicable이고, 다른 하나는 영어의 transferable이다. 전자는 '공통'으로 인해 '통'하는 것이다. 후자는 '치환'으로 인해 '통'하는 것이다. 예컨대 중국의 금을 가져다 외국에서 사용하는 것은 전자이고, 만약 중국 돈을 외국 돈으로 바꿔서 외국에서 사용한다면 바로 후자이다. 나는 매 하나의 감각 내용은 본인에게 있어서는 모두 개인적이라고 주장한다. 결코 타인과 공통적일 수가 없다. 하지만 도리어 타인과 서로 통할 수 있다. 그 통함은 바로 공통적인 데서가 아니라 치환에서 비롯되는 것이다. 바로 나의 감각 A가 당신의 감각 B로 바뀔 수가 있다. 내용에 있어서 A와 B는 비록 똑같지 않지만, 나는 당신과 도리어 말을 할 수 있다. 나는 당신의 감각 B가 바로 나의 감각 A라는 점을 알게 된다. 바로 미국 돈 1달러가 중국 돈 몇 원元 몇 각角인 것과 같다. 한 권의 책의 가격이 1달러일 때, 나는 몇 원 몇 각을 쓰면, 곧 가져갈 수 있다. 피차 공동의 이른바 공동의 세계가 바로 이러한 '치환성(transfer-ability)' 위에서 건립된다는 점을 알아야 한다. 동일한 감각류 사이에서 치환으로 인해 교통(Communication)이 될 수 있을 뿐 아니라, 즉 다른 종류의 감각류에서도 역시 이로 인해 상호 통할 수가 있다. 예컨대 투우를 보자. 투우에서 소와 사람은 두 가지 서로 다른 감각류이지만, 사람은 도리어 소

17_ The Philosophical Review. 중화민국 상지학회尚志學會에서 편집을 주관하여 1927년 4월 격월간으로 창간되었으며 장둥쑨은 창간 발기인으로 참여하고 실질적인 주간主幹을 지냈으며 취스잉이 비정기적으로 편집인을 맡았다. 1936년 제7권부터는 중국철학회中國哲學會에서 편집을 주관하였으며 장둥쑨은 편집 위원, 이사회 이사 등을 지냈다. 중일전쟁 등으로 인해 발간이 정상적으로 이뤄지지 못했다. 1947년 8월에 제10권 제6호까지 발행된 후 정간되었다.

를 인도해서 그것으로 하여금 싸우게 할 수 있다. 만약 사람과 소 사이에서 서로 통하지 않는다면, 즉 이러할 수 없다. 그래서 우리는 감각류가 서로 같아야만, 그 감각 현상이 비로소 차츰 서로 같을 수 있다고 여길 필요가 없다. 즉 설사 다른 감각류라고 하더라도, 그 감각 현상이 또한 '치환'으로 인해 통함을 얻을 수 있다는 점을 알아야 한다. 이러한 갖가지 주관 사이에서 그 감각은 단지 서로가 '통'할 수 있으면 될 뿐, 결코 서로 '동일'할 필요까지는 없다는 점을 알아야 한다. 이것이 바로 내가 장 군과 다른 구석이며, 글의 말미에 덧붙인다.

원제: 多元認識論重述
출처: 왕윈우王雲五 등 편, 『장쥐성 선생 칠순 생신 기념 논문집張菊生先生七十生日紀念論文集』, 상하이: 상무인서관, 1937년

一.

철학의 성질에는 몇몇 퍽 이상한 구석이 있다. 과학을 배우는 대학생은 비록 1학년 때는 배우는 그 과학 과목(이를테면 물리학 혹은 화학 혹은 생물학)이 대체 무엇인가를 꼭 알 수 있는 것이 아니지만, 4학년 때까지 배우면, 졸업한 뒤 기필코 그 성질이 명백해질 수 있다. 하지만 철학을 배우는 대학생은 왕왕 4~5년을 배운 뒤에 비로소 홀연 큰 깨달음을 얻으면서, 스스로 하나의 문제를 제기하며 말할 수 있는데, 즉 철학이란 대체 무엇인가? 이다. 이러한 종류의 이상한 정황은 확실히 있는 것이다. 과학은 배울수록 명백해지고, 대상에 대해 얼마만큼 확신을 얻을 수 있지만, 철학을 배우는 것은 즉 배울수록 의혹이 증가하고, 그 결과 자신에게 그것을 스스로 묻지 않을 수 없게 되는 것이다. 하지만 철학을 배우면서 의혹을 배우고 철학이 대체 무엇인가를 물을 줄 아는 것은 바로 철학을 배운 것이 성공된 것이며, 결코 실패가 아니라는 점을 알아야 한다. 철학을 배우는 학생에게 이러한 정황이 있을 뿐 아니라, 즉 수 십 년을 연구한 우리들 역시 이러하다.

본 글은 바로 이러한 문제에 대해 하나의 해답을 구하려는 것이다. 그 중에서 말하려는 것이 또한 나의 마음속에서 여러 해 동안 축비되어 있던 것과 다른 것이 아니다. 현재 써내는 것으로 이러한 문제가 나의 마음속에서 일단락을 고하였다는 점을 표명하는 데 사용한다.

　이러한 문제를 토론하려면 세 방면으로부터 착안해야 한다. 즉 첫 번째는 철학이 대체 자신의 특별한 방법을 가지는가? 묻는 것이다. 두 번째는 철학이 대체 자신의 고유한 제목을 가지는가? 묻는 것이다. 세 번째는 철학에 대체 자신이 얻어낸 이론이 있는가? 묻는 것이다. 이 세 가지 문제는 사실 바로 세 가지 방면이다. 첫 번째는 철학을 하나의 치학적 훈련으로 삼아 보는 것이다. 두 번째는 철학을 하나의 특별한 영역으로 삼아 그 내용이 어떠한 것인가를 묻는 것이다. 세 번째는 철학에서 해석된 것을 일종의 결론으로 삼아 그 성질이 무엇인가를 묻는 것이다. 그리하여 우리는 세 가지 문제를 얻어낼 수 있으며, 다음과 같이 표시할 수 있다:

(1) 철학의 방법은 무엇인가?
(2) 철학의 문제는 무엇인가?
(3) 철학의 진리는 어떠한 성질의 것인가?

二.

　우선 철학의 방법을 논하여 본다. 나는 5년 전에 일찍이 「철학과 과학哲學與科學」(민국 20년)이라는 글(중화서국에서 출간한 ≪철학연구哲學研究≫ 속에 실려 있다)을 지었는데, 바로 이러한 문제에 대해 나 개인의 견해를 발표한 것이다. 나의 주장은 지금까지 변함이 없다. 나는 만약 '방법'이라는 하나의 단어를 비교적 구체적으로 해석한다면, 즉 우리는 당연히 철학에 있어서 사용하는 방법이 바로 과학에 있어서 사용하는 방법이라고 말한다. 철학은 결코 과학 방법 외에 달리 자신의 특이한 방법이 있을 수 없다. 왜냐하면 보통 일컫는 과학 방법은 단지 논리인 것에 다름 아니기 때문이다. 철학이 또한 결코 논리를 벗어날 수 없다. 그래서 나는 철학과 과학이 분별되는 점은 방법(즉, 방법에 있어서 얼마나 다른가에 있지 않다)에 있는 것이 아니라, 단지 태도에 있는 것이라고 주장한다. 여기서 내가 제기하는 '태도'라는 하나의 단어는 그 의미가 대체로 비교적 광범하며, 정신 방면에 중점을 둔 것이다. 현재 예전에 말했던 것을 다음과 같이 요약하여 본다:

"과학과 철학은 마찬가지로 우선 우리의 이러한 세계의 이치를 연구해 낼 수 있다고 가정한다. 바꿔 말하면, 즉 이러한 세계는 바로 우리에게 이해될 수 있는 것이다. 하지만 어떻게 연구해 낼 것인가에 즉 양자의 태도는 도리어 다른 점이 있다. 과학은 기필코 그것을 몇 가지의 부분으로 나누어, 각 부분을 단독으로 연구해야 한다고 여긴다. 각기 연구를 할 때 가장 좋은 것은 관계가 있다는 점은 인정하되 상호 의존되고 견제되지 않도록 하는 것이다. 과학은 따라서 바로 전적으로 정밀과 엄밀이라는 한 방면에 주의를 기울인다. 우리는 정밀하고 엄밀할수록 과학화하는 것이라고 말할 수 있다. 하지만 정밀을 추구할수록 즉 작업이 나뉘고, 엄밀을 추구할수록 즉 추출되는 것이 되지 않을 수 없다. 하지만 철학은 도리어 마침 상반된 태도를 채택하는데, 바로 철학은 우리가 이러한 세계에 이치가 있고 해석이 있는 까닭을 알려면, 반드시 먼저 그 전체를 합쳐 그 덩어리를 보면서 그 내함을 추궁해야 한다고 여긴다. 그래서 철학은 철저와 완정함(즉 훤히 아는 것이다)에 주의를 기울인다. 따라서 나는 과학과 철학이 다른 구석은 대상에 있는 것이 아니고, 방법에 있는 것도 아니며, 바로 단지 치학적 태도에서 각기 무게를 두는 바가 있을 뿐이라고 주장한다. 철학은 정밀을 원치 않는 것이 아니라, 바로 회통會通과 철저를 위하는 까닭으로, 양자를 겸하여 얻을 수 없을 때, 회통과 철저를 중시하는 것을 좀 더 원할 뿐이다. 과학이 또한 회통을 원치 않는 것이 아니라, 바로 정밀을 위하는 까닭으로, 양자를 겸하여 얻을 수 없을 때, 즉 단지 완정함을 희생할 뿐이다. 양자가 주의를 기울이는 것이 다른 것은 즉 양자가 기필코 각기 돌보지 못하는 구석이 있기 때문이며, 바로 아주 부득이한 데서 나오는 것이다. 게다가 각기 이러한 점이 명확해지면, 잠시 또한 좋은 방법을 찾아내 그것들 사이를 메울 수가 없다"

위에서 말한 것은 나의 그 문장 속의 대체적 뜻이며, 원문이 현재 수중에 없으므로, 어쩌면 완전히 똑같지 않을 수 있다. 하지만 뜻에는 변화가 없다. 나는 이러한 뜻에 근거하여 다음과 같이 말할 수 있다.

나의 주장에 따르면, 과학과 철학이 다른 점은 단지 치학적 정신의 태도에 있는 것에 다름 아니므로, 즉 반드시 우선 과학과 철학이 다른 점이 방법에 있다는 예전의 일종의 의견을 깨뜨리지 않을 수 없다. 바꿔 말해, 즉 나는 방법에 있어서 과학과 철학에 다른 점이 없다고 주장한다. 다시 바꿔 말해, 즉 나는 철학에 독특한 방법이 있을 필요가 없다고 여긴다. 이러한 점은 어쩌면 몇몇 사람들이 동의할 수 없는 것이므로, 따라서 자세히 설명할 필요가 있다. 근래 영미 철학계는 분석 일파가 성행하는 추세이다. 우선 독일인 카르나프(R.Carnap)가 그 서막을 열었고, 최근에 영국의 소장학자 에이어(A.J.Ayer)가 크게 그러한 면을 발휘하였다. 그들은 "철학을 하는 것은 바로 하나의 분석적 활동이다(Philosophizing is an activity of analysis)"라고 여긴다. 그러나 그들이 일컫는 분석은 그 결과가 도리어 단지 언어의 분석으로 변화하였고, 바꿔 말해, 즉 언어 속에 포함된 의미를 분석하는 것이다. 그 유일한 목적은 언어를 대단히 또렷하게 만들고, 의미를 십분 확정적이게 만드는 것이다. 사실 내가 보기에, 이는 여전히 철학에만 있는 방법이 아니다. 왜냐하면 어떠한 종류의 학문이든 모두 분석법을 사용해야 하고, 우선 개념을 또렷이 알아야 하기 때문이다. 그래서 분석을 가지고 일체의 철학을 개괄하는 것은 충분치 않은 일이다. 또한 누군가(이를테면 영국인 콜링우드(R.G.Collingwood)[1]이다)는 철학은 '개념의 융화(Conception)'를 방법으로 삼는다고 여긴다. 예컨대 불교에 있어서의 쌍비법雙非法-즉 '있는 것이 아니고 있지 않은 것도 아니다非有非非有'와 '없는 것이 아니고 없지 않은 것도 아니다非無非非無'이다-은 일체의 언어가 모두 사물의 형태를 형용하는 것에 다름 아니라고

1_ 1889~1943. 영국의 철학자, 고고학자, 종교학자. 옥스퍼드대학 교수를 지냈다.

여긴다는 점을 알아야 한다. '절대'라는 것에 이르러는 즉 어떠한 하나의 사물이 아니므로, 기필코 그것을 형용할 방도가 없다. 부득이 단지 이러한 종류의 쌍견법雙遣法을 사용하면서, 그것이 이러하면서, 또한 이러하지 않다고 말할 수밖에 없다. 이것은 바로 일종의 '소극적인 서술법(negative description)'이며, 결코 이상한 것은 아니다. 왜냐하면 적극적이고 긍정적인 면으로 서술할 방도가 없어서, 부득이 단지 이러한 방법을 사용해서 완전히 소극적이고 부정적인 면을 가지고 그것을 부각시키는 것이기 때문이다. 그래서 방법으로 말하면, 이는 바로 이상한 방법인 것이 아니라, 단지 철학에 있어서 그것이 있는 것이다. 하지만 이러한 종류의 소극적인 서술법이 다른 구석에서는 이토록 중요하게 여겨지지 않을 뿐이다. 이밖에는, 즉 직각설인데, 누군가는 바로 직각이 철학의 방법인 것이라고 여긴다. 하지만 나는 철학과 종교의 분가가 바로 여기에 있었으며, 철학이 과학에 접근하는 것이 또한 바로 여기서 비롯되었다고 여긴다. 즉 직각은 신비한 경험을 가리켜 말하는 것과 같지만, 철학은 사실 이러한 것이 필요가 없다. 위의 말을 종합하면, 철학에서 사용하는 것이 여전히 과학에서 사용하는 것과 서로 다르지 않으며, 즉 마찬가지로 논리에 있어서의 방법에 다름 아니라는 점을 발견하기에 충분하다. 하지만 중국어의 '방법'은 이따금 의미가 비교적 구체적이며, 마침 영어의 technique에 상당하다. 이따금은 즉 원칙이라는 의미를 포함하며, 바로 영어의 method로 변화한다. 이따금은 비교적 광범하게 즉 영어의 way에 상응된다. 과학 실험실 속에서 사용하는 과학적 방법은 scientific technique을 가리켜 말하는 것이며, 각 과학에서도 그것은 즉 서로가 같지 않다는 점을 알아야 한다. scientific technique에 이르러 그것이 무엇인가 말하면, 즉 바로 논리적 방법이다. 그래서 우리는 방법에 있어서는 사실 철학과 과학의 엄격한 분계를 찾아낼 수 없다고 말할 수 있다.

三.

  첫 번째 문제가 해결되었으면, 자연히 두 번째 문제에 대해 즉 몇 가지 암시가 있다. 나는 예전에 「철학과 과학」(1931)에서 역시 일찍이 이러한 문제에 대해 몇 가지 의견을 발표한 적이 있다. 나는 과학과 철학은 방법이 다른 것이 아니라, 단지 치학적 정신의 태도에 차이가 있는 것이며, 즉 어떠한 제목이라도 모두 과학으로부터 그것을 연구할 수 있는가 하면, 동시에 또한 모두 철학으로부터도 그것을 연구할 수 있는 것이라고 여긴다. 이러하면 즉 철학을 '철학적 관점'으로 변화시키는 것과 다르지 않다. 동시에 과학이 또한 단지 '과학적 태도'가 되는 것에 다름 아니다. 어떠한 제목을 과학적 태도를 가지고 연구하면, 즉 과학이 된다. 과학에 있는 제재를 철학적 관점을 가지고 보고, 탐구하면, 즉 또한 기필코 철학으로 변화한다. 일체의 대상을 연구하지 못할 것이 없다. 단지 이러한 연구가 어떠한 종류의 관점과 태도를 취하는가를 묻는 것에 다름 아니다. 만약 분업적이고 유리적인 태도를 가지고 그것을 나누고 쪼개어 분할된 작은 부분에 대해 정확하게 정리를 해 내면, 즉 바로 과학이 되는 것이다.

  만약 그것과 각 방면의 연합에 착안하고, 철저함을 향해 추궁한다면, 이는 바로 철학이 되는 것이다. 따라서 누군가는 '철학'이 있다고 주장하지 않고, 단지 '철학적으로(philosophically)' 혹은 '철학적(philosophical)'이 있는 것에 다름 아니라고 주장한다. 이는 바로 어떠한 제재이든지 간에 단지 철학적 태도를 가지고 연구하기만 하면, 모두 철학이 될 수 있다는 것을 말한다. 이러한 정황은 근래 아주 현저하다. 근래의 물리학에 이미 대대적으로 철학적 색채가 풍부할 뿐 아니라, 즉 생물학이 역시 이러하다. 영국의 우드거(J. H.Woodger)[2]-와 니덤(J.Needham)[3]- 등 사람이 모두 이러한 방면을 향해

2_ 1894~1981. 영국의 생물학자. UCL 등에서 연구하였으며 런던대학 의과대 교수를 지냈다.
3_ 1900~1995. 영국의 생화학자. 케임브리지대학에서 연구하였으며 생물학 교수를 지냈다.

노력한다. 홀데인(J.B.S.Haldane)[4]-은 더욱 말할 필요가 없다. 심리학 방면에서는 코프카(K.Koffka)[5]-에게 역시 철학적 색채가 풍부하다. 우리는 최근 과학계에 차츰 철학화의 추세가 있는 것이 바로 의심의 여지가 없는 것이라고 말할 수 있다.

위에서 서술한 말에 근거하면, 우리는 철학에는 특자적 제재가 없는 것이라고 말할 수 있는 것일까? 하지만 나는 그것은 분별을 가해서 말해야 한다고 여긴다. 즉 철학의 역사로부터 볼 때, 철학에 있어서 역대로 연구했던 문제들은 아무래도 철학에 고유한 것이었다. 하지만 우리는 이러한 문제들에 대해 도리어 과학에 길을 물어서는 안 된다고 여겨서는 안 된다. 솔직히 말해서, 몇몇 문제는 과학이 참견할 수 있을 뿐 아니라, 게다가 그 해답이 대체로 철학보다 더욱 역량이 있다. 그래서 과학이 철학의 문제에 대해 영원히 참여할 방도가 없는 것이 아니다. 하지만 과학으로부터 철학의 문제를 해결하려고 하면, 이따끔 도리어 전적으로 한 종류의 과학으로부터는 불충분하다. 반드시 기타 여러 과학과 연합하여야 한다. 이러하면 바로 그 학과 자체를 넘어서게 된다. 각 과학을 연합하는 것은 본래 철학의 직무에 속하는 것이다. 그래서 이러한 것은 여전히 철학이지 과학이 아니다.

게다가 몇몇 문제는 그 자체가 분석을 경과하면 즉 없던 문제로 변화하며, 혹은 그밖의 일종의 성질의 문제로 변화한다. 우리는 철학사에 있어서 철학 문제의 잦은 변화를 보면 바로 이러한 점을 알 수 있다. 하지만 우리는 또한 일괄적으로 논하면서, 일체의 철학에 있어서의 문제를 모두 언어적

영국 왕립협회(Royal Society) 추천으로 1943년부터 충칭重慶 중-영 합작 과학박물관에서 파견 근무하였다. 1946년 1월 충칭 정치협상회의 기간에 장둥쑨, 뤄룽지 등과 일면식을 가졌다.

4_ 1892~1964. 영국의 인도계 진화생물학자, 유전학자. 영국 런던대학, 미국 버클리대학 교수를 지냈다.

5_ 1886~1941. 독일 출신의 심리학자, 게슈탈트심리학의 창시자 중 한 사람. 미국 코넬대학, 위스콘신 메디슨대학 교수를 지냈다.

혼란으로부터 생겨난 문제로 보면서 언어가 또렷한 분석을 경과하면 그 문제가 자연히 사라진다고 여겨서는 안 된다. 사실 이러하지 않다. 확실히 몇몇 문제는 이른바 '전통적 문제'이다. 따라서 학자에게는 차츰 '영구적 철학'을 말하는 이가 있다. 결코 철학이 영구적으로 불멸한다고 말하는 것이 아니라, 바로 철학적 문제가 영구적으로 철학을 따라 역시 소멸하지 않는다는 것을 말하는 것이다. 이러한 문제들이 대체 무엇인가는 아래 글에서 철학적 진리를 논할 때 함께 설명한다. 현재 우리는 이 두 가지 문제(즉 과학적 방법과 철학적 문제)에 대해 하나의 불완전한 답안을 내놓는다(왜냐하면 완전한 해답은 반드시 세 번째 문제가 해결되어야 비로소 가능하기 때문이다).

그 답안은 다음과 같을 수 있다: 방법에 관해, 우리는 철학에서 사용하는 분석법은 또한 바로 모든 학문에서 사용하는 것이며, 결코 독특한 구석이 없는 것이라고 말할 수 있다. 하지만 철학적 정신에는 확실히 몇 가지 다른 점이 있다. 왜냐하면 반드시 관통을 추구해야 하고, 반드시 철저함을 추궁해야 하므로, 바로 그 분석이 보다 격렬해지는 데 이를 수 있기 때문이다. 이는 바로 태도가 방법에 영향을 끼치는 것이며, 결코 특별한 방법이 있는 것은 아니다. 이러한 방면으로부터 말하면, 우리는 철학을 하나의 훈련으로 삼을 수 있다. 바꿔 말해, 즉 사람들의 두뇌를 훈련시켜, 그로 하여금 매우 빠른 연상력과 분별력이 있도록 할 수 있다. 그래서 철학 연마의 기능은 몇몇 대철학가의 학설 및 일련의 전문명사와 하나의 큰 틀의 이즘(ism)을 암송해 낼 수 있는 것을 말하는 것이 아니다. 단지 학습하는 사람들로 하여금 예민한 두뇌 근육으로 훈련되도록 하는 데 있다. 스스로 사유를 운용할 수 있으면, 또한 옛사람의 사유 속에서 연락이 되는 곳과 간격이 있는 점을 충분히 발견할 수 있다. 그것이 오래되고 오래되면, 자신이 운용하는 사유를 고정된 사유의 방향으로 축적할 수 있다. 그리하여 이 사람은 바로 철학에 진실로 입문을 하는 셈이 된다. 그래서 철학은 가르칠 수 없으며 단지 배양을 할 수 있을 뿐이다. 철학을 처음 배우는 학생은 얼마나 총명하든지 간에 모두 잘 맞는 것이 아니다. 따라서 반드시 장기적인 훈육과 배양이 있어야 한다. 왕왕 철학을 배우는 청년은 기필코 3~5년이 된 뒤에야 비로소 진정한 흥취가 발생한다. 당신이 일단 철학의 두뇌 근육을 갖게 된 뒤면, 당신은 어떠한 다른 학문을 다시 연구하든, 기필코 결국 철학만큼 맛이 도탑고, 질리지 않는 것은 없다고 생각된다. 그때가 되면 당신은 설령 철학을 버리려고 한다고 해도, 여전히 버릴 수가 없다.

이는 철학을 논하는 견해(즉 철학의 안목으로 모든 것을 보는 것이다)이며, 철학의 문제에 이르러도 역시 알기가 쉬운데, 즉 당신은 철학적 견해를 가지기만 하면, 즉 어떠한 것에 대해서도 모두 볼 수 있고, 바꿔 말해, 즉 모두 연구할 수 있다. 그래서 과학이 발달한 뒤는, 철학의 제목이 과학에 의해 강탈되는 것이 아니라, 바로 철학이 도리어 과학의 제목을 취하여 연구할 수 있게 된다. 누군가는 철학에 장래가 없다고 말하는데, 이는 바로 한 마디의 통하지 않는 말이다.

四.

우리가 현재 토론하려는 것은 마지막의 하나의 문제이다. 이는 또한 나의 이 글 속에서 가장 중요한 구석이다. 위의 단락에서 철학의 문제는 비록 과학으로부터 탐측되지 못할 것은 없지만, 결국 철학이 있은 뒤에, 확실히 이른바 전통적인 철학적 문제가 있게 되었다는 점을 인정하지 않을 수 없다고 이미 말하였다. 이러한 문제들은 이따금 하나의 다른 형식으로 변화하여 출현할 수 있지만, 도리어 없던 것으로는 변화할 수 없다. 그래서 카르나프 일파는 철학의 문제가 '문제가 되지 않는다'고 믿는데, 이는 사실 철학의 성질을 명확히 알지 못한 데서 비롯된 것이다. 어떠한 안목으로부터 볼 때, 만약 그것이 문제가 되지 않는다고 말한다면, 자연히 또한 그렇게 말할 수 있고, 까닭을 지닌다. 하지만 이는 단지 어떠한 안목에 있어서로 제한되는 것일 뿐이다. 결코 이러한 문제들이 진정으로 없던 것으로 귀결되는 것이 아니다. 당신은 이러한 문제들을 승인하지 않는 것은 되지만, 당신이 문제가 되지 않는다고 말하는 것은 즉 안 되는 것이다. 그래서 철학에 있어서의 문제는 비록 완전히 한 가지일 수 없고, 또한 자체로 소멸하지도 않지만, 실제에 있어서는 도리어 그것이 확실히 증가하는 것에 다름 아니다. 철학적 문제가 차츰 증가하는 것은 철학의 역사로 입증할 수 있다. 한 권의 철학사는 문제의 해결이 아니라, 바로 문제를 뒤집어 새롭게 한 것에 다름 아니다. 나는 철학에 있어서 새로운 문제가 만약 끊임 없이 나온다면, 이는 바로 철학의 발전이라고 말한다. 누군가 문제를 해결하지 않으면 위안을 얻어낼 수 없다고 여기는 것에 이르러는 이는 바로 철학의 임무를 아주 잘 이해하는 것이 아니라고 생각한다. 왜냐하면 철학의 기능은 문제를 꼭 해결할 수 있는 데 있다기보다는, 문제를 제기할 수 있는 데 있기 때문이다. 문제가 만약 때때로 새롭게 제기되어 나온다면, 즉 철학의 내용은 바로 풍부함이 증가하는 것이다. 나는 철학에 있어서의 '풍부함'이 철학에 있어서의 '진보'를 대표하는 것이라고 주장한다. 바로 풍부함으로 말하면, 당연히 오래된 문제가 소멸하지 않을 뿐 아니라, 새로운 문제가 다시 제기되어 나오는 것이다. 현재 전적으로 오래된 문제의 영존성에 대해 토론하여 본다. 새로운 문제의 발생에 이르러는 토론할 필요가 없는데, 왜냐하면 그 이유가 자명한 것이기 때문이다.

철학적 문제가 영구성을 지니고 게다가 이따금 모습을 바꾸어 여전히 존재하는 까닭에 대해 나는 이러한 문제들에 관련되는 개념이 모두 그러한 문화 속의 가장 근본적인 개념인 데서 비롯되는 것이라고 여긴다. 우리는 비록 그러한 문명이 이러한 개념들에 기대어 존재하는 것이라고 말할 수는 없지만, 적어도 우리는 이러한 개념들이 확실히 그러한 문명의 핵심이라고는 말할 수 있다. 이러한 개념들을 제거하면, 즉 이러한 문명은 기필코 그에 따라 무너진다. 우리는 서양철학을 예로 들 수 있다. 서양철학은 바로 전체가 서양문명을 대표한다. 즉 엄격히 말해서, 서양문명은 희랍문화, 로마문화 및 히브리문화 등등으로 비록 나뉠 수 있지만, 대체적으로는 결국 하나로 총결할 수 있다. 예컨대 서양철학에 있어서 '본질(substance)' 관념과 인과 원칙 등등이 모두 서양문명의 기둥인 셈일 수 있으며, 이러한 것들을 떠나서 즉 서방문화는 결코 찬란한 꽃을 피워낼 수 없었다. 중국문화가 또한 한 방면이다. 그래서 중국인은 만약 서양학술의 소양이 없다면, 결코 서양인에게 왜 이러한 문제가 있는가를 이해할 수 없다. 근래 탕쥔이唐君毅[6] 군은 ≪신민잡지新民雜誌≫에 낸 글에서 중서 철학에 있어서의 문제를 나열하고 서술하였다. 나는 그가 아주 견지가 있다고 생각한다. 하지만 우리는 단지 그 서로 다른 문제만을 보는 데서 그쳐서는 안 되고, 반드시 그 다른 까닭을 더욱 추궁하여야 한다. 나는 여기서 문화로 철학을 말하는 것이 가장 좋다고 여긴다. 물론 철학의 안목으로부터 문화를 연구할 수 있다. 보통 일컫는 문화철학은 대개 철학에 속하는 것이며, 철학 속의 하나의 지류이다. 나는 현재 문화로부터 철학을 보려는 것이며, 철학으로부터 문화를 보려는 것이 아니다. 비록 문화로 철학을 보는 것이 역시 하나의 문화철학을 형성할 수 있지만, 결국은 문화를 더욱 큰 개념으로 삼아 철학을 포함하는 것이다. 이러하면 즉 '문화적 철학관'으로 이름할 수 있다. '문화'와 '철학'이라는 이 두 개의 개념이 본래는 떼어낼 수 없던 것이었다는 점을 알아야 한다. 만약 우선 문화가 있은 뒤에 철학이 있게 되었다고 말하고, 혹은 우선 철학이 있은 뒤에 문화가 있게 되었다고 말하는 것은 모두 불필요한 논의이다. 전자는 유물론적 역사관이고, 후자는 유심론적 역사관이다. 나는 즉, 이러한 종류의 역사관에 있어서의 유심론과 유물론의 논쟁이 가장 무료한 것이라고 여긴다. 나는 여기서 단지 어느 한 종류의 문명에

6_ 1909~1978. 중화민국의 철학자. 국립 쓰촨대학, 국립 중앙대학 교수를 지냈으며 홍콩으로 이주한 뒤 홍콩중문대학 교수, 문학원 원장, 국립 타이완대학 교수를 지냈다.

는 그 어느 한 종류의 철학이 있고, 어느 한 종류의 철학에 있어서의 근본 개념이 또한 바로 그 어느 한 종류의 문화적 패턴인 것이면 즉 충분한 것이라고 승인한다. 바로 하나의 살아있는 사람을 놓고 대체 마음이 먼저 있었는가 아니면 몸이 먼저 있었는가를 묻는 것과 같다. 사실 몸이 역시 마음을 떠날 수 없고, 마음이 역시 몸을 떠날 수 없다. 그래서 유물사관이 옳은가 그렇지 않은가에 관한 논쟁은 단지 한번 분석을 거쳐 보면, 바로 그것이 어쩌면 있을 수 있지만, 꼭 그렇지 않다는 점을 알 수 있다. 우리는 이를 여기서 크게 토론할 필요는 없다. 단지 문화적 패턴의 대부분이 바로 그러한 민족의 철학적 관념이라는 점을 승인하기만 하면 된다.

여기서 나는 하나의 새로운 명사를 가져다 '문화적 패턴(cultural pattern)'이라고 이름한다. 이는 문화인류학(즉 사회인류학)으로부터 빌려온 것이다. 최근에 인류학에 있어서 문화적 패턴 설이 크게 창성한다. 하지만 그들이 말하는 것은 나와 결코 십분 서로 같지는 않다. 물론 즉 대체로 또한 서로 통하는 구석이 있다. 대체로 문화적 패턴의 의미는 일종의 문화 속에 하나의 근본 관념 혹은 형식이 있어 이로써 문화 속의 모든 것으로 하여금 그것의 색채로 감염되게 한다는 것을 말한다. 하지만 나는 여기서 도리어 문화 속의 가장 근본적이고 가장 기초적인 방식인 것으로 해석한다. 매 한 종류의 문화에는 모두 그 문화적 패턴이 있다. 나는 위의 글에서 유물사관 등의 설이 무료하다고 말하였는데, 바로 그러한 종류의 주장은 마치 그 패턴과 문화의 관계를 '심'과 '물'의 관계로 간주하는 것과 같기 때문이다. 사실 그 패턴과 문화의 관계는 결코 주객主客이나 심물心物 관계가 아니다. 서양철학에 있어서의 문제와 서양철학에 있어서의 대부분의 학설이 바로 서양문화적 패턴의 표현이다. 이따금 일종의 문화에는 복잡한 패턴이 있을 수 있다. 서방문화가 즉 그 예이다. 중국사상을 돌이켜 보면 역시 이러하다. 탕쥔이 군은 중서 철학에 있어서의 문제와 성질의 다름을 매우 또렷하게 나열하고 거론하였는데, 현재 대체로 다시 서술할 필요는 없다. 내가 예전에 「중국언어구조로부터 중국철학을 보다從中國言語構造上看中國哲學」(1936)라는 글에서 또한 이러한 점을 천명하였다. 나는 언어가 사상에 영향을 끼친다고 주장한 것이 아니고, 사상이 언어를 좌우한다고 주장한 것도 아니라, 바로 언어와 사상이 함께 하나의 문화적 패턴으로 표현된다는 점을 표명한 것이다. 우리는 중국사상의 특징을 연구하고 가져다 서방과 서로 비교할수록 그 특별한 구석을 발견할 수 있으며, 바로 중국의 문화적 패턴이 무엇인가를 찾아낼 수 있다. 우리는 서양 철학을 연구할수록 그 가운데의 전통적 문제와 이러한 문제들에 대한 전통적 견해를 발견하게 되며, 설령 새로운 설이 나온다고 해도, 그 태도에 큰 변화가 없이 무늬를 새롭게 바꾸는 것에 다름 아니라는 점과 함께, 바로 서양문화적 패턴이 어디에 있는가를 알 수 있다. 따라서 우리는 잠시 단언할 수 있는데, 즉 철학 문제와 철학에 있어서의 대부분의 학설에 영구성이 있는 까닭은 바로 이러한 것들이 바로 그 한 종류의 문화 속의 패턴이기 때문인 것이다.

五.

위에서는 문화로 철학을 설명한 것이다. 하지만 우리와 같이 철학벽이 있는 사람들은 여기에 이르러도 아직 만족할 수 없으며, 반드시 다시 철학 방면으로부터도 문화를 해석하여야 한다. 철학으로부터 문화를 설명하는 것은 바로 나 개인의 주장에 속하는 것이다. 나는 결코 모두가 전부 이러한 설에 찬성하기를 원치는 않는다. 위의 단락에서 철학이 문화적 패턴이라고 말한 것은 즉 내가 진리로 믿는 것이다. 이 단락에서 내리는 문화의 해석은 나 개인이 믿는 바를 표명하는 것에 다름 아니다. 예컨대, 옥玉은 흙 속에 있을 때는 이른바 소박한 것이고, 꺼내어 다듬고 그것으로 하여금 빛이 나고 윤택해지게 하면, 이것이 바로 문화이다. 또한 하나의 사과나무를 예로 들면, 그것이 자연적으로 성장하는 것은 이른바 소박한 것이고, 과수원 속에서 길러져 비료가 가미되어 그 결과 과실이 윤택해지고 커지는 것이 되면, 이것이 바로 문화이다. 이 두 가지 예는 물론 매우 얕은 것으로 보이고, 몇 가지가 아직 부족하다. 대체로 사회학자가 문화를 이야기할 때 많이 이러한 설을 취한다. 나는 즉 문화의 함의가 보다 더 넓어야한다고 여긴다. 예컨대 하나의 사물에 대해 우리가 그것을 '옥'이라고 본다면, 이는 바로 우리의 변별 작용이 그 위에 가해진 것이다. 무릇 우리가 그 위에 가하는 것을 모두 문화로 일컬을 수 있다. 우리의 인식 작용이 '단순히 부여되는 것(bare given)' 위에 가해지는 것이 역시 문화의 범위에 속하지 않는 것이 아니다. 왜냐하면 기왕의 교육과 민족의 근성 및 전통적 사유의 갈피가 모두 우리의 목전의 사물에 대한 인식에 영향을 끼치기 때문이다. 사물에 대한 우리의 인식은 하나의 간단한 작용이 아니며, 그와 반대로, 도리어 하나의 매우 복잡한 작용이다. 하지만 과거의 경험이 관련되고, 게다가 동시에 역시 갖가지 요인을 포함하며, 심지어는 민족성이 모두 영향을 끼칠 수 있다. 융(C.G.Jung)[7]이 일컬은 '집합적 무의식(the Collective Unconscious)'이라는 것에는 충분한 견지가 없었던 것이 아니다. 그래서 이렇게 말하면, 바로 앞선 두 가지의 예가 정확한 것은 아니라는 점을 알게 된다. 상세히 말하면, 즉 문화를 이야기하려면 인식론에 있어서 완전히 일상인의 소박한 실재론적 견해를 채택해서는 안 된다. 그것은 직접적으로 나타나는 것이 실재라고 승인하면서 비판을 가하지 않는 것이다. 나의 개인적 의견에 따르면, 즉 반드시 인식론을 또한 문화학 위의 하나의 문제로 나열해야 하는 동시에, 그것을 토론해야 한다고 여긴다. 이러하면 자연히 더욱 복잡해지고 곤란해지지만, 학문을 위한 계산에서는 이러하지 않을 수 없는 것이

7_ 1875~1961. 스위스의 심리학자, 정신분석학자, 문학자, 인류학자. 작품 속의 무의식적 원형 (Archetypes)을 연구하였으며 분석적 심리학(Analytical psychology)을 창도하였다. 스위스 취리히 연방공과대학 교수를 지냈다.

다. 따라서 나는 인식론 방면으로부터 문화에 대해 하나의 해석을 구하기를 원한다.

우리가 기왕 무릇 소박한 것 위에 가해지는 것을 모두 이른바 문화로 승인한다면, 즉 그 다음의 문제는 바로 무엇이 소박한 것인가? 이다. 인식론적 견해로부터 말하면, 당연히 바로 이른바 외계이다. 나는 외계에서 '부여되는 것'을 둘로 나눈다. 하나는 감각이고, 다른 하나는 외재적 구조이다. 감각이라는 하나의 단어는 '감각 자료(sensum)'라고 부르는 것이 보다 타당하다. 외재적 구조 역시 '자연적 한계점(natural limits)'이라고 부르는 것이 보다 타당하다. 후자에 관해, 나는 예전에 「인식의 다원론을 다시 진술함多元認識論重述」 속에서 그것을 '자연적 조리(natural order)'라고 이름하였다. 현재 나는 '조리'라는 하나의 단어가 오해를 일으키기 쉽다는 점을 발견하였다. 왜냐하면 무릇 조리는 변별 작용을 떠날 수 없는 것이기 때문이다. 그리하여 순객관적인 조리가 결국 있는가 없는가가 바로 논쟁이 된다. 나는 현재 이러한 점을 모면하려고 한다. 결코 외계에 하나의 순객관적이고 자연적으로 존재하는 조리가 있다고 주장하지 않는다. 하지만 일체의 조리가 모두 '외재적 근거'가 없을 수는 없다고 주장한다. 여기서 말하는 근거들은 내가 그것을 '한계점(limits)'이라고 이름한다. 그래서 그것을 자연적 한계점이라고 부를 수 있다(자연계의 한계점이 아니라, 자연적 한계점이다). 나는 일찍이 원자성, 연속성, 창변성을 나열하여 이러한 자연적 조리를 설명하였는데, 현재 나의 생각에는 약간 변화가 생긴 것이며, 원자성, 연속성, 창변성이 전적으로 이러한 자연적(외재적) 한계점 내에 들어갈 수 있다고 생각한다. 나는 「인식의 다원론을 다시 진술함」 속에서 일찍이 하나의 비유를 가지고 이러한 한계점을 설명한 바 있다. 예를 들면 네 개의 최대한도의 점이 있다. 우리는 이 네 개의 한계점을 하나의 원형으로 그릴 수 있다. 또한 이 네 개의 한계점으로 하나의 사각형을 그릴 수 있다. 혹은 하나의 X형을 그릴 수 있다. 그린 각 도형은 우리가 조성하는 것이고, 이 네 개의 한계점은 도리어 고유한 것이고 자연적인 것이다. 하지만 이러한 한계는 단지 논리학에 있어서의 '유한한 변화의 원리(principle of limited variety)'로 그것을 측정할 수 있을 뿐이다. 이를 제외하면, 도리어 직접적으로 변별하고 판별해 낼 수 없다. 왜냐하면 네 개의 한계점은 결국 원형과 사각형 속에 감추어져 있는 것이기 때문이다. 이제껏 스스로 단적으로 순수하게 존재했던 적이 없다. 예컨대 귤은 먹을 수 있는 것이고, 손으로 집을 수 있는 것이며, 냄새를 맡을 수 있는 것이고, 탁자 위에 올려 놓을 수 있는 것 등등이지만, 당신이 만약 그것을 가져다 돌멩이로 사용해 건물을 쌓는 데 사용하려고 한다면 즉 성공될 수 없다. 단지 이렇게 성공되지 못하는 구석이 바로 한계점에 부딪친 것이다. 이는 마침 위에서 서술한 네 개의 한계점이 단지 원형 등 여러 도형이 될 수 있을 뿐, 삼각형으로 그려질 수는 없는 것과 마찬가지이다. 따라서 일체의 질서와 조리는 순전히 주관적 산물 혹은 순전히 심心이라는 하나의 방면에 속하는 것일 수 없다. 그 배후에 확실히 객관적 근거가 있다는 점을 승인하지 않을 수 없다. 하지만 단지 근거인 것이지, 객관이 여실하게 주관적 마음 위로 나타나는 것이 절대 아니다. 그래서 우리는 외계에 확실히 질서가 있다고 대담하게 주장할 수 있지만, 그 질서는 하나의 덩어리가 될 수 있는 것이 아니라, 단지 듬성 듬성한 몇 가지의 한계점에 다름 아니다. 나는 예전에 네 개의 층위를 나열 하였는데, 즉 한계점의 층위, 감각 자료의 층위, 조성물의 층위와 해석의 층위였다. 그 상세한 내용은 「인식의 다원론」이 개정된 뒤 장쥐성張菊生 선생의 칠순을 기념하는 논문집 속에 있는 것을 보면 된다. 이 네 개의 층위는 상호 투합되는 것이지만, 하나가 다른 하나와 분리되어 독존하는 것은 아니다. 이러한 점에 관하여 나는 독자들이 나의 예전의 저술을 참조 하기를 바라며, 현재는 많이 말하지 않는다.

바로 문화와 소박의 대립으로 볼 때, 나는 앞선 두 개의 층위, 즉 한계점 의 층위와 감각 자료의 층위가 소박한 것이라고 여긴다. 조성물과 해석에 이르러는 즉 모두 문화이다. 현재 어쩌면 독자들이 명료하게 알기 어려울 수 있어 다시 뒤의 두 개의 층위를 말해보도록 한다. 통상적으로 우리는 조성물과 해석을 모두 '개념'이라고 부른다. 전자는 이른바 '보통 개념'인데, 이를테면 탁자, 의자, 붓, 먹, 종이 등이다. 후자는 '이론 개념'인데, 이를테면 '인亡', '비율', '본체', '이성' 등이다. 탁자와 의자를 가리키는 개념은 실제로 이러한 것이 있는 것이 아니라, 바로 우리가 경험에 있어서로부터 조성한 것이다. 비율과 이성이 또한 진실로 이러한 것이 외계에 자존하는 것이 아니라, 우리의 이해로부터 일어나기 시작한 것이다. 이러한 개념들에 대해, 나는 일찍이 실용론(pragmatism)적 태도를 가지고 그것을 설명하였다. 나는 무릇 개념은 그 기능이 모두 우리 자신을 다루는 데 있는 것이라고 여긴다. 상세히 말하면, 즉 개념이 대표하는 것은 결코 대상의 자체인 것이 아니라, 바로 단지 대상에 대한 우리의 관찰에 의한 것에 다름 아니고, 또한 바로 우리가 그것을 다루는 태도인 것에 다름 아니다. 그래서 나는 매 하나의 개념은 바로 대상에 대한 우리의 한 세트의 반응 태도라고 주장한다. 이러한 태도들이 바로 문화라는 점을 알아야 한다. 이러한 말에 비추면, 단지 단순하게 부여되는 감각 자료와 감각 배후에 잠복하는 외계적 한계점의 층위는 소박한 것이고 자연적인 것이다. 이밖에는 모두 소박한 것에 대해 얼마만큼이 그것 위에 가해진 것이다. 바로 모두 문화 범위 이내이다. 즉 우리가 문화 속에서 생활하는 것은 마침 물고기가 물속에서 생활하는 것과 마찬가지로, 단 1초라도 그것을 떠날 수 없다. 사실 이러한 비유는 또한 아직 부족한 면이 있다. 떠날 수 없을 뿐 아니라, 바로 직접적으로 문화와 섞이게 된다는 점을 알아야 한다. 사람의 일거수일투족이 모두 문화가 거기에서 암암리에 지배를 하고 있는 것이다. 가장 선명하게는 이발과 의복 착용이 문화의 기능으로 일컬어질 수 있을 뿐 아니라, 즉 머리를 운용하고 사물을 바라보는 것이 역시 이러하지 않은 것이 아니다. 그래서 인간의 본성은 문화로부터 주형되는 것에 다름 아니다. 이러한 점이 명백해지면 바로 철학이 무엇인가를 알 수 있다.

철학은 바로 이른바 이론 개념이다. 철학에 있어서의 문제와 그 모든 학설은 이론 개념(혹은 이론 개념에 관련되는 것)이 아닌 것이 없다. 기왕 개념이 단지 우리의 태도를 대표하는 것이라면, 즉 개념의 기능이 또한 기필코 단지 우리의 태도를 바꿀 수 있는 데 있을 뿐이다. 바꿔 말하면, 즉 철학은 단지 문화에 대해 작용이 있을 수밖에 없다. 이러한 말의 의미는 "만약 어느 철학가가 스스로 우주의 비밀을 캐낼 수 있고, 객관적 현실계를 뚫어낼 수 있다고 여긴다면, 이 사람은 바로 자신을 기만하는 것이다"고 말하는 것과 다르지 않다. 솔직히 말해서, 철학가는 아주 커다란 힘을 써서 우주의 모습을 탐구하더라도 그 결과는 하나의 우주관을 조성하는 것에 다름 아니며, 여전히 기필코 하나의 인생관으로 전시된다. 과거가 됐든 현재가 됐든 철학가가 이러한 틀을 모면할 수 있던 적은 매우 적다. 그래서 나는 일체의 형이상학은 모두 단지 인생철학의 서언에 다름 아니라고 여긴다. 형이상학이 기필코 인생철학에 귀결되는 것은 바로 매우 자연스러운 일이다. 왜냐하면 형이상학이 토론하는 것은 전부 이론 개념이기 때문이다. 이러한 이론 개념은 사실 카르나프가 말한 것처럼, 영원히 자체를 실증할 수 없고, 즉 오로지 돌이켜 볼 수 있을 뿐이며, 단지 그 작용을 자신 및 인류에 시행할 수밖에 없다. 그래서 우주관은 인생관과 떨어질 수 없다. 바꿔 말하면, 즉 형이상학이 암암리에 본래가 인생철학의 성질을 갖는다는 점이 부인될 수 없다. 우리 중국의 철학이 이러한 점에 대해 특히 선명하다. 그것은 직접적으로 인생관을 중심으로 삼아 우주 문제를 해석한다. 요컨대, 철학의 성질은 철학의 기능으로 그것을 볼 경우 즉 명백해 질 수 있다. 철학의 기능은 바로 문화를 바꾸는 데 있는데, 왜냐하면 그 자체가 바로 문화인 것이기 때문이다. 오직 문화가 문화를 바꿀 수 있다(여기서 바꾼다고 일컫는 것은 단지 '개척'과 '수정'을 가리켜 말하는 것이며, 문화가 '무'에서 '유'가 된다는 의미는 포함되지 않는다). 이러한 점에서, 나의 의견은 완전히 마르크스(K.Marx)의 철학에 대한 견해와 서로 같다고 할 수 있다. 그러나 그 입론의 이유가 즉 서로 크게 같지 않다.

나는 이제껏 철학의 직무에는 두 가지가 있다고 여긴다. 하나는 의식적으로 가서 하는 것이고, 하나는 무의식적으로 가서 하는 것이다. 의식적인 그것은 최후의 진실을 추구하는 것을 가리키고, 우주에 대해 빠짐없는 하나의 설명을 찾아가는 것을 가리킨다. 무의식적인 그것은 바로 위의 글에서 말한 것처럼 우주관은 그 성질에 있어서 바로 자체로 인생철학의 작용을 지니고 있다는 것이다. 매 하나의 우주관은 자기도 모르게 자연스럽게 인생관에 대해 매우 크게 작용을 일으킨다. 왜냐하면 우주관 자체는 한 틀의 이론이고, 또한 바로 개념이며, 게다가 영원히 대상에 있어서 실증될 수 없는 개념이기 때문이다. 이러한 개념들의 작용은 자연스럽게 단지 우리가 환경을 다루는 태도를 돌이켜보는 데로 표현될 수밖에 없다. 내가 마르크스에 놀라는 구석은 바로 그가 이러한 무의식의 방면을 드러낼 수 있었다는 데 있다. 그가 한 말은 내가 대부분 전부는 동의할 수 없으며, 나는 단지 그의 이러한 점의 안목에 놀라는 것이다. 만약 나의 관점에서 말한다면, 우주에 바로 비밀이 없다면, 우리의 일생은 바로 최후의 진실을 찾아낼 수 없는 것이 된다. 왜냐하면 '진眞'은 외계로부터 있는 것이고, 경험에 있어서는 소위 단지 한계점인 것에 다름 아니기 때문이다. 이밖에는 즉 감각 자료이다. 나는 감각 자료가 물物에도 속하지 않고, 심心에도 속하지 않으며, 이른바 '비존재자'라고 일컫는다. 무릇 우리가 밖을 향해 추구해 얻어내는 것은 그 결과가 바로 단지 우리가 빚어내는 문화가 될 뿐이다. 그래서 추구할수록 객관의 현실계에 핍진하는 것이 아니라, 바로 연구할수록 단지 자신의 태도를 전개하는 것이 된다. 바꿔 말하면, 즉 추구할수록 이미 있던 문화에 변화가 가해지면서, 새로운 문화가 되는 것이다. 여전히 문화 속에서 이렇게 뒤집고 저렇게 뒤집으며, 분쟁이 일어나는 것이다. 마치 부처의 손아귀 속에 있는 것과 같이, 결국 벗어날 수 없다. 왜냐하면 나의 주장에 의하면, 변화될 수 있는 것은 단지 우리 자신의 문화이고, 진정으로 소박한 외재자(즉, 한계점의 층위)에 이르러는 그것이 바뀔 수는 없기 때문이다. 무릇 소박한 것에 대해 가공을 하는 것이 모두 문화이다. 문화는 바뀔 수 있는 것이고, 증진될 수 있는 것이다. 그래서 일체의 이론은 그 자체가 기왕 문화인 바에야, 자체가 개정될 수 있고, 변경될 수 있다(지난날의 술어를 가지고 표시하면, 철학은 단지 '혹惑'을 제거할 수 있을 뿐, '득得'이 있을 수는 없다. 왜냐하면 '혹'은 문화에 의한 것이고, 오직 문화가 문화를 바꿀 수 있기 때문이다. 그 결과 과거의 혹이 없어지면, 새로운 혹이 다시 일어나며, 즉 출세出世의 불교 자체도 역시 일종의 이론에 다름 아니고, 출세 문화의 패턴이 되며, 여전히 일종의 '혹'에 관한 논의를 면할 수 없다). 철학이 자체로 기왕 단지 문화에 다름 아닌 바에야, 스스로 단지 문화에 대해 작용을 일으킬 수 있을 뿐, 결코 소박한 자연에 대해 작용을 일으킬 수는 없다는 점을 알 수 있다(즉, 자연에 대해 이른바 '득得'이 있을 수 없다는 점을 말한다).

六.

철학이 기왕 단지 문화에 다름 아닌 바라면, 어떻게 철학에 진리라고 일컬을 수 있는 것이 있겠는가? 이러한 점은 또한 분별을 가해서 말해야 한다. 솔직히 말해서, 철학이 문화인 것은 과학이 문화가 되는 것과 다르지 않다. 만약 철학에 진리가 없다면, 즉 과학에 역시 기필코 진리가 없다. 그래서 그러하게 말할 수 없다. 하지만 철학의 진리는 확실히 과학의 진리와 다른 구석이 있다. 위의 글에서 이미 말한 것처럼, 과학의 연구는 정밀과 엄밀에 있으므로, 따라서 과학의 진리는 비교적 좀 단순하다. 바꿔 말해, 즉 이견이 비교적 적다. 철학은 그것과 반대로, 회통을 추구하고, 전체를 추구하며, 철저를 추구하므로, 즉 자체로서 아주 많은 갖가지 다른 관점을 허용할 수 있다. 그래서 철학에 있어서는 결국 다른 설이 분분하며, 하나로 권위가 정해질 수 없다.

나 개인은 이러한 점에 대해 '타입(type)'이라는 설을 채택하여 그것을 해석한다. 매 하나의 학설이 하나의 타입을 대표할 수 있다면, 모두 영구적으로 마멸되지 않을 수 있다. 따라서 또한 바로 진리라고 말할 수 있다. 하지만 이곳에서 일컫는 진리는 도리어 일반적으로 일컫는 진리와 꼭 완전히 서로 같은 것은 아니다. 왜냐하면 두 개의 상반된 진리가 병존할 수 있기 때문이다. 예컨대 다원론과 일원론은 각기 하나의 타입을 대표하므로, 모두 진리로서 손색이 없다. 유심론과 유물론이 역시 이러하다. 이러한 이치를 알지 못하는 자는 종종 하나의 편견을 가지면서, 유물론이 진리가 된 뒤는 유심론이 결코 진리가 될 수 없다고 여긴다. 마찬가지로 사실 여전히 편견인 것에 다름 아니다. 그래서 철학에 있어서는 반드시 '용인'이 있어야 하며, 특별히 그것을 '철학적 용인'이라고 이름한다. 철학적 용인은 보통 일컫는 용인과는 퍽 다른 점이 있다. 보통 일컫는 용인은 태도가 겸손하여, 겸허를 표시하는 것에 다름 아니다. 바로 단지 태도에 관한 것이다. 철학적 용인은 태도에 관한 것일 뿐 아니라, 학리적 내용에 있어서 반드시 다른 설의 가능성을 승인해야 하는 것이다.

여기까지 말하면, 우리는 진리라는 하나의 단어를 단독의 하나의 타입 위에 사용하지 않아도 된다. 즉 우리는 만약 모든 타입을 총합시킨다면 즉 진리에 근접할 수 있다고 말할 수 있다. 우리가 이러한 태도를 채택한다고 가정하면, 우리는 바로 철학의 역사로 철학을 대체할 수 있다. 혹은 바꿔 말하면, 즉 역사철학으로 철학을 대체하는 것이다. 나는 근래 퍽 이러한 방면에 주의를 기울인다. 완전히 헤겔(G.W.F.Hegel)[8]의 영향을 받은 것이라고 말할 수 있다. 나는 예전에 그를 매우 좋아하지 않았지만, 근래에는 그를 생각할수록 그의 위대함이 발견된다. 나는 그의 사상이 타입에 있어

8_ 1770~1831. 독일의 관념론 철학자, 법철학자, 미학자. 하이델베르크대학, 베를린대학 교수를 지냈다.

서 여전히 영구적으로 마멸되지 않는 하나의 타입이라고 여긴다. 하지만 그의 오류가 도리어 또한 매우 크다. 내가 보기에, 그에게는 하나의 큰 결점이 있는데, 바로 그는 역사철학을 철학으로 삼은 뒤로 다시 역사철학의 하나의 순수 타입을 건립하였기 때문이다. 이러한 순수 격식을 말하는 것은 그것을 이름하여 논리학이라고 부른다. 그리고 실제의 역사가 도리어 단지 이러한 순수 격식들의 전시가 된다. 나는 그가 일컫은 역사철학은 즉 내가 현재 말하는 문화철학과 다르지 않다고 여긴다. 또한 바로 철학을 문화로 삼아서 보는 것이다. 이는 당연히 매우 맞는 것이다. 하지만 도리어 그밖의 하나의 추상적 순수 격식을 가지고 일체의 문화적 타입의 근거로 삼을 필요는 없다. 그래서 나는 오로지 역사철학을 원할 뿐, 그 근저의 논리학(모두 헤겔의 것을 말하는 것이다)은 원하지 않는다. 바꿔 말하면, 즉 우리는 단지 문화에 있어서 갖가지 형식의 순서적 발생을 연구하는 것이 필요할 뿐, 우선 그 순수 방면으로부터 몇 개의 타입이 장래의 새로운 타입의 출현을 제한하는 데로 사용된다고 예견할 필요는 없다. 그래서 내가 헤겔과 다른 구석은 즉 나는 철학의 역사가 무한하게 발전할 수 있다는 점을 승인한다는 데 있다. 게다가 나는 문화에 있어서의 사상 타입에는 많은 수의 '가능한 것'이 있으며, 결코 정반합正反合이라는 것을 가지고 그것 전부를 제한할 수는 없다고 여긴다. 철학사를 문화사로 삼아 논하는 것이 또한 그 가운데서 타입이 어떻게 진전되었는가를 천명하는 것에 다름 아니며, 결코 추출하여 그 밖의 하나의 형이상학(헤겔의 논리학이, 즉 그 형이상학이다)을 이루는 것이 될 수는 없다. 헤겔은 철학을 역사철학으로 바꾼 뒤 이어서 다시 하나의 형이상학을 만들어냈으며, 이것이 바로 그의 실패이다. 만약 그 순수 격식 방면을 생략하고, 단지 구체적인 타입 발전의 역사적 발자취만을 남겨둔다면, 즉 우리는 바로 문화인류학과 철학을 한데 녹여낼 수 있으며, 그리하여 즉 하나의 '인류학적 철학'이 발생할 수 있다. 그것을 보다 직접적으로 말하면, 즉 우리는 헤겔식의 역사철학을 꼭 필요로 한다기 보다 오직 철학에 대한 그의 견해를 취하는 것이 필요할 뿐이다. 나는 진정으로 헤겔을 이해하려면 무엇이 그의 오류인가를 반드시 알아야 한다고 여긴다. 감히 그것의 오류를 제거해야만 비로소 그의 위대함을 진정으로 발견할 수 있다. 나는 칸트(I. Kant)를 연구하면서 또한 진실로 얻음이 있는 사람은 기필코 자연스럽게 헤겔로 기울게 되며, 설령 칸트가 그밖에 하나의 보다 위대하고 영구적으로 마멸되지 않는 타입을 만들어냈다고 해도 그러하다고 믿는다. 나 자신은 근래 그들 두 사람에 대해 퍽 관통을 할 수 있었다고 여긴다. 본 글이 역시 바로 이러한 사색의 결과라고 말할 수 있다.

여기까지는 바로 진리의 실제에 관해 말한 것이며, '개인적 믿음(personal conviction)'에 이르러는 도리어 관계가 없다. 당신은 유물론이 당신의 비위에 맞는다고 여기면, 당신은 유물론이 진리라고 믿을 수 있다. 그와 반대로, 당신이 유물론을 좋아하지 않는다고 해도, 또한 안 될 것이 없다. 철학 사상이 있는 매 하나의 사람들은 하나의 사상 타입을 선택해서 최대한 스스로 위안으로 삼을 수 있다. 그리하여 바로 이른바 칸트파, 흄파, 아리스토텔레스파 등등이 있다. 개인으로 논하면, 나는 어느 한 파를 선택하는 것이 꼭 마음을 위안할 수 없는 일이 아니라고 여긴다. 하지만 철학의 전체적인 역사적 발자취로부터 볼 때, 진리는 어느 한 파에만 꼭 완전하게 속할 수 있던 것이 아니다.

여기까지 말하면 대체로 이미 매우 길며, 응당 하나의 짧은 결론을 얻어와야 한다. 나는 철학이 확실히 하나의 매우 이상한 것이라고 여긴다. 그것은 보기에 대체로 자연과학과 서로 같은 점이 있지만, 사실 그 본질은 도리어 사회과학과 같은 것이며, 혹은 이제껏 사회과학을 반려로 삼아왔다고 말할 수 있다. 그것은 앞을 향해 추구하지만, 작용은 도리어 뒤를 향해 일어난다. 그것은 비록 분석법을 사용하지만, 의심에도 능하고, 마치 기존 문화에 대해 그것을 깨뜨리려고 하는 것 같지만, 그것이 깨뜨린 결과를 보면, 도리어 반대로 문화를 긍정하는 것이다. 물리학, 생물학, 심리학이 현재 모두 철학화의 추세이며, 나는 장래에 문화인류학이 또한 철학화의 추세에 놓여 나의 설을 입증하기를 희망한다.

1936년 11월 25일

베이핑北平 서교西郊 길영장吉永莊

왕씨포중王氏圃中의 신축新築에서

원제: 哲學究竟是什麼
출처: ≪동방잡지東方雜誌≫ 제34권 제1호(1937년)

부록 3
지식사회학과 철학

　볼프강 프랑케(Wolfgang Franke)[1] 박사가 내게 이 잡지에 실릴 원고를 청탁해왔으며 가장 좋은 것은 현대의 독일철학을 이야기하는 것이라는 희망 역시 전해왔다. 나는 사실 부끄럽게도 현대 독일철학에 대해 매우 관심을 기울인 편이 아니다. 나는 비록 또한 몇몇 독일 철학가를 알지만, 그들은 이미 모두 독일 국내에 있지 않다. 나는 현대 철학계에 두 가지의 새로운 큰 추세가 있다고 여기는데: 하나는 언어적 연구로부터 철학에 있어서의 애매한 문제를 일소하는 것이고, 다른 하나는 사회학적 연구로부터 철학적 사상과 인문적 환경의 관계를 천명하는 것이다. 전자는 슐리크(M.Schlick),[2] 카르나프(R.Carnap), 라이헨바흐(H.Reichenbach)[3] 등이 창도한 것이고, 후자에는 즉 만하임(K.Mannheim),[4] 안드레이(P.Andrei), 템프(A.

1_ 1912~2007. 독일의 역사학자, 중국 명·청사, 근대사 연구자. 1937년 중화민국을 방문하여 중-독 연구소(Pekinger-Deutschland Institut) 사무총장, 회장 등을 지냈다. 독일에 돌아가 함부르크대학 중국언어문화연구소 교수를 지냈다.

2_ 1882~1936. 독일의 논리실증주의 학자, 과학철학자. 독일 로스토크대학 교수를 지냈다.

3_ 1891~1953. 독일의 논리실증주의 학자, 과학철학자. 터키 이스탄불대학, 미국 서던 캘리포니아대학 교수를 지냈다.

4_ 1893~1947. 독일과 영국의 사회학자. 독일 프랑크푸르트 괴테대학, 하이델베르크대학 등에서 가르쳤으며 영국으로 이주하여 런던정경대학 교수를 지냈다.

Dempf),[5]- 엘레우트로포울로스(A. Eleuthropoulos), 그룬발트(E. Grunwald) 등이 있으며, 그 중에서 만하임이 지도자인데, 안타깝게도 그들은 현재 모두 독일에 있지 않다. 문화에 있어서 부단한 창조가 있던 것으로부터 말하면, 우리는 독일 민족의 위대함에 감탄하지 않을 수 없다. 그러나 또한 다수 학자가 그 본국 내에 있을 수 없기 때문에, 즉 우리가 또한 애석한 탄식을 금할 수 없다. 후자가 주장한 것에서 내가 평소 생각하던 것과 서로 암암리에 합쳐지는 구석이 있어, 차츰 이 글이 이뤄진 것이며, 현재 그것을 이야기해보기로 한다.

지식사회학(Wissenssoziologie)은 가장 최근에 나온 하나의 과학이며, 사회적 환경이 사상을 결정한다는 것으로부터 각종 사상의 내용을 연구한다. 바꿔 말해, 즉 인류의 사상적 내용을 분석하는 것으로써 그것이 어떻게 사회적 요인에 의해 좌우될 수 있는가를 발견하는 것을 구하고, 경우境遇가 사상을 좌우하여 갖가지 사상에는 모두 그 배경이 있다는 데 무게를 두며, 그리하여 이른바 '상황의 상대성(Situationsgebundenheit)'이 있다. 이러한 학문은 동시에 또한 '주의(ideologie)'를 배경으로 삼는 것으로써 그것을 구성하는 이해관계를 연구한다. 지식사회학의 성질을 상세히 서술하는 것은 본 글의 목적이 아니므로, 생략하기로 한다.

그러나 바로 사회적 요인이 사상을 결정한다는 것으로 말하면, 이는 또한 확연히도 인류의 지식에는 제한이 있다고 주장하는 것이다. 왜냐하면 사회적 요인이 지식 밖에 있어서, 지식 이외의 것이 지식을 좌우한다면, 바로 지식을 제한하는 것이기 때문이다. 지식에 제한이 있다는 점을 발견한 것은 지식사회학으로부터 시작된 것이 아니며, 칸트(I. Kant)가 바로 지식에 제한이 있다는 점을 발견한 한 사람이다. 하지만 그는 '선험적(transcendental)' 관점으로부터 지식에 제한이 있다는 점을 발견하였다.

5_ 1891~1982. 독일의 철학자, 역사학자, 칸트 연구자.

그러나 이러한 선험설은 도리어 생물학을 가지고 해석할 수 있으며, 우리는 따라서 이러한 종류의 제한을 생물학적 제한으로 일컬을 수 있다. 이밖에, 이를테면 프로이트(S.Freud)[6]가 또한 지식의 제한을 꼭 이야기하지 않은 것이 아니며, 그는 '무의식(Unbewusstsein)'을 가지고 자각적 의식을 제한시켰다. 그러나 그의 이른바 무의식은 그것이 억압되면서 마음속에서 얽히는 것으로 인해 이루어지는 것이며, 이는 바로 심리학적 제한이라고 말할 수 있다. 생물학적 제한과 심리학적 제한에는 하나의 매우 큰 다른 점이 있는데, 바로 전자는 보편적인 것이고 필연적인 것이지만, 후자는 도리어 각 사람에게서 같지 않다는 점이다. 지식사회학에 이르러는 바로 이 두 종류의 제한 이외에 또한 세 번째 종류의 제한을 첨가하는 것이다. 이러한 종류의 제한은 또한 그 두 종류와 같지 않은데, 보편적인 것이 아닐 뿐 아니라, 각 사람에게서 각기 다른 것이 또한 아닌 것이다. 우리는 지식을 연구하기 위해서는 반드시 이 세 종류의 제한을 승인하여야 한다.

나 개인의 주된 뜻은 지식학(Wissenschaftslehre)을 일종의 독립적 과학으로 건립해서 '실증주의(Positivismus)' 위에 세우고자 하는 것이다. 바꿔 말해, 즉 각 방면으로부터 지식을 연구하는 것이며, 형이상학적 관점을 사용하는 데로 제한하지 않는 것이다. 상세히 말하면, 이러한 지식학은 단지 '인식론(Epistemologie)'으로만 제한되어선 안 되며, 각 방면을 반드시 포괄해야 한다. 논리학 방면으로부터 지식의 격식을 연구해야 하고, 심리학 방면으로부터 사상의 '작용(Akt)'을 연구해야 하며, 인식론 방면으로부터 지식의 '타당성(Geltung)'을 연구해야 하는 것이다. 이러한 것들을 모두 반드시 안에 포괄해야 하며, 특히 필요한 것이 바로 앞에서 서술하였던 세 종류의 제한에 관한 연구이다.

이러한 까닭 때문에, 나는 지식사회학에 대해 아주 중시한다. 그러나 나

6_ 1856~1939. 오스트리아의 정신분석학자, 프로이트학파의 창시자, 무의식 연구자. 빈대학 의학박사.

는 전적으로 사회학적 입장으로부터 지식을 최대한 그 속에 흡입하는 것은 아니며, 나는 바로 단지 지식론의 입장으로부터 지식을 연구하기 위해서는 그 사회적 요인의 영향을 배제해서는 안 된다고 여기는 것에 다름 아니다. 현재 나는 바로 나의 계획을 이야기해 보기로 한다. 나는 다음의 몇 가지로 나누어 토론해 볼 수 있다고 여긴다:

첫째는 논리 방면에 관해서이다. 이제껏 논리를 연구한 것은 결코 사회적 요인을 연관시켜 생각해 볼 수 없었다. 이를테면 유물파는 부정의 부정 및 상반되는 것의 합일과 삼투, 양量으로부터 질質로의 변화 등의 법식을 주장한다. 그들은 이것이 천고에 불변하는 진리이며, 자연의 자족적인 실제 정황이라고 여긴다. 그러나 우리가 보기에는 도리어 완전히 그러한 것이 아니며, 그것은 바로 단지 사회적 요구로 인해 발명되기 시작한 것에 다름 아니다. 그와 반대로 이를테면 전통 논리에 있어서의 동일률, 그 정황이 역시 이러하다. 그래서 바로 나의 관점으로부터 보면, 유물파가 전통파를 공격하고 전통파가 유물파를 공격하는 것은 마찬가지로 그의 사회적 요인에 의해 구속되는 것이며, 상호 물과 불이 되는 데 이르는 것이다. 나의 관점으로부터는 이러한 상호 공격이 우습지 않을 수 없다는 점이 발견된다.

둘째는 철학에 있어서의 문제에 관해서이다. 내가 현재 취하는 태도는 여태까지의 철학가들과는 같지 않다. 그들은 결국 스스로 철학 내에서 탐닉하면서, 철학에 있어서의 문제를 해결하고자 노력하였는데, 이를테면 '심心'과 '물物'의 관계 문제, 우주는 '다원多元'인가 '일원一元'인가의 문제, 질質과 식式의 문제 등등이다. 나는 즉 우선 이러한 문제들 자체로부터 착안하는 것이 아니라, 먼저 이러한 문제들이 왜 발생할 수 있는가? 인생과는 어떠한 관계가 있는가? 해결되면 생활에 어떠한 작용을 일으키게 되는가? 왜 단지 그러할 뿐 다른 양상일 수는 없는가? 를 찾아보고자 한다. 이렇게 생각해 보면, 이러한 문제들은 그 자체로 문제가 될 뿐 아니라, 왜 이러한 문제가 있을 수 있는가가 또한 바로 문제가 되는 것으로 생각된다. 그래서 나는 문제 밖으로부터 문제를 보고자 하는데, 이는 바로 얼마만큼 지식사회학의 태도를 채택하는 것이다.

셋째는 철학사에 관해서이다. 사회학적 입장으로부터 철학가의 사상을 연구하는 것은 자연히 철학가의 시대와 그러한 시기의 경제와 정치 상태, 및 그 개인의 사회관계를 고찰하는 것이다. 나는 이러한 연구에 대해 아직 아주 만족할 수 없다. 나는 한 명 한 명의 철학가를 대상으로 삼는 것이 아니라, 철학 사상을 끊임이 없는 매우 기나긴 하나의 흐름으로 간주할 것을 주장한다. 이러한 흐름 속에서, 우리는 반드시 방법을 마련해 그 문화적 배경을 발견해야 하므로, 그리하여 바로 철학사를 문화사로 간주한다. 사상 변천에 있어서 사회의 변화를 영사해내고, 사상에 있어서 새로운 문제가 발생한 것으로부터 문화의 단계를 입증해낸다. 모든 갖가지 사상을 연속시켜 하나의 긴 흐름으로 보면서, 그 배후의 사회문화의 과정을 발견해낸다.

이러한 방면들 외에도, 몇 가지가 더 있다.

첫째는 언어에 관한 문제이다. 나는 여기서 도리어 카르나프, 노이라트 (O.Neurath)[7] 등과 취향이 다르다. 그들이 주장하는 것은 이른바 '물리주의(Physikalismus)'인데, 나는 즉 언어를 꼭 다 물리적으로 보고되는 것으로 환원할 수 없으며, 대부분의 언어는 '가치'를 표현하는 것이라고 여긴다. 마침 인류에 희망이 있고, 감정이 있으며, 의지가 있는 데서 비롯되는 것이고, 이러한 것들을 표시하는 데 모두 언어를 사용하므로, 언어의 주된 작용은 정감을 표시하는 데 있는 것이지, 뜻을 표현해 전달하는 것에 제한되는 것이 아니다. 특히 반드시 알아야 할 것은 즉 이러한 정감의 교통(Kommunikation)이 바로 사회적이라는 점이다. 언어는 완전히 교통을 위해 마련되고, 교통으로 인해 정감이 얽히며 합쳐지면서 차츰 사회가 있으므로, 따라서 언어 자체는 바로 사회적인 것이다. 언어의 구조에 있어서 만약 특수한

7_ 1882~1945. 오스트리아 출신의 과학철학자, 논리실증주의 학자. 독일 베를린대학에서 정치통계학 박사. 영국 레딩대학 교수를 지냈다.

구석이 있다면, 기필코 즉 그러한 사회적 특점을 표시하는 것이다. 따라서 나는 언어를 사회적 현상의 하나로 들여 놓고, 지식사회학의 방법으로 그것을 연구하며, 그들의 물리주의를 채택하지 않는다.

둘째는 태도에 대한 비난이다. 기필코 누군가 지식사회학에 대해 비난을 가하면서, 당신이 사회적 요인이 사상을 제어한다고 주장한다면, 즉 당신의 사상 역시 기필코 사회적 요인에 의해 결정되는 것이므로 기필코 진리가 아니라고 말할 수 있다. 사실 이러한 공격은 어떠한 학설에도 실시될 수 있으며, 카르나프의 물리주의가 또한 일찍이 마찬가지로 이러한 힐난을 받았다. 바로 말하면: 당신은 모든 언어가 만약 물리로 환원될 수 없다면 즉 무의미한 것이라고 주장하는데, 당신의 이러한 주장은 바로 물리로 환원될 수 없으므로 당신의 이러한 말은 즉 무의미한 것이라고 하였다. 미국의 행위주의파 심리학이 또한 일찍이 이러한 공격을 받았다. 바로 말하면: 당신은 생각이 단지 후두 속의 잠복된 동작에 다름 아니라고 주장하는데, 즉 당신의 생각은 단지 당신의 후두 속의 동작에 다름 아니므로, 바로 진리를 표시하기에는 부족하다고 하였다. 나는 이러한 종류의 문제에 확실히 해결의 필요가 있다고 여긴다. 영국인 러셀(B.Russell)은 '타입(type)'을 가지고 해결하고자 하였는데, 나는 즉 전적으로 바로 지식이라는 한 가지로 논하면, 지식은 자체가 이상한 것으로, 지식은 확실히 지식 이외의 것에 의해 제한되지만, 이러한 제한을 발견하는 것이 여전히 바로 지식에서 비롯되는 것이며, 이것이 바로 일반 유심론자들이 '심心'을 궁극적인 것으로 놓지 않을 수 없는 까닭이라고 여긴다. 그러나 나는 즉 이는 또한 관점의 다름에서 비롯되는 것 뿐이라고 여긴다. 지식사회학은 과학을 태도로 삼고, 지식을 대상으로 삼아 그것을 연구하므로, 만약 그러한 힐난을 수용한다면, 즉 바로 관점을 바꾸어야하는 것이 되는 것이다. 왜냐하면 힐난을 하는 자는 철학을 홈그라운드로 삼아 포괄적 태도를 취하고자 하기 때문이다. 나 개인은 이러한 점에 대해 심히 조화의 필요가 있다고 느낀다. 그러나 배움의 힘이 아직 충분치 못하여 오늘에 이르기까지 여전히 확신하지 못하며, 앞으로 법도가 트일 수 있는가 여부를 아직은 알지 못한다.

여기까지 말한 것은 단지 나의 근 수 년의 느낌을 대략 토로한 것에 다름 아니며, 또한 내가 근래 인도하는 방향이기도 하다.

원제: 知識社會學與哲學
출처: ≪연구와 진보研究與進步≫ 제1권 제4기(1939년)

전망 판단에 있어서, 나는 본래 이 잡지에 여러 차례 글을 기고했던 기고자이며, 이번에도 글이 없을 수 없지만, 다만 기사 배열이 급박하여 긴 글이 있을 수 없으므로, 부득이하게 급히 이 짧은 문장을 지었으며 작은 시평으로 삼을 수밖에 없다.

나에게는 마침 아무리 생각해도 적당한 제목이 없었으며, 바로 이 사이에 다음의 나열하는 신문 보도를 보았다.

"뉴욕 23일 방송: 서울발, 평양라디오방송에서 일컫기를, 조선 남부 한국독립당 지도자 김구[1]-가 이미 평양에 도착해서, 북부에서 발기한 전국통일회의에 참가할 준비를 하고 있다. 이밖에도 남한의 반공 지도자 김규식[2]-이 수행원 20인을 이끌고, 병 중에도 일정에 올라, 또한 곧 도착할 수 있다. 동시에, 김구는 이번 일정 전에 만약 평양회의가 실패한다면, 북한에서 돌아가는 길로 38도선 미소 점령구 분계처에서 그가 자칫 할복 자살할 수 있다고 말하였다. 미군 당국의 예측에 의하면, 평양회의 결과에는 두 가지가 있을 수 있다. (1) 헌법을 통해서, 조선 통일정부 성립을 선포하는 것인데, 김구가 대통령을 담임하고, 김규식은 즉 국회의장을 맡는 것이며, 미소 양국이 동시에 병력을 철수할 것을 요구하는 것이다. (2) 김구와 김규식 두 사람을 즉

1_ 1876~1949. 한국의 정치인, 독립운동가. 충칭과 서울 대한민국 임시정부 주석을 지냈다.
2_ 1881~1950. 한국의 정치인, 독립운동가. 충칭과 서울 대한민국 임시정부 부주석을 지냈다.

남부로 되돌려 파견하여, 장차 5월 10일에 열리는 총선거의 무기 연기를 요구하는 것이다. 남한의 지도자는 아마도 장차 이로 인해 남북 정치가 단체들을 초청하여 회의를 거행할 것이다. 이밖에도 알려지기로, 김규식(민족자주연맹 지도자)은 북한에 건너가는 일정을 시작하기 전에, 일찍이 선언하기를, 평양회의에서 이미 그가 제기한 5항의 조건들을 받아들였다고 하였다. 이 5항의 조건들은 (1) 무산계급 독재를 포함해서 독재에 반대하는 것이고, 대의적 민주정부를 성립시키는 것이다. (2) 독점적 자본주의에 반대하고, 민영의 권리를 승인하는 것이다. (3) 전국 총선거를 치를 것을 요구하고, 통일 정부를 조직하는 것이다. (4) 어떠한 국가라도 조선에서 군사 기지를 보유해서는 안 된다는 것이다. (5) 미국과 소련 양국 정부가 기일을 규정하여 병력 철수 조건 및 그로 인해 일어나는 문제를 해결하는 데 동의한 후, 즉 점령군 철수를 실행하는 것이다."[3]

이 한 단락의 기사는 이 가운데에서 보도된 것이며 큰 글씨의 제목과 중요한 위치로 등재되지 않았지만, 나는 본 뒤로, 도리어 국제 정세 변화와 향후 각국 정치 방향의 변화에 관한 하나의 중요한 소식이라고 여겼다. 물론 남북한의 이러한 연합회의는 아직 의결한 결과가 외계로 알려지지 않았으므로, 우리는 아직 그것이 성공하였는가 아니면 실패하였는가를 예지할 방도가 없다. 하지만 나는 대체 어떠하였는가를 아직 알기 전에, 우선 전망하며 하나의 예언을 하여 본다. 다행히 장래에 이러한 예언이 적중되지 않는다고 해도, 또한 큰 관계가 있는 것은 아닌데, 왜냐하면 예언이라는 것은 본래 매우 곤란한 일이기 때문이다.

나는 남북한의 연합회의는 성공 가능성이 있다고 여기는데, 왜냐하면 이 가운데서는 사실상 소련의 대외 정책이 표시되어 있기 때문이다. 상세히 말하면, 즉 소련은 한국의 통일을 지지하며, 한국의 독립을 존중한다. 특히

3_ 장등순이 직접 가깝게 접촉을 해 본 바가 없으므로, 당시 이 기사가 인용된 것은 소련 및 북한의 정황 그리고 남북 연석회의의 실상에 대해서 그가 우리와 마찬가지로 정확하게 알고 있지 못했다는 점을 나타내기도 한다. 그러나 이러한 보도를 통해 평양 남북연석회의가 앞서 미국 및 한국 국내에서도 일정하게 성원을 받았다는 추정은 가능하다.

주의할 만한 것은: 소련은 한국이 진정으로 민주적으로 변하는 데 찬성하고, 게다가 한국이 좌경으로 변화하길 원치 않으며, 소련의 이러한 정책은 결정된 것(당연히 지금 결정된 것은 아니며, 좀 더 이르게 이러하였다[4])이지만, 도리어 마침 조선 전체 국민의 희망에 부합한다는 점이다. 조선이라는 하나의 전체적인 덩어리의 국가는 남북 두 부분으로 분열되는 것을 결코 원치 않으며, 특히 남북 각자가 서로 다른 방법을 채택하는 데 찬성하지 않고, 더욱이 남북에 두 정부가 출현하는 것을 기필코 결연히 반대한다는 점을 우리는 응당 알아야 한다. 그래서 통일의 요구는 한국 전체 국민의 진정 어리고 긴박하며 절실한 요구이다. 누가 이러한 요구에 호응하여 한국으로 하여금 만족을 얻어낼 수 있게 한다면, 한국은 당연히 그와 좀 더 우호적일 것이다. 소련이 한국의 진정한 민의를 발견하고, 완전히 선의적인 입장에서 그것을 지지하고 보조한다면, 즉 당연히 이러한 회의장으로 하여금 상당한 결과를 얻어내게 할 수 있는데, 왜냐하면 기왕 한국인 전체가 통일을 원하는 바에야, 외부 역량이 만약 방해를 하지 않는다면, 또한 회의가 어찌 결과 없이 흩어지는 것이 될 수 있겠는가? 를 우리가 알기 때문이다. 그래서 나는 그 성공의 가능성이 크다고 예측한다.

이 일이 국제적으로 갖는 의의에 이르러는 미국에 대해 단지 한 차례 경각심을 갖게 하는 것에 다름 아니므로, 예측하기에 미국의 앞으로의 대응은 가장 현명한 것이 아무래도 단지 한 차례 병력을 철수하는 것 밖에는

4_ 소련이 1943년 5월 25일 「제3인터내셔널을 해산하는 결의」를 통해 코민테른 해체를 선언했으며 장둥쑨은 이를 매우 기쁜 소식으로 받아들인 바 있다. 장둥쑨 저, 「자유와 민주」, 『이성과 민주』, 장사長沙: 악록서사, 2010년 9월 출판, 제211쪽 참조. 그가 이해한 내용은 다음과 같다. "오늘날에 와서, 마르크스주의를 실행하는 것을 주된 의도로 삼은 소련 러시아는 이미 마침내 은연 중에 이러한 원칙을 포기하였다. 이것이 바로 향후 전체 인류 문화에 있어서의 소련의 극히 큰 하나의 공헌이다. 소련이 제3인터내셔널을 폐기한 것은 즉 더 이상 세계혁명을 믿지 않는 것이다……그것이 또한 하나의 국가 내에 투쟁이 없다면, 동시에 기필코 국제 간에 역시 투쟁이 없다는 점을 발견한 것이라는 점을 입증하기 충분하다"

없다. 만약 다시 깨닫지 않고, 여전히 이승만[5] 등 독립회와 한민당을 이용해 완강하게 저항만 하려고 한다면, 즉 미국이 소련에 대처하는 것이 아니라, 바로 미국이 한국인 전체를 적으로 삼는 것으로 변화하게 된다.[6] 만약 진짜로 이러한 지경으로 변화하게 된다면, 즉 미국은 더욱이 그 제국주의의 면모가 적나라하게 폭로되는 것인데, 또한 굳이 이러해야 할 필요가 어디에 있겠는가?

그래서 무릇 하나의 국가는 '국가 진흥'을 쟁취하고자 한다 해도 절대 이러한 종류의 하류적 수단을 사용해서는 안 된다.

동시에 무릇 한국의 이익에 위배되는 이러한 일을 가져다 이 국가를 쟁취하고자 한다면, 또한 어찌 연목구어가 아닐 수 있겠는가?

내가 주의하는 것은 도리어 국제 방면에 있지 않으며, 한국의 앞으로의 정치 방면이 기타 사람들에게 하나의 교훈을 주기에 충분하다는 점이다. 바로 오늘날 미국과 소련 양대 맞수 사이에서, 미국이 만약 타국이 그 미국식의 민주를 채택하도록 강요한다면, 당연히 국가의 형편 전반에 부합하지 않기 때문에, 타국이 받아들일 리 없지만, 소련이 만약 타국이 소련식의 사회주의를 채택하기를 바란다고 해도, 타국이 또한 마찬가지로 받아들일 리 없다는 점이다. 오늘날 만약 인류가 여전히 세계 평화를 원한다면, 즉 반드시 미국과 소련이라는 맞수 사이의 그러한 국가들이 모두 그 본국의 특수한 상황과 특수한 수요에 의거해서, 자신이 미국과 소련이 갖는 장점을 겸하여 취하고 그 단점은 버리는 하나의 정치경제 제도를 제정하여야 한다.

5_ 1875~1965. 한국의 정치인, 독립운동가. 상하이 대한민국 임시정부 국무총리, 대통령을 지냈으며 대한민국 제1대~제3대 대통령을 역임하였다.

6_ 김구와 김규식의 제안을 받아들인 평양의 초청으로 이뤄진 남북 연석회의가 어떠하였는가 그 실상이 며칠 후 한국 국내에서 파악되었으며 이승만 전 대통령의 정세 판단이 틀렸다고 볼 수는 없다는 점이 입증되기도 하였다. 이 시평은 당시 장둥쑨이 1946년 11월 장제스 주도의 제헌국민대회 불참 후 민주사회당을 탈당한 뒤 김구 및 김규식과 비슷한 사상적 노정에 놓여 있었다는 점을 성찰해 보는 데로 역자가 고민 끝에 싣기로 한 것이다.

이러한 일의 관건은 미국과 소련이라는 두 국가에 이러한 아량이 있는가에 달려 있다. 한국의 이러한 일을 가지고, 우리는 소련에게 이러한 도량이 있다는 증거로 삼아 본다. 솔직히 말해서, 오늘날 미국과 소련이 패권을 쟁탈하는 것은, 그 승부의 관건이 즉 누가 그러한 국가들에 대해 그 척도를 느슨히 할 수 있고 옥죄는 것을 완화할 수 있는가에 달려 있다.

반드시 알아야 할 것은 단지 타국의 주권을 존중하고, 타국의 혁신을 찬조해야 만이 즉 타국이 비로소 그와 우호적이기를 원한다는 점이다.

한국은 수 십 년 나라를 잃었던 국가이고, 오늘날 여전히 주권과 독립의 중요성을 알며, 각 당파가 서로 참고 인내하는 것으로써 단결을 도모할 줄을 안다. 우리 중국인은 보면서, 죽도록 창피하지 않을 수 있는가!

4월 23일 밤

원제: 한국 통일운동의 교훈韓國統一運動的敎訓
출처: ≪전망展望≫제2권 제1기(1948년)

인류에게는 자신을 과장을 하는 나쁜 버릇이 있었다. 사실 자연계의 지식에 관하여도 수 천 년 이래로 비록 크고 큰 진화가 있던 셈이라고 하지 않을 수 없지만 구우일모九牛一毛에 지나지 않으며 무리를 이루는 도덕에 관하여 또한 어찌 이와 달랐겠는가? 오늘날로부터는 이전과 상반되게 나는 진정한 도덕이 약자로부터 분투되어 나올 것이라고 여긴다. 국제적 도덕은 반드시 약한 민족으로부터 나와서 지켜져야 하는데 왜냐하면 강자가 이미 도덕을 지켜가는 책임을 잃어버렸기 때문이다. 그들이 이미 죄를 저질렀다. 오직 약자가 강해지기 시작해야 비로소 도덕을 지켜낼 수 있다. 이전에 도덕이 국제에서 제대로 행해지지 않은 것이다. 국제에는 이른바 도덕이 없다는 설이 있었다. 현재는 이것이 모두 사리에 맞지 않는 것이라는 점을 아는 많은 사람들이 생겼다. 그러나 실제는 도리어 아직 개혁되지 않았다. 니체(F. W. Nietzsche)[1]는 홀로 그러하게 당시의 도덕에 모질게 반대하면서 '초인超人'[2]을 주장하였다. 나의 뜻은 오히려 그리하여 장래에는 인류 전체

1_ 1844~1900. 독일의 허무주의자, 미학자, 실존주의적 성향의 반주지주의 철학자.

2_ 니체의 『차라투스트라는 이렇게 말했다(Also sprach Zarathustra)』(1833)에서 나온 말. 차라투스트라는 고대 페르시아의 예언가.

의 행복이 모두 약한 민족의 어깨 위에 있다는 것이다. 느낌으로 일어나는 생각을 이야기해 보는 것으로써 축사로 삼아 본다.

장둥쑨張東蓀

원제: 新韓靑年 創刊
출처: 박은식[3]- 이광수[4]- 주필 ≪신한청년(THE YOUNG KOREA)≫ 한문판[5]-
    제1권 제1호, 상하이: 신한청년당 편집 및 발행, 대한민국大韓民國 2년
    (1920년) 3월 1일

3_ 1859~1925. 양명학자, 언론학자, 독립운동가. ≪황성신문皇城新聞≫, ≪대한매일신보大韓每日申報≫ 등의 주필을 지냈다. 대한자강회大韓自强會, 신민회新民會에 참여했으며, 대한민국 임시정부 제2대 대통령을 지냈다.

4_ 1892~1950. 언론인, 문학인, 번역가, 수필가, 독립운동가. ≪동아일보東亞日報≫ 편집인, ≪조선일보朝鮮日報≫ 부사장을 지냈다.

5_ 대한민국 임시정부 활동을 지원하고 민족 독립을 쟁취하여 자유, 평등, 박애의 사상을 실현하고자 했던 신한청년당의 기관지로 제2호는 발행되지 못했다. 창간사, 축사, 조선 독립 선언서, 조선 민족 대표가 일본에 통고하는 글, 재일 도쿄 청년독립단 선언서, 독립 운동의 4대 원인, 독립 운동의 첫 목소리, 한국 여학생이 파리회의에 드리는 글, 노인동맹이 일본 정부에 드리는 글, 중국인의 한국 독립 인식, 천도교의 혁명혈, 고려 여자의 애국 정신, 한국 승려 연합대회 선언서, 한국 예수교 대표가 중국 예수 교회에 고하는 글 등이 들어 있다.

역자 부기

　특별 부록 2개를 수록하였는데 〈장둥쑨 지식사회학 시리즈 2, 3, 4〉를 이해하는 데 있어서 참고가 될 수 있기 때문이다. 〈부록 4〉는 제2차 국공내전 결과가 나오기 시작하면서 북한이 소련과 암암리에 독자 정권 수립으로 이미 기울어가던 때이어서 이러한 일로 인해 전망 이후에 다소 오차가 있을 수밖에는 없던 것이 아닌가하는 추측을 낳게 하는 글이다. 설사 민주동맹에서 미국의 식탁통치에는 반대했다고 하더라도 한국이 한반도의 공식 명칭으로 글 제목에 그대로 담겨져 있는 것이 1949년 이후로 신민주주의에 의한 정부에서는 중국 대륙인들에게서 한국의 개념이 있지 않았던 것에 비추어 볼 때 의미 심장하다고 할 만 하다.[1] 이 기간에 칭화대학에서 「장둥쑨이 워싱턴과 난징 사이의 거리를 논함張東蓀論華盛頓與南京之間的距離」(≪시와 문時與文≫, 1947년 제2권 제2기), 「장둥쑨 선생이 2월의 남방 행에 대해 강연하다張東蓀先生演講南行二月」(≪청화주간清華週刊≫, 1947년 복간復刊 제4기), 「문화와 자유文化與自由」(≪청화순간清華旬刊≫, 1948년 제1권 제3~4

1_ 이승만 전 대통령이 장쥔마이, 즉 장자썬에게 1948년 8월 분단 한국 헌법 영문판을 증송하고 한국 남부 초청 의사를 표하는 서한을 전한 바 있는데 「한국 대통령 이승만이 장쥔마이 선생에게 알리는 글韓國總統李承晚覆張君勱先生函」(상하이: 주간 ≪재생≫, 1948년 제234기 (10월 4일 발행), 제6쪽)에 실려 있다. 이승만 전 대통령의 서한은 8월 23일자. 「대한민국신헌요의大韓民國新憲要義」가 중국어로 ≪재생≫ 동기 제7~8쪽에 실리기도 했다. 장둥쑨과 장쥔마이는 모두 량치차오의 연구계와 언론계 제자로서 정치적으로 매우 가까웠다. 장둥쑨의 의의는 오히려 그가 대륙에 남는 선택을 했던 것으로써 오늘날에서 보면 한국과의 사이에서 우정의 끈을 칭화대학에 남겨두었다는 데 있다고 할 수 있다.

기), 「자유주의의 출로를 논함論自由主義的出路」(≪청화순간≫, 1948년 제1권 제6기), 「진짜 혁명과 가짜 혁명을 논함論眞革命與假革命」(≪전망展望≫, 1948년 제2권 제24기) 등 학교급 공개강연을 하기도 하였는데 시국이 매우 불안했을 때이며 민주동맹 내에서도 자유파에 속했다. 〈부록 5〉는 장둥쑨이 한국의 동인들과 마찬가지로 도덕이라는 것을 대지 위에 담아 두고 있었다는 점을 말해주는 것 같다. "사상이 행위와 직접 연계되지 않는다면, 즉 어떠한 위험한 사상도 독소를 함유하지 않는다" "사실 만약 공산주의자가 단지 책을 짓는 사람이라면, 어떠한 해로운 구석도 없을 뿐 아니라……어떠한 위험한 사상이든 만약 그것이 협의하고자 하는 성질이라면, 만약 그것이 단지 의견을 발표한 것이라면, 급히 실행하려고 하는 것이 아니라면, 강제적 성질을 갖는 것이 아니라면, 반대자로 하여금 복종하게 하지 않으면 안 되는 것이 아니라면……그것이 꼭 해로운 면이 있는 것은 아니다."[2] 이러한 몇 가지를 역자 부기로 덧붙인다. 〈장둥쑨 지식사회학 시리즈1〉의 첫 지면으로 돌아가 이 책의 중심 사상이 담긴 주요한 부위를 다시 차분하게 읽어나가 주셨으면 한다.

역자

2_ 장둥쑨, 「사상자유 문제」, ≪문철월간≫ 제1권 제10기(1937년 1월), 제9~10쪽; 장둥쑨 저, 「사상자유와 문화」, 『지식과 문화』, 상하이: 상무인서관, 1946년 12월 재판, 제229쪽.

찾아보기

• 저자

장둥쑨 張東蓀(1886~1973)

칭화대학 학자. 전 옌징대학 학자. 언론문화학자, 문화과학자, 지식사회학자, 사회문화학자. 중화민국 임시정부 총통부 비서를 지냈다. 연구계 ≪시사신보≫ 주필, ≪철학평론≫ 창간 발기인, 편집위원, 칭화대학 ≪문철월간≫ 수석 편집인, 옌징대학 ≪옌징학보≫ 편집위원 등을 지냈다. 중국 국가사회당, 중국 민주사회당, 중국 민주동맹 상무위원을 지냈다. 대표 저작으로『다원인식론』,『지식과 문화』,『사상과 사회』,『이성과 민주』등이 있다.

• 역자

이용욱 李鎔旭

서강대학교에서 중국사회문화 전공 석사. 칭화대학 언론학부에서 문학박사 수료. 옮긴 책으로『대중음악으로 이해하는 중국』,『중국 영상문화 연구의 길』,『배회하는 유령: 프로이트주의와 중국 20세기 문학』등이 있다. E-Mail: heibao21@daum.net

장둥쑨 지식사회학
시리즈 1
다원인식론

초판 인쇄   2016년 9월 23일
초판 발행   2016년 10월 5일

저   자 | 장둥쑨
역   자 | 이용욱
펴 낸 이 | 하운근
펴 낸 곳 | 學古房

주   소 | 경기도 고양시 덕양구 통일로 140 삼송테크노밸리 A동 B224
전   화 | (02)353-9908   편집부(02)356-9903
팩   스 | (02)6959-8234
홈페이지 | http://hakgobang.co.kr
전자우편 | hakgobang@naver.com, hakgobang@chol.com
등록번호 | 제311-1994-000001호

ISBN   978-89-6071-610-0   94110
          978-89-6071-609-4   (세트)

값 : 18,000원

이 도서의 국립중앙도서관 출판예정도서목록(CIP)은 서지정보유통지원시스템 홈페이지
(http://seoji.nl.go.kr)와 국가자료공동목록시스템(http://www.nl.go.kr/kolisnet)에서 이용하실
수 있습니다. (CIP제어번호 : CIP2016020103)